高等院校教师教育数学系列教材

解析几何

主　编　郑文晶
副主编　刘　萍　白　薇

哈爾濱工業大學出版社

内 容 简 介

本书共分六部分,主要运用向量代数来研究曲线及曲面等几何问题,并且对球面几何的内容进行了简单介绍,并配有适量类型题。

本书内容精练、重点突出,可供师范院校、教育学院、函授师范大学等选作教材或参考书。

图书在版编目(CIP)数据

解析几何/郑文晶主编.—哈尔滨:哈尔滨工业大学出版社,2008.6

ISBN 978-7-5603-2679-5

Ⅰ.解… Ⅱ.郑… Ⅲ.解析几何-高等学校-教材 Ⅳ.0182

中国版本图书馆 CIP 数据核字(2008)第 048534 号

策划编辑 杜 燕
责任编辑 王勇钢
封面设计 卞秉利
出版发行 哈尔滨工业大学出版社
社 址 哈尔滨市南岗区复华四道街 10 号 邮编 150006
传 真 0451-86414749
网 址 http://hitpress.hit.edu.cn
印 刷 肇东粮食印刷厂
开 本 787mm×960mm 1/16 印张 13.75 字数 254 千字
版 次 2008 年 6 月第 1 版 2008 年 6 月第 1 次印刷
书 号 ISBN 978-7-5603-2679-5
印 数 1~3 000 册
定 价 26.00 元

序

普通高中课程改革是基础教育改革的重要组成部分。随着高中数学课程改革的推进,将有越来越多的一线数学教师、数学教研员和未来的数学教师面对新的数学课程。传统的高等师范院校的数学课程通常很少顾及到高中数学的内容与方法。但是2004年启动的普通高中课程改革的实验,是在《普通高中数学课程标准(实验)》的基础上进行的。无论是高中数学必修课程还是高中数学选修课程,都有现代数学的内容、思想、方法及数学史的渗透。为了适应高中数学课程改革的需要,作为培养高中未来数学教师的高等师范院校,或综合大学的师范学院的数学与应用数学专业(师范类),其数学课程必须适应这种改革。为此,黑龙江省高师数学会教育研究会继《高师院校数学系列教材》之后,在教学实践基础上,又组织编写了这套《高等院校教师教育教学系列教材》。

这套系列教材包括基础数学、应用数学、概率与统计、数学史、数学教育等专业的本科教材。其中有《近世代数》、《高等几何》、《数学分析选讲》、《简明数学史》、《高等代数选讲》、《解析几何》、《实变函数》、《简明数学逻辑》、《现代数学思想概论》、《简明概率与统计》、《数学建模》、《通信编码与信息安全》等。在这套系列教材中,力求将新的普通高中数学课程标准中规定的选修课中现代数学内容、方法纳入相应教材的正文或附录中。这套系列教材可以作为高等院校数学教师教育的本科数学教材,其中部分教材可供教育硕士选作教材和学科教学(数学)的参考书。

由于编著者的水平有限,加之面对高中数学新课程标准编写本科数学教材是一种新的尝试,丛书中会有不妥或疏漏之处,恳切地希望广大教师和读者提出建议和批评。让我们一起携手,为建立适应高中数学新课程标准的教师教育本科数学课程标准体系作出贡献!

王玉文

2007年6月

前　言

《普通高中数学课程标准》已于 2003 年正式颁布，伴随着新课程标准的出台，新课程教材已在全国大多数省市试用。与以往的历次高中数学课程改革不同，这次高中数学课程强调课程的基础性、课程的选择性、数学的应用性、让学生形成主动学习与探究学习、数学与信息技术的整合等。课程分必修和选修。必修课程由 5 个模块组成，选修课程有 4 个系列，学生根据自身兴趣、志向与条件，可以选择不同的课程组合。这次改革，广大高中数学教师对新课程存在着不少的困惑。例如，对新增加的一些内容不太熟悉；另一方面，新数学课程对学生的学习方式提出了新的要求，传统学习方式下的学生能否一下子就适应？按照国家教育部计划，高中数学课程标准将在 2010 年在全国实施。这标志着我国新一轮数学课程改革正在全国展开。中学数学课程改革必将影响数学教师的教育，而数学教师教育也必须适应中学数学课程改革的新形式。作为培养高中数学教师的基地，数学师范本科专业应积极地应对这次高中数学课程改革，调整课程内容。正是在这种形式下，经哈尔滨师范大学王玉文教授的积极策划，我们重新编写了《解析几何》一书。本书在原有教材的基础上，增加了《普通高中数学课程标准》选修系列中的球面几何内容。

解析几何是数学中最基本的学科之一，也是科学技术中最基本的数学工具之一。如今解析几何课已成为高等院校相关专业重要的基础课程。为了适应高中数学课程改革，本教材在内容的编写上突出以下几个特点：

本书的第一个特色：解析几何是一门重要的基础课，也是有关专业学生入学后首先开设的一门课程，必须承前启后。编写时考虑到国内外各种教材，及目前中学数学教材的内容，在教材内容的编排上作了必要的调整和删减，增加了《普通高中数学课程标准》选修系列中的球面几何内容。中学教材中重复的内容进行了简略，使本书的知识体系更加合理。

第二个特色：本书以向量代数为工具，在不用坐标系（标架）下直接讲授一些初等几何问题,通过这门课的学习,为初等几何提供另一种研究方法。同时我们为了后继课的学习更注重二次曲面的阐述,而对二次曲线的讨论则因为思想方法相同而简略。

第三个特色:在教材的内容上改变了传统教材的叙述方式,注重展现数学知识的发生过程,及数学问题解决的思维过程。在新概念的引入时,注意背景和来源,并注意理论联系实际,发展数学应用意识和创新意识,力求对现实世界中蕴涵的一些数学模式进行思考和作出判断。

第四个特色:为了更好培养学生的分析问题、解决问题的能力,一些典型的方法给出了认真分析并举例,在每章后面配备了足够数量的习题。为了师范院校的学生更好的应对新课程改革,进行主动学习和探究式学习,引导学生发现问题和提出问题,在全书的每一章节中穿插了许多思考题,有些是容易忽略的问题,有些是开放性问题。通过问题的解决培养和提高学生提出、分析和解决问题的能力,数学表达和交流的能力,发展独立获取数学知识的能力。这对帮助在职教师和师范院校的学生尽快完善自身的知识结构,把握数学新课程标准中有关的几何内容以及对几何教学内容进行进一步改革、探索、研究,有着极其有效的作用。

作　者

2008 年 3 月

目　　录

第 1 章　向量代数

解析几何的思想是用代数的方法来研究几何，对几何问题的解决是通过建立适当的坐标系，利用坐标间的代数运算来进行研究。为了把代数运算引进到几何中来，首先在空间引进向量及其运算，利用向量可使某些几何问题更加简捷地得到解决。特别是向量和坐标可以相互转化，这为我们研究问题提供了很大的方便。

向量概念是数学和物理等学科的重要概念，而向量代数又是许多课程的重要工具。

1.1　向量及其线性运算

1.1.1　向量的概念

在中学阶段，我们就知道，现实世界中经常碰到两种量，一种是只有大小的量称为数量；而另一种既有大小，又有方向的量称为向量(或矢量)，向量可以用有向线段来表示，向量的方向是由有向线段的始点指向终点，向量的大小用有向线段的长度表示，称为向量的模或长度。用有向线段 $\overrightarrow{AB}$ 表示向量 $\boldsymbol{a}$ 时，它的长度记作 $|\boldsymbol{a}|$，或 $|\overrightarrow{AB}|$，如图 1.1 所示。

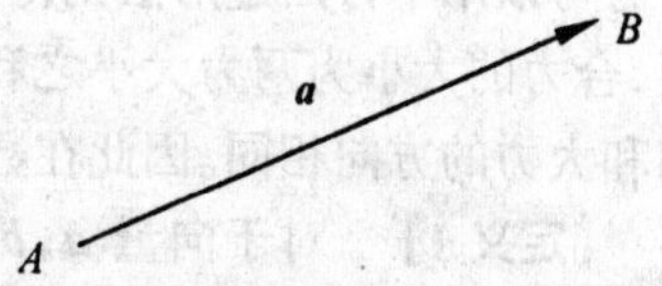

图 1.1

如果给定向量的长度和方向，并给出某种条件，就得到某种特定条件下的向量。

模是 0 的向量，也就是始点与终点重合的向量叫做零向量，记作 $\mathbf{0}$。零向量没有确定的方向，可按需要取任意方向。

模是 1 的向量叫做单位向量。与向量 $\boldsymbol{a}$ 具有同一方向的单位向量记作 $\boldsymbol{a}^0$，叫做 $\boldsymbol{a}$ 的单位向量。

两个向量 $\boldsymbol{a}$ 与 $\boldsymbol{b}$，若它们的方向相同且模相等，则称为相等向量，记作 $\boldsymbol{a}=\boldsymbol{b}$。另外，规定所有零向量相等，因此两个向量是否相等与它们的始点无关。由于始点可以自由选取，因此只由模和方向决定的向量叫做自由向量。也就是说，自由向量可以任意平行移动，移动后的向量仍然是原来的向量。

两个向量，若它们的模相等，但方向相反，则称为互为反向量。向量 $\boldsymbol{a}$ 的反向量记为 $-\boldsymbol{a}$，于是我们有 $-\boldsymbol{a}=-(\boldsymbol{a})$。

平行于同一直线（一个平面）的一组向量叫做共线（共面）向量，当 $\boldsymbol{a}$ 与 $\boldsymbol{b}$ 是共线向量时也称为平行，记作 $\boldsymbol{a}\parallel\boldsymbol{b}$（图 1.2）。另外规定零向量与任何共线（共面）的向量组共线（共面）。

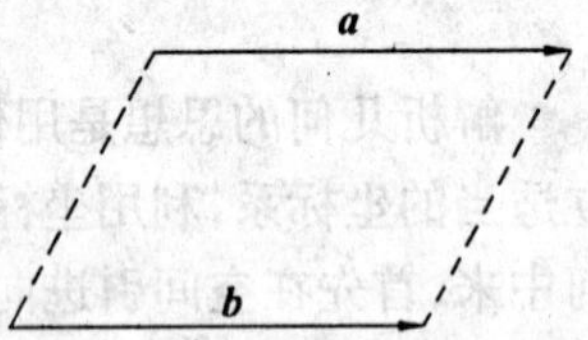

图 1.2

显然共线一定共面，而两个向量总是共面的，三个向量中有两个共线，则这三个向量共面。空间三个向量一般不是共面的。

思考题：

1. $\boldsymbol{a}>\boldsymbol{b}$ 有无意义？

2. 平面内具有同一始点的所有单位向量的终点的轨迹是什么图形？

1.1.2　向量的加法

在物理学中，作用于一个质点的两个不平行的力可以看做两个向量，它们的合力可以用平行四边形法则得出。如果两个力的方向相同，合力的方向和它们相同，合力的大小为两力大小之和；如果两力方向相反，则合力大小为两者之差，方向和大力的方向相同。因此在数学上我们可抽象出两个向量的加法定义如下。

【定义 1】　对于向量 $\boldsymbol{a},\boldsymbol{b}$，从空间任意一点 O 引 $\overrightarrow{OA}=\boldsymbol{a}$，再从 A 引向量 $\boldsymbol{b}$，有 $\overrightarrow{AB}=\boldsymbol{b}$，则 $\overrightarrow{OB}=\boldsymbol{c}$ 叫做两个向量 $\boldsymbol{a}$ 与 $\boldsymbol{b}$ 的和，记作 $\boldsymbol{c}=\boldsymbol{a}+\boldsymbol{b}$。已知两向量 $\boldsymbol{a}$ 与 $\boldsymbol{b}$，求它们的和 $\boldsymbol{a}+\boldsymbol{b}$ 的运算叫做向量的加法。

根据定义 1，由图 1.3 我们有

$$\overrightarrow{OA}+\overrightarrow{AB}=\overrightarrow{OB}$$

这种求两个向量和的方法叫做三角形法则。

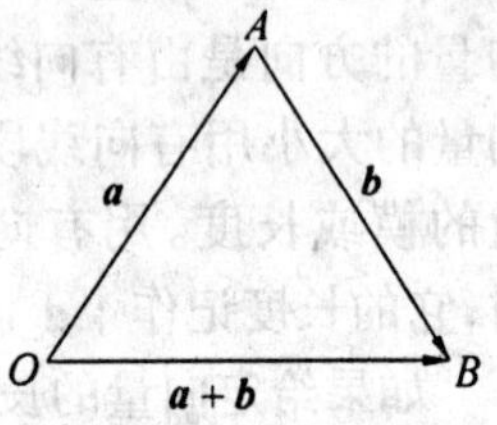

图 1.3

若两向量 $\boldsymbol{a},\boldsymbol{b}$ 不共线，从空间任意一点 O 同时引向量 $\overrightarrow{OA}=\boldsymbol{a}$，$\overrightarrow{OB}=\boldsymbol{b}$，再以 $\overrightarrow{OA}$，$\overrightarrow{OB}$ 为邻边作平行四边形 $OACB$，则对角线向量 $\overrightarrow{OC}$ 也表示向量 $\boldsymbol{a}$ 与 $\boldsymbol{b}$ 的和 $\boldsymbol{c}$（图 1.4），这种求两个向量和的方法叫平行四边形法则。

【定理 1】　向量的加法满足如下运算规律：

(1) 交换律：$\boldsymbol{a}+\boldsymbol{b}=\boldsymbol{b}+\boldsymbol{a}$；

(2) 结合律：$(\boldsymbol{a}+\boldsymbol{b})+\boldsymbol{c}=\boldsymbol{a}+(\boldsymbol{b}+\boldsymbol{c})$；

(3) $\boldsymbol{a}+\boldsymbol{0}=\boldsymbol{a}$；

(4) $\boldsymbol{a}+(-\boldsymbol{a})=\boldsymbol{0}$。

其中，$\boldsymbol{a},\boldsymbol{b}$ 为任意向量。

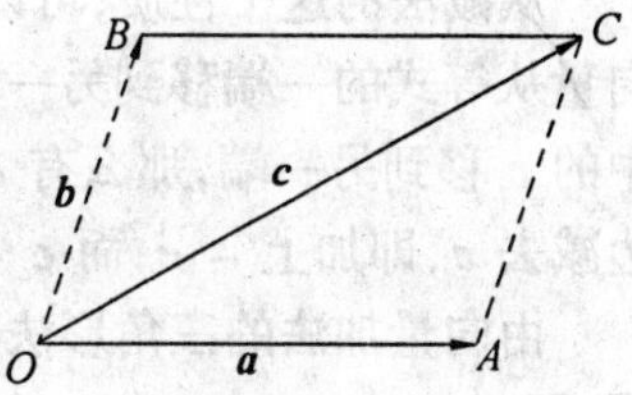

图 1.4

这些规律可由加法定义直接得出，请读者自己证明。

由于向量的加法满足交换律与结合律，三向量相加，无论它们的先后顺序与结合顺序如何，它们的和总是相同的，因此可将和写成 $\boldsymbol{a}+\boldsymbol{b}+\boldsymbol{c}$。推广到任意有限个情形，记向量 $\boldsymbol{a}_1,\boldsymbol{a}_2,\cdots,\boldsymbol{a}_n$ 的和为 $\boldsymbol{a}_1+\boldsymbol{a}_2+\cdots+\boldsymbol{a}_n$，至于和的作图可以由三角形法则推广如下：自任意点 O 开始，依次引 $\overrightarrow{OA_1}=\boldsymbol{a}_1,\overrightarrow{A_1A_2}=\boldsymbol{a}_2,\cdots,\overrightarrow{A_{n-1}A_n}=\boldsymbol{a}_n$，由此得一折线 $OA_1A_2\cdots A_n$（图 1.5），于是向量 $\overrightarrow{OA_n}=\boldsymbol{a}$ 就是这 n 个向量 $\boldsymbol{a}_1,\boldsymbol{a}_2,\cdots,\boldsymbol{a}_n$ 的和

$$\boldsymbol{a}=\boldsymbol{a}_1+\boldsymbol{a}_2+\cdots+\boldsymbol{a}_n$$

即 $$\overrightarrow{OA_n}=\overrightarrow{OA_1}+\overrightarrow{A_1A_2}+\cdots+\overrightarrow{A_{n-1}A_n}$$

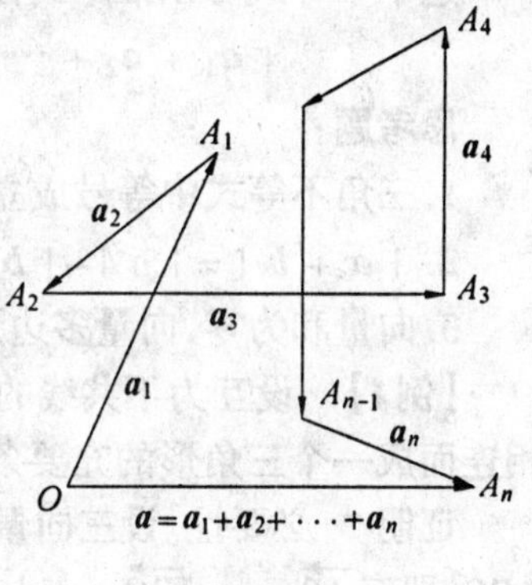

图 1.5

这种求和的方法叫做多边形法则。

【定义 2】　向量的减法 $\boldsymbol{a}-\boldsymbol{b}=\boldsymbol{a}+(-\boldsymbol{b})$，称为向量 $\boldsymbol{a}$ 与 $\boldsymbol{b}$ 的差。

若 $\boldsymbol{a},\boldsymbol{b}$ 分别用同一始点的有向线段 $\overrightarrow{OA},\overrightarrow{OB}$ 表示，减法的几何意义如图 1.6(a)，(b) 所示，即 $\overrightarrow{OA}-\overrightarrow{OB}=\overrightarrow{BA}$。

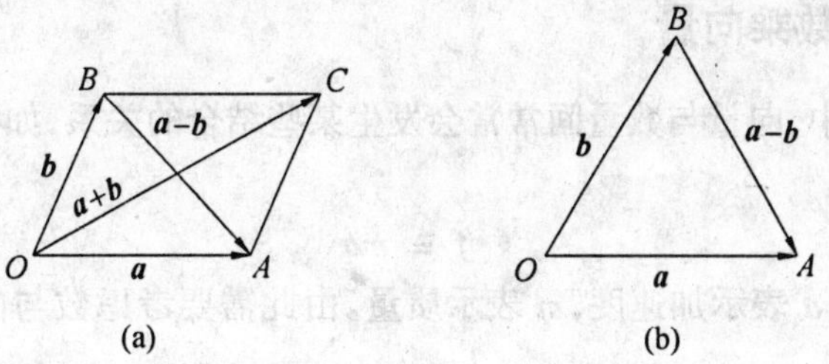

图 1.6

定义 2 表明求 $\boldsymbol{a}$ 与 $\boldsymbol{b}$ 之差可以变为求 $\boldsymbol{a}$ 与 $\boldsymbol{b}$ 的反向量 $-\boldsymbol{b}$ 之和，又因为 $-\boldsymbol{b}$ 的反向量是 $\boldsymbol{b}$，因此得 $\boldsymbol{a}-(-\boldsymbol{b})=\boldsymbol{a}+\boldsymbol{b}$。

从减法的这个性质,可以得到向量等式的移项法则:在向量等式中,将某一向量从等式的一端移到另一端,只需改变它的符号。例如,将等式 $\boldsymbol{a}+\boldsymbol{b}+\boldsymbol{c}=\boldsymbol{d}$ 中的 $\boldsymbol{c}$ 移到另一端,那么有 $\boldsymbol{a}+\boldsymbol{b}=\boldsymbol{d}-\boldsymbol{c}$,这是因为从等式 $\boldsymbol{a}+\boldsymbol{b}+\boldsymbol{c}=\boldsymbol{d}$ 两边减去 $\boldsymbol{c}$,即加上 $-\boldsymbol{c}$,而 $\boldsymbol{c}+(-\boldsymbol{c})=\boldsymbol{0}$ 的缘故。

由向量加法的三角形法则以及三角形三边之间的关系,容易得到三角不等式,即

$$|\boldsymbol{a}+\boldsymbol{b}| \leqslant |\boldsymbol{a}|+|\boldsymbol{b}|$$

其中,$\boldsymbol{a},\boldsymbol{b}$ 为任意向量。

这个不等式可以推广到任意有限多个向量和的情形,即

$$|\boldsymbol{a}_1+\boldsymbol{a}_2+\cdots+\boldsymbol{a}_n| \leqslant |\boldsymbol{a}_1|+|\boldsymbol{a}_2|+\cdots+|\boldsymbol{a}_n|$$

思考题:

1. 三角不等式中等号成立的条件是什么?
2. $|\boldsymbol{a}+\boldsymbol{b}|=|\boldsymbol{a}|-|\boldsymbol{b}|$ 成立的条件是什么?
3. 向量和为零,向量多边形有什么几何特征?

【例1】 设互为不共线的三向量 $\boldsymbol{a},\boldsymbol{b}$ 与 $\boldsymbol{c}$,试证明顺次将它们的终点与始点相连而成一个三角形的充要条件是它们的和是零向量。

证明 必要性。设三向量 $\boldsymbol{a},\boldsymbol{b},\boldsymbol{c}$ 可以构成三角形 ABC,即有 $\overrightarrow{AB}=\boldsymbol{a},\overrightarrow{BC}=\boldsymbol{b},\overrightarrow{CA}=\boldsymbol{c}$(图 1.7),那么

$$\overrightarrow{AB}+\overrightarrow{BC}+\overrightarrow{CA}=\overrightarrow{AA}=\boldsymbol{0}$$

即 $\boldsymbol{a}+\boldsymbol{b}+\boldsymbol{c}=\boldsymbol{0}$。

充分性。设 $\boldsymbol{a}+\boldsymbol{b}+\boldsymbol{c}=\boldsymbol{0}$,作 $\overrightarrow{AB}=\boldsymbol{a},\overrightarrow{BC}=\boldsymbol{b}$,那么 $\overrightarrow{AC}=\boldsymbol{a}+\boldsymbol{b}$,所以 $\overrightarrow{AC}+\boldsymbol{c}=\boldsymbol{0}$,从而 $\boldsymbol{c}$ 是 $\overrightarrow{AC}$ 的反向量,因此 $\boldsymbol{c}=\overrightarrow{CA}$,所以 $\boldsymbol{a},\boldsymbol{b},\boldsymbol{c}$ 可构成一个三角形 ABC。

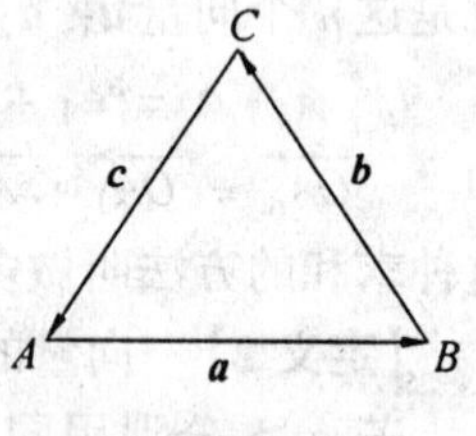

图 1.7

1.1.3 数乘向量

在物理学中,向量与数量间常常会发生某些结合的关系,如我们熟悉的牛顿第二定律

$$\boldsymbol{f}=m\boldsymbol{a}$$

这里 $\boldsymbol{f}$ 表示力,$\boldsymbol{a}$ 表示加速度,m 表示质量。由此需要考虑数与向量的乘法的运算。

【定义3】 实数 λ 与向量 $\boldsymbol{a}$ 的乘积 $\lambda\boldsymbol{a}$ 是一个向量,它的模为 $|\lambda\boldsymbol{a}|=|\lambda|\cdot|\boldsymbol{a}|$;$\lambda\boldsymbol{a}$ 的方向,当 $\lambda>0$ 时与 $\boldsymbol{a}$ 同向,当 $\lambda<0$ 时与 $\boldsymbol{a}$ 反向,当 $\lambda=0$ 时有 $\lambda\boldsymbol{a}=\boldsymbol{0}$,我们把这种运算称为数乘向量。

特别地，当 $\lambda=-1$ 时，记 $(-1)\boldsymbol{a}=-\boldsymbol{a}$。

由定义知 $\lambda\boldsymbol{a}$ 与 $\boldsymbol{a}$ 是共线向量，任意非零向量 $\boldsymbol{a}$ 都可写作 $\boldsymbol{a}=|\boldsymbol{a}|\boldsymbol{a}^0$，或 $\boldsymbol{a}^0=\dfrac{\boldsymbol{a}}{|\boldsymbol{a}|}$。这说明非零向量 $\boldsymbol{a}$ 乘以它的模的倒数，便可得到与它同方向的单位向量 $\boldsymbol{a}^0$，简称为把 $\boldsymbol{a}$ 单位化。

【定理2】 数量与向量的乘法满足如下的运算规律：

(1) $1\cdot\boldsymbol{a}=\boldsymbol{a}$；

(2) 结合律：$\lambda(\mu\boldsymbol{a})=(\lambda\mu)\boldsymbol{a}$；

(3) 第一分配律：$(\lambda+\mu)\boldsymbol{a}=\lambda\boldsymbol{a}+\mu\boldsymbol{a}$；

(4) 第二分配律：$\lambda(\boldsymbol{a}+\boldsymbol{b})=\lambda\boldsymbol{a}+\lambda\boldsymbol{b}$。

其中，$\boldsymbol{a},\boldsymbol{b}$ 为任意向量，λ,μ 为任意实数。

证明　(1)，(2) 根据定义3直接验证。

(3) 如果 $\boldsymbol{a}=\boldsymbol{0}$ 或 $\lambda,\mu,\lambda+\mu$ 中至少有一个为零，那么等式显然成立，因此只需证明当 $\boldsymbol{a}\neq\boldsymbol{0},\lambda\mu\neq 0,\lambda+\mu\neq 0$ 的情形。

① 如果 $\lambda\mu>0$，则 $(\lambda+\mu)\boldsymbol{a},\lambda\boldsymbol{a},\mu\boldsymbol{a}$ 同向，因此有

$$|(\lambda+\mu)\boldsymbol{a}|=|\lambda+\mu||\boldsymbol{a}|=(|\lambda|+|\mu|)|\boldsymbol{a}|=|\lambda||\boldsymbol{a}|+|\mu||\boldsymbol{a}|=|\lambda\boldsymbol{a}|+|\mu\boldsymbol{a}|=|\lambda\boldsymbol{a}+\mu\boldsymbol{a}|$$

所以有 $(\lambda+\mu)\boldsymbol{a}=\lambda\boldsymbol{a}+\mu\boldsymbol{a}$。

② 如果 $\lambda\mu<0$，不失一般性，不妨设 $\lambda>0,\mu<0$，再讨论 $\lambda+\mu>0$ 和 $\lambda+\mu<0$ 两种情形。下面只证明前一种情形。

设 $\lambda>0,\mu<0,\lambda+\mu>0$，这时 $-\mu>0$，因 $\lambda+\mu>0$，由①有

$$(\lambda+\mu)\boldsymbol{a}+(-\mu)\boldsymbol{a}=[(\lambda+\mu)+(-\mu)]\boldsymbol{a}=\lambda\boldsymbol{a}$$

所以 $(\lambda+\mu)\boldsymbol{a}=\lambda\boldsymbol{a}-(-\mu)\boldsymbol{a}=\lambda\boldsymbol{a}+\mu\boldsymbol{a}$。

(4) 如果 $\lambda=0$ 或 $\boldsymbol{a},\boldsymbol{b}$ 之中有一个为 $\boldsymbol{0}$，等式显然成立。下面证明 $\lambda\neq 0$，$\boldsymbol{a}\neq\boldsymbol{0},\boldsymbol{b}\neq\boldsymbol{0}$。

①若 $\boldsymbol{a},\boldsymbol{b}$ 共线，当 $\boldsymbol{a},\boldsymbol{b}$ 同向时，取 $m=\dfrac{|\boldsymbol{a}|}{|\boldsymbol{b}|}$；当 $\boldsymbol{a},\boldsymbol{b}$ 反向时，$m=-\dfrac{|\boldsymbol{a}|}{|\boldsymbol{b}|}$，显然有 $\boldsymbol{a}=m\boldsymbol{b}$。于是有

$$\lambda(\boldsymbol{a}+\boldsymbol{b})=\lambda(m\boldsymbol{b}+\boldsymbol{b})=\lambda[(m+1)\boldsymbol{b}]=[\lambda(m+1)]\boldsymbol{b}=(\lambda m+\lambda)\boldsymbol{b}=(\lambda m)\boldsymbol{b}+\lambda\boldsymbol{b}=\lambda(m\boldsymbol{b})+\lambda\boldsymbol{b}=\lambda\boldsymbol{a}+\lambda\boldsymbol{b}$$

②若 $\boldsymbol{a},\boldsymbol{b}$ 不共线，如图1.8所示，显然由 $\boldsymbol{a},\boldsymbol{b}$ 为两边构成的 $\triangle OAB$ 与由 $\lambda\boldsymbol{a}$，$\lambda\boldsymbol{b}$ 为两边构成的 $\triangle OA_1B_1$ 相似，因此对应的第三边所成向量满足 $\lambda\overrightarrow{OB}=\overrightarrow{OB_1}$，因 $\overrightarrow{OB}=\boldsymbol{a}+\boldsymbol{b},\overrightarrow{OB_1}=\lambda\boldsymbol{a}+\lambda\boldsymbol{b}$，所以 $\lambda(\boldsymbol{a}+\boldsymbol{b})=\lambda\boldsymbol{a}+\lambda\boldsymbol{b}$。

从向量加法与数乘向量的运算规律知，对于向量也可以像实数与多项式那

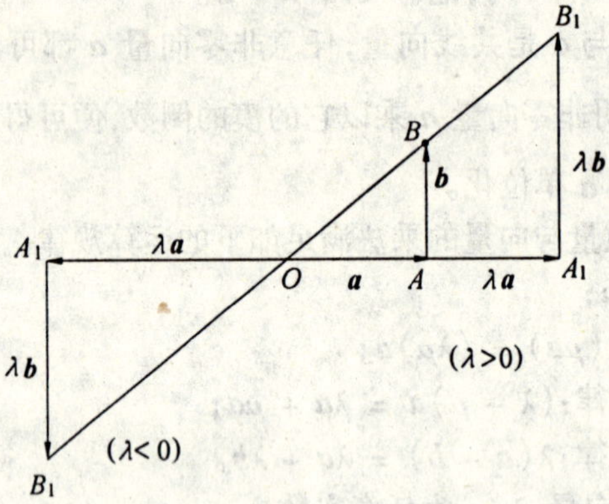

图 1.8

样去运算。

思考题：

设 $\boldsymbol{a}=\lambda\boldsymbol{b}$，则 $\lambda=\dfrac{\boldsymbol{a}}{\boldsymbol{b}}$ 是否有意义？

【例 2】 设 AM 是 $\triangle ABC$ 的中线，求证

$$\overrightarrow{AM}=\frac{1}{2}(\overrightarrow{AB}+\overrightarrow{AC})$$

证明 如图 1.9 所示，有

$$\overrightarrow{AM}=\overrightarrow{AB}+\overrightarrow{BM}$$
$$\overrightarrow{AM}=\overrightarrow{AC}+\overrightarrow{CM}$$

所以 $2\overrightarrow{AM}=(\overrightarrow{AB}+\overrightarrow{AC})+(\overrightarrow{BM}+\overrightarrow{CM})$

但 $\overrightarrow{BM}+\overrightarrow{CM}=\overrightarrow{BM}+\overrightarrow{MB}=\boldsymbol{0}$，因而 $2\overrightarrow{AM}=\overrightarrow{AB}+\overrightarrow{AC}$，即 $\overrightarrow{AM}=\dfrac{1}{2}(\overrightarrow{AB}+\overrightarrow{AC})$。

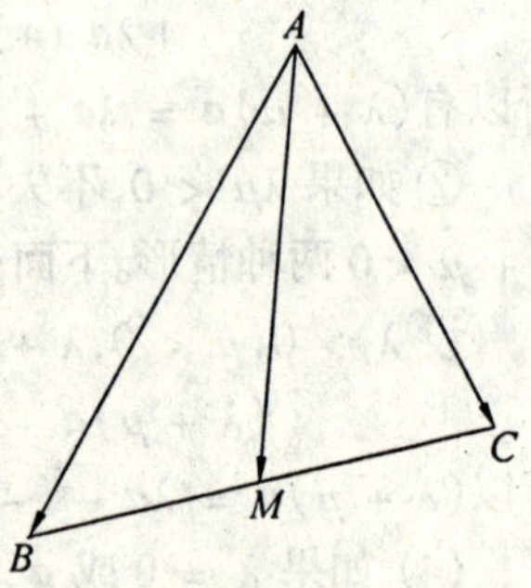

图 1.9

【例 3】 证明平行四边形对角线互相平分。

证明 设平行四边形 $OABC$ 的对角线 OB 的中点为 D，AC 的中点为 D'，需要证明 D 与 D' 重合(图 1.10)。因 D 是 OB 的中点，所以有 $\overrightarrow{OD}=\dfrac{1}{2}\overrightarrow{OB}=\dfrac{1}{2}(\overrightarrow{OA}+\overrightarrow{AB})=\dfrac{1}{2}\overrightarrow{OA}+\dfrac{1}{2}\overrightarrow{AB}$。

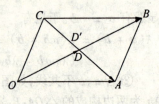

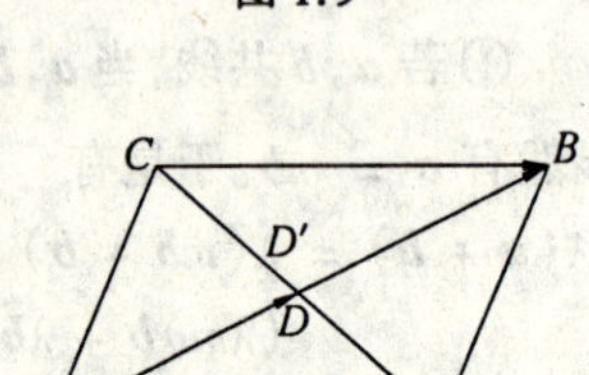

图 1.10

又因 D' 为 AC 的中点，所以有

$$\overrightarrow{OD'} = \overrightarrow{OA} + \frac{1}{2}\overrightarrow{AC} = \overrightarrow{OA} + \frac{1}{2}(\overrightarrow{OC} - \overrightarrow{OA}) =$$
$$\overrightarrow{OA} + \frac{1}{2}\overrightarrow{AB} - \frac{1}{2}\overrightarrow{OA} =$$
$$\frac{1}{2}\overrightarrow{OA} + \frac{1}{2}\overrightarrow{AB}$$

故得$\overrightarrow{OD} = \overrightarrow{OD'}$，即 D 与 D' 重合，因此结论得证。

注　我们对向量定义了两种运算：$\boldsymbol{a} + \boldsymbol{b}$ 和$\lambda\boldsymbol{a}$（λ 是实数），这两种运算满足：

(1) $\boldsymbol{a} + \boldsymbol{b} = \boldsymbol{b} + \boldsymbol{a}$；

(2) $(\boldsymbol{a} + \boldsymbol{b}) + \boldsymbol{c} = \boldsymbol{a} + (\boldsymbol{b} + \boldsymbol{c})$；

(3) 存在一个零向量 $\boldsymbol{0}$，满足 $\boldsymbol{a} + \boldsymbol{0} = \boldsymbol{a}$；

(4) 每一个向量 $\boldsymbol{a}$ 都有反向量 $-\boldsymbol{a}$，使得 $\boldsymbol{a} + (-\boldsymbol{a}) = \boldsymbol{0}$。

(5) $1 \cdot \boldsymbol{a} = \boldsymbol{a}$；

(6) $\lambda(\mu\boldsymbol{a}) = (\lambda\mu)\boldsymbol{a}$；

(7) $(\lambda + \mu)\boldsymbol{a} = \lambda\boldsymbol{a} + \mu\boldsymbol{a}$；

(8) $\lambda(\boldsymbol{a} + \boldsymbol{b}) = \lambda\boldsymbol{a} + \lambda\boldsymbol{b}$。

如果只从运算法则看，而不考虑向量的具体含义，则凡是具有运算加法和数乘，并满足上述一系列运算规律的元素的集合，叫做实数域上的线性空间（亦称为向量空间）。

1.1.4　共线、共面向量的判定

向量的加法和数乘统称为向量的线性运算。我们知道有限个向量通过线性运算，它的结果仍是一个向量。

由向量 $\boldsymbol{a}_1, \boldsymbol{a}_2, \cdots, \boldsymbol{a}_n$，与实数 $k_1, k_2, \cdots, k_n$ 所组成的向量

$$\boldsymbol{a} = k_1\boldsymbol{a}_1 + k_2\boldsymbol{a}_2 + \cdots + k_n\boldsymbol{a}_n$$

叫做向量 $\boldsymbol{a}_1, \boldsymbol{a}_2, \cdots, \boldsymbol{a}_n$ 的线性组合，或称 $\boldsymbol{a}$ 可以用向量 $\boldsymbol{a}_1, \boldsymbol{a}_2, \cdots, \boldsymbol{a}_n$ 线性表示，或者说 $\boldsymbol{a}$ 可以分解成向量 $\boldsymbol{a}_1, \boldsymbol{a}_2, \cdots, \boldsymbol{a}_n$ 的线性组合。

在定理 2 的运算规律(4) 的证明中已知，若非零向量 $\boldsymbol{a}, \boldsymbol{b}$ 共线，则存在实数 m，使得 $\boldsymbol{a} = m\boldsymbol{b}$，进而有下面的定理。

【定理 3】　如果向量 $\boldsymbol{e} \neq \boldsymbol{0}$，那么向量 $\boldsymbol{r}$ 与向量 $\boldsymbol{e}$ 共线的充要条件是存在唯一的实数 x，使得

$$\boldsymbol{r} = x\boldsymbol{e} \tag{1.1.1}$$

这时 $\boldsymbol{e}$ 称为共线基底。

证明留给读者。

【定理 4】 如果向量 $\boldsymbol{e}_1,\boldsymbol{e}_2$ 不共线，那么向量 $\boldsymbol{r}$ 与 $\boldsymbol{e}_1,\boldsymbol{e}_2$ 共面的充要条件是存在唯一的一对实数 x,y，使得

$$\boldsymbol{r}=x\boldsymbol{e}_1+y\boldsymbol{e}_2 \tag{1.1.2}$$

这时 $\boldsymbol{e}_1,\boldsymbol{e}_2$ 称为平面上向量的基底。

证明 必要性。因为向量 $\boldsymbol{e}_1,\boldsymbol{e}_2$ 不共线，所以 $\boldsymbol{e}_1\neq\boldsymbol{0},\boldsymbol{e}_2\neq\boldsymbol{0}$。设 $\boldsymbol{r}$ 与 $\boldsymbol{e}_1,\boldsymbol{e}_2$ 共面，我们首先证明存在实数 x,y，使式(1.1.2) 成立。

(1) 若 $\boldsymbol{r}$ 与 $\boldsymbol{e}_1$(或 $\boldsymbol{e}_2$)共线，则依定理3有 $\boldsymbol{r}=x\boldsymbol{e}_1+y\boldsymbol{e}_2$，其中 $y=0$(或 $x=0$)。

(2) 若 $\boldsymbol{r}$ 与 $\boldsymbol{e}_1,\boldsymbol{e}_2$ 都不共线，把它们归结到共同的始点 O，并设 $\overrightarrow{OE_i}=\boldsymbol{e}_i(i=1,2)$，$\overrightarrow{OP}=\boldsymbol{r}$，过点 P 分别作 OE_2,OE_1 的平行线交 $\boldsymbol{e}_1,\boldsymbol{e}_2$ 所在的直线于 A,B 两点(图 1.11)。

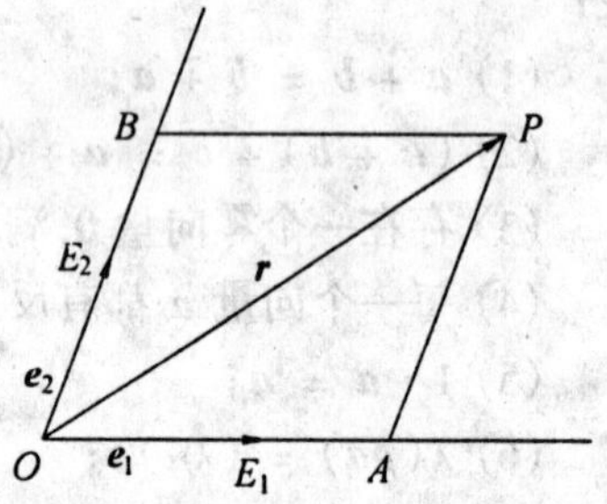

图 1.11

据定理3，可设 $\overrightarrow{OA}=x\boldsymbol{e}_1,\overrightarrow{OB}=y\boldsymbol{e}_2$，所以根据向量加法的平行四边形法则得 $\overrightarrow{OP}=\overrightarrow{OA}+\overrightarrow{OB}$，即

$$\boldsymbol{r}=x\boldsymbol{e}_1+y\boldsymbol{e}_2$$

充分性。设 $\boldsymbol{r}=x\boldsymbol{e}_1+y\boldsymbol{e}_2$，如果 x,y 有一是零，例如 $x=0$，那么 $\boldsymbol{r}=y\boldsymbol{e}_2$ 与 $\boldsymbol{e}_2$ 共线，因此它与 $\boldsymbol{e}_1,\boldsymbol{e}_2$ 共面。如果 $xy\neq0$，那么 $x\boldsymbol{e}_1/\!/\boldsymbol{e}_1,y\boldsymbol{e}_2/\!/\boldsymbol{e}_2$，从两向量加法的平行四边形法则可知 $\boldsymbol{r}$ 与 $x\boldsymbol{e}_1$ 与 $y\boldsymbol{e}_2$ 共面，因此 $\boldsymbol{r}$ 与 $\boldsymbol{e}_1,\boldsymbol{e}_2$ 共面。

最后证明使得式(1.1.2) 成立的实数是唯一的。

假设
$$\boldsymbol{r}=x\boldsymbol{e}_1+y\boldsymbol{e}_2=x'\boldsymbol{e}_1+y'\boldsymbol{e}_2$$

那么 $(x-x')\boldsymbol{e}_1+(y-y')\boldsymbol{e}_2=\boldsymbol{0}$。若 $x\neq x'$，则 $\boldsymbol{e}_1=-\dfrac{y-y'}{x-x'}\boldsymbol{e}_2$，将有 $\boldsymbol{e}_1$ 与 $\boldsymbol{e}_2$ 共线这与 $\boldsymbol{e}_1,\boldsymbol{e}_2$ 不共线矛盾，因此 $x=x'$。同理可证 $y=y'$。

【定理 5】 如果向量 $\boldsymbol{e}_1,\boldsymbol{e}_2,\boldsymbol{e}_3$ 不共面，那么空间任意向量 $\boldsymbol{r}$，存在唯一的实数组(x,y,z)，使得

$$\boldsymbol{r}=x\boldsymbol{e}_1+y\boldsymbol{e}_2+z\boldsymbol{e}_3 \tag{1.1.3}$$

这时 $\boldsymbol{e}_1,\boldsymbol{e}_2,\boldsymbol{e}_3$ 叫做空间向量的基底。

证明 首先证存在性。因为 $\boldsymbol{e}_1,\boldsymbol{e}_2,\boldsymbol{e}_3$ 不共面，所以 $\boldsymbol{e}_i\neq\boldsymbol{0}(i=1,2,3)$，且它们彼此不共线。

如果 $\boldsymbol{r}$ 和 $\boldsymbol{e}_1,\boldsymbol{e}_2,\boldsymbol{e}_3$ 之中的某两个向量共面，例如 $\boldsymbol{r}$ 与 $\boldsymbol{e}_1,\boldsymbol{e}_2$ 共面，那么依定理 4，有 $\boldsymbol{r}=x\boldsymbol{e}_1+y\boldsymbol{e}_2+0\cdot\boldsymbol{e}_3$。

如果 $\boldsymbol{r}$ 和 $\boldsymbol{e}_1,\boldsymbol{e}_2,\boldsymbol{e}_3$ 之中的任何两个向量不共面，那么将它们归结到共同的始点 O，并设 $\overrightarrow{OP}=\boldsymbol{r},\overrightarrow{OE_i}=\boldsymbol{e}_i(i=1,2,3)$。过点 P 作直线与 OE_3 平行，且与 OE_1,OE_2 决定的平面交于 Q(图 1.12)。现 $\overrightarrow{OQ}$ 与 $\boldsymbol{e}_1,\boldsymbol{e}_2$ 共面，根据定理 4，存在实数 x,y 使得

$$\overrightarrow{OQ}=x\boldsymbol{e}_1+y\boldsymbol{e}_2$$

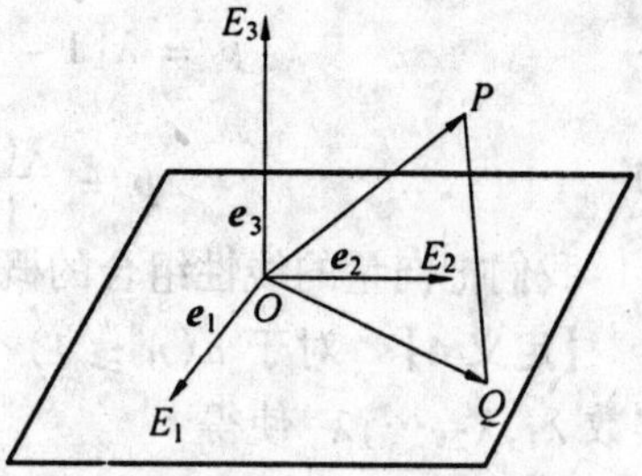

图 1.12

又 $\overrightarrow{QP}\parallel\boldsymbol{e}_3$，依定理 3，存在实数 z 使得 $\overrightarrow{QP}=z\boldsymbol{e}_3$。于是

$$\boldsymbol{r}=\overrightarrow{OP}=\overrightarrow{OQ}+\overrightarrow{QP}=x\boldsymbol{e}_1+y\boldsymbol{e}_2+z\boldsymbol{e}_3$$

唯一性可仿照定理 4 中的证明，留给读者。

【例 4】　已知 $\triangle OAB$，其中 $\overrightarrow{OA}=\boldsymbol{a},\overrightarrow{OB}=\boldsymbol{b}$，而 M,N 分别是三角形两边 OA,OB 上的点，且有 $\overrightarrow{OM}=\lambda\boldsymbol{a}(0<\lambda<1),\overrightarrow{ON}=\mu\boldsymbol{b}(0<\mu<1)$，设 AN 与 BM 相交于 P(图 1.13)，试把向量 $\overrightarrow{OP}=\boldsymbol{p}$ 分解成 $\boldsymbol{a},\boldsymbol{b}$ 的线性组合。

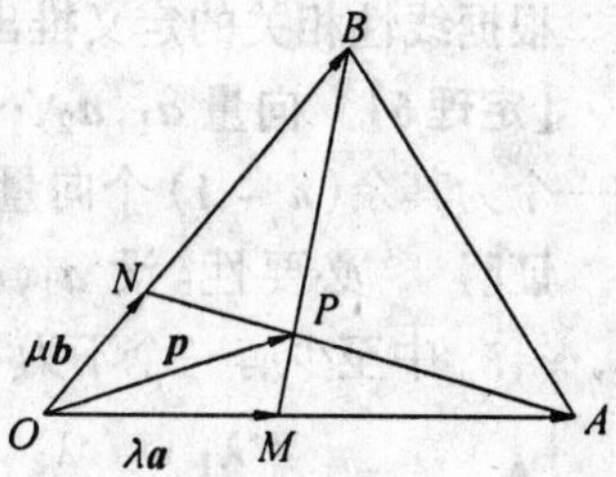

图 1.13

解　因为 $\boldsymbol{p}=\overrightarrow{OM}+\overrightarrow{MP}$，或 $\boldsymbol{p}=\overrightarrow{ON}+\overrightarrow{NP}$，而 $\overrightarrow{OM}=\lambda\boldsymbol{a}$，有

$$\overrightarrow{MP}=m\overrightarrow{MB}=m(\overrightarrow{OB}-\overrightarrow{OM})=m(\boldsymbol{b}-\lambda\boldsymbol{a})$$
$$0<m<1$$

而 $\overrightarrow{ON}=\mu\boldsymbol{b}$，有

$$\overrightarrow{NP}=n\overrightarrow{NA}=n(\overrightarrow{OA}-\overrightarrow{ON})=n(\boldsymbol{a}-\mu\boldsymbol{b})$$
$$0<n<1$$

所以

$$\boldsymbol{p}=\lambda\boldsymbol{a}+m(\boldsymbol{b}-\lambda\boldsymbol{a})=\lambda(1-m)\boldsymbol{a}+m\boldsymbol{b}\tag{1}$$

或

$$\boldsymbol{p}=\mu\boldsymbol{b}+n(\boldsymbol{a}-\mu\boldsymbol{b})=n\boldsymbol{a}+\mu(1-n)\boldsymbol{b}\tag{2}$$

因为 $\boldsymbol{a},\boldsymbol{b}$ 不共线，所以根据定理 4，由式(1)，(2) 得

$$\begin{cases}\lambda(1-m)=n\\ m=\mu(1-n)\end{cases}$$

解得

$$m=\frac{\mu(1-\lambda)}{1-\lambda\mu},\quad n=\frac{\lambda(1-\mu)}{1-\lambda\mu}$$

所以得

$$p = \lambda\left[1 - \frac{\mu(1-\lambda)}{1-\lambda\mu}\right]a + \frac{\mu(1-\lambda)}{1-\lambda\mu}b$$

即
$$p = \frac{\lambda(1-\mu)}{1-\lambda\mu}a + \frac{\mu(1-\lambda)}{1-\lambda\mu}b$$

我们把向量的线性组合的概念加以扩充,引进线性相关和线性无关的概念。

【定义4】 对于 $n(n \geqslant 1)$ 个向量 $a_1, a_2, \cdots, a_n$,如果存在不全为零的 n 个实数 $\lambda_1, \lambda_2, \cdots, \lambda_n$ 使得

$$\lambda_1 a_1 + \lambda_2 a_2 + \cdots + \lambda_n a_n = 0 \tag{1.1.4}$$

那么 n 个向量 $a_1, a_2, \cdots, a_n$ 叫做线性相关。不是线性相关的向量叫做线性无关。

思考题:

按此定义,采用陈述的方式,写出向量组线性无关的定义。

根据线性相关的定义推出下面定理。

【定理6】 向量 $a_1, a_2, \cdots, a_n (n \geqslant 2)$ 线性相关的充要条件是这 n 个向量中的一个为其余 $(n-1)$ 个向量的线性组合。

证明 必要性。设 $a_1, a_2, \cdots, a_n$ 线性相关,则式(1.1.4)成立。从而 $\lambda_1, \lambda_2, \cdots, \lambda_n$ 中至少有一个不为零。如果 $\lambda_i \neq 0$,则式(1.1.4)可写成

$$a_i = -\frac{\lambda_1}{\lambda_i}a_1 - \frac{\lambda_2}{\lambda_i}a_2 - \cdots - \frac{\lambda_{i-1}}{\lambda_i}a_{i-1} - \frac{\lambda_{i+1}}{\lambda_i}a_{i+1} - \cdots - \frac{\lambda_n}{\lambda_i}a_n$$

即知 a_i 是 $a_1, a_2, \cdots, a_{i-1}, a_{i+1}, \cdots, a_n$ 的线性组合。

充分性。如果 a_j 是 $a_1, a_2, \cdots, a_{j-1}, a_{j+1}, \cdots, a_n$ 的线性组合,即

$$a_j = \lambda_1 a_1 + \lambda_2 a_2 + \cdots + \lambda_{j-1}a_{j-1} + \lambda_{j+1}a_{j+1} + \cdots + \lambda_n a_n$$

令 $\lambda_j = -1$,即得式(1.1.4)。

由定义4还可以推出下面的定理和命题。

【定理7】 一个向量线性相关的充要条件是它是一个零向量。

命题1 两个向量 a, b 共线的充要条件是 a, b 线性相关。

命题2 三个向量 a, b, c 共面的充要条件是 a, b, c 线性相关。

命题3 空间中任意四个向量总是线性相关。

这三个命题的证明作为练习留给读者。

【例5】 如图1.14所示,设 $\overrightarrow{OP_i} = r_i (i = 1,2,3)$,试证 P_1, P_2, P_3 三点共线的充要条件是存在不全为零的实数 $\lambda_1, \lambda_2, \lambda_3$ 使得

$$\lambda_1 r_1 + \lambda_2 r_2 + \lambda_3 r_3 = 0,\text{且 } \lambda_1 + \lambda_2 + \lambda_3 = 0$$

证明 必要性。设 P_1, P_2, P_3 三点共线,那么 $\overrightarrow{P_1P_3}, \overrightarrow{P_2P_3}$ 两向量共线,因此

两向量$\overrightarrow{P_1P_3}$，$\overrightarrow{P_2P_3}$线性相关，所以存在不全为0的数 m,n，使

$$m\overrightarrow{P_1P_3} + n\overrightarrow{P_2P_3} = \mathbf{0}$$

即
$$m(\boldsymbol{r}_3 - \boldsymbol{r}_1) + n(\boldsymbol{r}_3 - \boldsymbol{r}_2) = \mathbf{0}$$

由此得

$$m\boldsymbol{r}_1 + n\boldsymbol{r}_2 - (m+n)\boldsymbol{r}_3 = \mathbf{0}$$

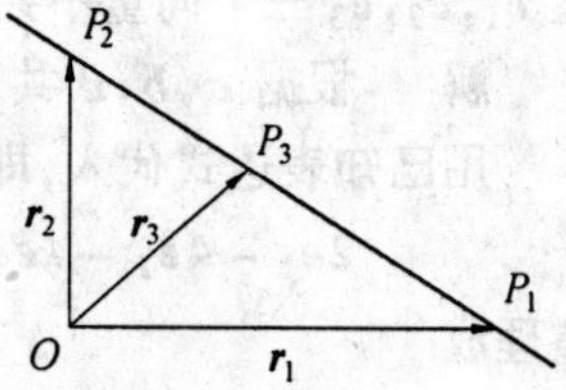

图 1.14

令 $\lambda_1 = m, \lambda_2 = n, \lambda_3 = -(m+n)$，那么有 λ_1，λ_2，λ_3 不全为0使

$$\lambda_1\boldsymbol{r}_1 + \lambda_2\boldsymbol{r}_2 + \lambda_3\boldsymbol{r}_3 = \mathbf{0}，且 \lambda_1 + \lambda_2 + \lambda_3 = 0$$

充分性。设有不全为0的数 $\lambda_i(i = 1,2,3)$ 使

$$\lambda_1\boldsymbol{r}_1 + \lambda_2\boldsymbol{r}_2 + \lambda_3\boldsymbol{r}_3 = \mathbf{0}，且 \lambda_1 + \lambda_2 + \lambda_3 = 0$$

根据条件不妨设 $\lambda_3 = -(\lambda_1 + \lambda_2) \neq 0$，代入上面向量等式，整理得

$$\lambda_1(\boldsymbol{r}_3 - \boldsymbol{r}_1) + \lambda_2(\boldsymbol{r}_3 - \boldsymbol{r}_2) = \mathbf{0}$$

即
$$\lambda_1\overrightarrow{P_1P_3} + \lambda_2\overrightarrow{P_2P_3} = \mathbf{0}$$

但由 $\lambda_1 + \lambda_2 \neq 0$ 知 λ_1,λ_2 不全为0，所以$\overrightarrow{P_1P_3}$，$\overrightarrow{P_2P_3}$共线，也就是 P_1,P_2,P_3 三点共线。

【例6】 设 $\boldsymbol{a},\boldsymbol{b}$ 为两不共线向量，证明向量 $\boldsymbol{u} = a_1\boldsymbol{a} + b_1\boldsymbol{b}, \boldsymbol{v} = a_2\boldsymbol{a} + b_2\boldsymbol{b}$ 共线的充要条件是

$$\begin{vmatrix} a_1 & a_2 \\ b_1 & b_2 \end{vmatrix} = 0$$

证明 根据命题1，$\boldsymbol{u},\boldsymbol{v}$ 两向量共线的充要条件是存在不为零的数 λ,μ 使

$$\lambda\boldsymbol{u} + \mu\boldsymbol{v} = \mathbf{0}$$

即
$$(a_1\lambda + a_2\mu)\boldsymbol{a} + (b_1\lambda + b_2\mu)\boldsymbol{b} = \mathbf{0}$$

因为 $\boldsymbol{a},\boldsymbol{b}$ 为两不共线的向量，也就是两向量 $\boldsymbol{a},\boldsymbol{b}$ 线性无关，所以

$$a_1\lambda + a_2\mu = 0$$
$$b_1\lambda + b_2\mu = 0$$

又因为 λ,μ 不全为零，从而得向量 $\boldsymbol{u}$ 与 $\boldsymbol{v}$ 共线的充要条件为①

$$\begin{vmatrix} a_1 & a_2 \\ b_1 & b_2 \end{vmatrix} = 0$$

【例7】 已知 $\boldsymbol{a} = 3\boldsymbol{e}_1 - \boldsymbol{e}_2 + \boldsymbol{e}_3, \boldsymbol{b} = 4\boldsymbol{e}_1 + 2\boldsymbol{e}_2 - \boldsymbol{e}_3, \boldsymbol{d} = 2\boldsymbol{e}_1 - 4\boldsymbol{e}_2 + k\boldsymbol{e}_3$，

---

① 齐次线性方程组有非零解的充要条件为其系数行列式等于零(见附录)。

且 $\boldsymbol{e}_1,\boldsymbol{e}_2,\boldsymbol{e}_3$ 三个向量不共面，求 k，使 $\boldsymbol{a},\boldsymbol{b},\boldsymbol{d}$ 共面。

解 根据 $\boldsymbol{a},\boldsymbol{b},\boldsymbol{d}$ 共面条件，设有 λ,μ，使 $\boldsymbol{d}=\lambda\boldsymbol{a}+\mu\boldsymbol{b}$。

用已知表达式代入，即

$$2\boldsymbol{e}_1-4\boldsymbol{e}_2+k\boldsymbol{e}_3=\lambda(3\boldsymbol{e}_1-\boldsymbol{e}_2+\boldsymbol{e}_3)+\mu(4\boldsymbol{e}_1+2\boldsymbol{e}_2-\boldsymbol{e}_3)$$

整理成

$$(2-3\lambda-4\mu)\boldsymbol{e}_1+(-4+\lambda-2\mu)\boldsymbol{e}_2+(k-\lambda+\mu)\boldsymbol{e}_3=\boldsymbol{0}$$

由于 $\boldsymbol{e}_1,\boldsymbol{e}_2,\boldsymbol{e}_3$ 不共面，于是有

$$\begin{cases}2-3\lambda-4\mu=0\\-4+\lambda-2\mu=0\\k-\lambda+\mu=0\end{cases}$$

解方程组得 $\lambda=2,\mu=-1,k=3$。

习　题

1. 下列情形中向量的终点各构成什么图形？

(1) 把平行于某一平面的一切单位向量归结到共同的始点；

(2) 把平行于某一直线的一切向量归结到共同的始点；

(3) 把平行于某一直线的一切单位向量归结到共同的始点。

2. 向量 $\boldsymbol{a}$ 和 $\boldsymbol{b}$ 在什么条件下，才能使下列关系式成立：

(1) $|\boldsymbol{a}+\boldsymbol{b}|=|\boldsymbol{a}-\boldsymbol{b}|$；

(2) $|\boldsymbol{a}+\boldsymbol{b}|=|\boldsymbol{a}|+|\boldsymbol{b}|$；

(3) $|\boldsymbol{a}+\boldsymbol{b}|<|\boldsymbol{a}-\boldsymbol{b}|$；

(4) $|\boldsymbol{a}+\boldsymbol{b}|>|\boldsymbol{a}-\boldsymbol{b}|$；

(5) $|\boldsymbol{a}+\boldsymbol{b}|=|\boldsymbol{a}|-|\boldsymbol{b}|$；

(6) $|\boldsymbol{a}-\boldsymbol{b}|=|\boldsymbol{a}|+|\boldsymbol{b}|$。

3. 已知 $|\boldsymbol{a}|=13$, $|\boldsymbol{b}|=19$, $|\boldsymbol{a}+\boldsymbol{b}|=24$，求 $|\boldsymbol{a}-\boldsymbol{b}|$。

4. 已知 $|\boldsymbol{a}|=11$, $|\boldsymbol{b}|=23$, $|\boldsymbol{a}-\boldsymbol{b}|=30$，确定 $|\boldsymbol{a}+\boldsymbol{b}|$。

5. 向量 $\boldsymbol{a}$ 和 $\boldsymbol{b}$ 的夹角为 120°，并且 $|\boldsymbol{a}|=3$, $|\boldsymbol{b}|=5$，确定 $|\boldsymbol{a}+\boldsymbol{b}|$ 和 $|\boldsymbol{a}-\boldsymbol{b}|$。

6. 已知四边形 $ABCD$ 中，$\overrightarrow{AB}=\boldsymbol{a}-2\boldsymbol{c}$，$\overrightarrow{CD}=5\boldsymbol{a}+6\boldsymbol{b}-8\boldsymbol{c}$，对角线 AC,BD 的中点分别为 E,F，求 $\overrightarrow{EF}$。

7. 设向量 $\boldsymbol{a},\boldsymbol{b}$ 不共线，$\overrightarrow{AB}=\boldsymbol{a}+\boldsymbol{b}$，$\overrightarrow{BC}=3\boldsymbol{a}+7\boldsymbol{b}$，$\overrightarrow{CD}=2\boldsymbol{a}-2\boldsymbol{b}$，证明：$A,B,D$ 三点共线。

8. 设向量 $\boldsymbol{a},\boldsymbol{b}$ 不共线，在四边形 $ABCD$ 中，$\overrightarrow{AB}=\boldsymbol{a}+2\boldsymbol{b}$，$\overrightarrow{BC}=-4\boldsymbol{a}-\boldsymbol{b}$，$\overrightarrow{CD}=-5\boldsymbol{a}-3\boldsymbol{b}$，证明：四边形 $ABCD$ 为梯形。

9. 设 L,M,N 分别是 $\triangle ABC$ 三边 $\overrightarrow{BC},\overrightarrow{CA},\overrightarrow{AB}$ 的中点，证明：三中线向量 $\overrightarrow{AL},\overrightarrow{BM},\overrightarrow{CN}$ 可以构成一个三角形。

10. 设 M 是平行四边形 $ABCD$ 的中心，O 是任意一点，证明

$$\overrightarrow{OA}+\overrightarrow{OB}+\overrightarrow{OC}+\overrightarrow{OD}=4\,\overrightarrow{OM}$$

11. 设空间四边形 $ABCD$ 的对角线 $\overrightarrow{AC}$ 和 $\overrightarrow{BD}$ 的中点分别是 M 和 N，证明

$$\overrightarrow{AB}+\overrightarrow{CB}+\overrightarrow{AD}+\overrightarrow{CD}=4\,\overrightarrow{MN}$$

12. 设点 O 是平面上正多边形 $A_1A_2\cdots A_n$ 的外接圆的圆心，证明

$$\overrightarrow{OA_1}+\overrightarrow{OA_2}+\overrightarrow{OA_3}+\cdots+\overrightarrow{OA_n}=\boldsymbol{0}$$

13. 在上题的条件下，设 P 是任意点，证明

$$\overrightarrow{PA_1}+\overrightarrow{PA_2}+\overrightarrow{PA_3}+\cdots+\overrightarrow{PA_n}=n\,\overrightarrow{PO}$$

14. 在 $\triangle ABC$ 中，点 M,N 为 AB 边上的三等分点，设 $\overrightarrow{CA}=\boldsymbol{a}$，$\overrightarrow{CB}=\boldsymbol{b}$，求向量 $\overrightarrow{CM},\overrightarrow{CN}$ 对 $\boldsymbol{a},\boldsymbol{b}$ 的分解式。

15. 已知点 O 是 $\triangle ABC$ 的重心，证明

$$\overrightarrow{OA}+\overrightarrow{OB}+\overrightarrow{OC}=\boldsymbol{0}$$

16. 已知点 D 与 E 分别在 $\triangle ABC$ 的边 BC 与边 CA 上，且 $BD=\frac{1}{3}BC$，$CE=\frac{1}{3}CA$，AD 与 BE 相交于点 G，求证：$\overrightarrow{GD}=\frac{1}{7}\overrightarrow{AD}$，$\overrightarrow{GE}=\frac{4}{7}\overrightarrow{BE}$。

17. 设 $\triangle ABC$ 各边向量 $\overrightarrow{AB}=\boldsymbol{c}$，$\overrightarrow{BC}=\boldsymbol{a}$，$\overrightarrow{CA}=\boldsymbol{b}$，用这三个向量表示 $\triangle ABC$ 的内角平分线向量 $\overrightarrow{AD},\overrightarrow{BE},\overrightarrow{CF}$。

18. 证明：三个向量 $\boldsymbol{a}=-\boldsymbol{e}_1+3\boldsymbol{e}_2+2\boldsymbol{e}_3$，$\boldsymbol{b}=4\boldsymbol{e}_1-6\boldsymbol{e}_2+2\boldsymbol{e}_3$，$\boldsymbol{c}=-3\boldsymbol{e}_1+12\boldsymbol{e}_2+11\boldsymbol{e}_3$ 共面，其中 $\boldsymbol{a}$ 能否用 $\boldsymbol{b},\boldsymbol{c}$ 线性表示？如果可以表示，写出线性表示关系式。

19. 已知向量 $\boldsymbol{a}=\boldsymbol{e}_1+\boldsymbol{e}_2$，$\boldsymbol{b}=\boldsymbol{e}_2+\boldsymbol{e}_3$，$\boldsymbol{c}=\boldsymbol{e}_3+\boldsymbol{e}_1$，求向量 $\boldsymbol{a}-\boldsymbol{b}$，$\boldsymbol{b}-\boldsymbol{c}$，$\boldsymbol{c}-\boldsymbol{a}$，并判别是否共面？为什么？

20. 判别下列结论是否正确：

(1) 向量 $\boldsymbol{a}$ 和 $\boldsymbol{b}$ 共线，$\boldsymbol{b}$ 和 $\boldsymbol{c}$ 共线，则 $\boldsymbol{a}$ 和 $\boldsymbol{c}$ 必共线；

(2) 向量 $\boldsymbol{a},\boldsymbol{b},\boldsymbol{c}$ 共面，$\boldsymbol{c},\boldsymbol{d},\boldsymbol{e}$ 共面，则 $\boldsymbol{a},\boldsymbol{c},\boldsymbol{e}$ 必共面。

21. 设 $\overrightarrow{OP_i}=\boldsymbol{r}_i(i=1,2,3,4)$，试证 P_1,P_2,P_3,P_4 四点共面的充要条件是存在不全为零的实数 $\lambda_i(i=1,2,3,4)$ 使

$$\lambda_1\boldsymbol{r}_1+\lambda_2\boldsymbol{r}_2+\lambda_3\boldsymbol{r}_3+\lambda_4\boldsymbol{r}_4=\boldsymbol{0}\text{，且}\sum_{i=1}^{4}\lambda_i=0$$

1.2　标架与坐标

前面我们已经给出了向量的几何表示,向量的线性运算,而且可以直接用向量的方法去解决一些问题,但是,许多问题的研究是数量关系,而向量一般地只是研究的一种工具,它不能解决有关定量的问题。本节中我们引进向量的另一种表示——代数表示,也就是要引进坐标,于是向量的运算就转为数的运算,从而可以利用坐标来研究向量。

1.2.1　标架,向量与点的坐标

由上一节知空间中任意三个有序的不共面的向量组 $\boldsymbol{e}_1,\boldsymbol{e}_2,\boldsymbol{e}_3$ 称为空间中的一个基。根据1.1节定理5,对于空间中任一向量 $\boldsymbol{r}$,存在唯一的一组有序实数 (x,y,z),使

$$\boldsymbol{r} = x\boldsymbol{e}_1 + y\boldsymbol{e}_2 + z\boldsymbol{e}_3$$

我们把三元有序实数组 (x,y,z) 称为向量 $\boldsymbol{r}$ 在基 $\boldsymbol{e}_1,\boldsymbol{e}_2,\boldsymbol{e}_3$ 下的坐标或分量,记作 $\boldsymbol{r} = (x,y,z)$。

【定义1】　空间中一个点 O 和一组基 $\boldsymbol{e}_1,\boldsymbol{e}_2,\boldsymbol{e}_3$ 的全体,称为空间中的一个仿射标架或仿射坐标系,简称标架或坐标系,记作 $\{O;\boldsymbol{e}_1,\boldsymbol{e}_2,\boldsymbol{e}_3\}$,其中 O 称为原点,$\boldsymbol{e}_1,\boldsymbol{e}_2,\boldsymbol{e}_3$ 称为坐标向量。

如果 $\boldsymbol{e}_1,\boldsymbol{e}_2,\boldsymbol{e}_3$ 都是单位向量,那么 $\{O;\boldsymbol{e}_1,\boldsymbol{e}_2,\boldsymbol{e}_3\}$ 叫做笛卡儿标架,或笛卡儿坐标系。$\boldsymbol{e}_1,\boldsymbol{e}_2,\boldsymbol{e}_3$ 两两相互垂直的笛卡儿标架叫做笛卡儿直角标架或笛卡儿直角坐标系,简称直角坐标系。

将右手四指(拇指除外)从 $\boldsymbol{e}_1$ 方向弯曲向 $\boldsymbol{e}_2$ 方向(转角小于 π),如果拇指所指的方向与 $\boldsymbol{e}_3$ 方向一致,则称 $\boldsymbol{e}_1,\boldsymbol{e}_2,\boldsymbol{e}_3$ 构成右手标架或右旋标架。反之,称 $\boldsymbol{e}_1,\boldsymbol{e}_2,\boldsymbol{e}_3$ 构成左手标架或左旋标架(图1.15)。

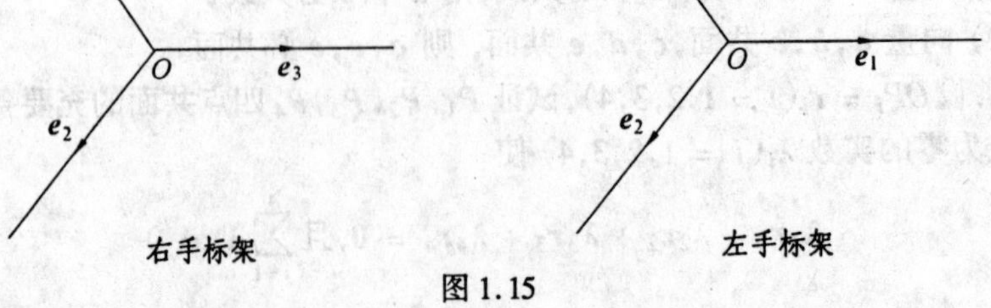

图1.15

【定义 2】　对于取定了标架$\{O;e_1,e_2,e_3\}$的空间中任意点 P，向量$\overrightarrow{OP}$叫做点 P 的向径或位置向量，向径$\overrightarrow{OP}$关于标架$\{O;e_1,e_2,e_3\}$的分量 x,y,z 叫做点 P 关于标架$\{O;e_1,e_2,e_3\}$的坐标，记作 $P(x,y,z)$ 或(x,y,z)。

空间中取定了一个标架后，由 1.1 节定理 5 知，全体向量的集合或者全体点的集合与全体有序三元实数组的集合间就建立了一一对应关系。

设$\{O;e_1,e_2,e_3\}$为空间的一个标架，过原点 O，且分别以 e_1,e_2,e_3 为方向的有向直线分别称为 x 轴，y 轴，z 轴，统称为坐标轴。由每两条坐标轴决定的平面称为坐标平面，它们分别是 xOy，yOz，zOx 平面，坐标平面把空间分成八个部分，称为八个卦限（图 1.16），按排列顺序 Ⅰ，Ⅱ，…，Ⅷ，依次叫做第Ⅰ卦限，第Ⅱ卦限，……，第Ⅷ卦限。

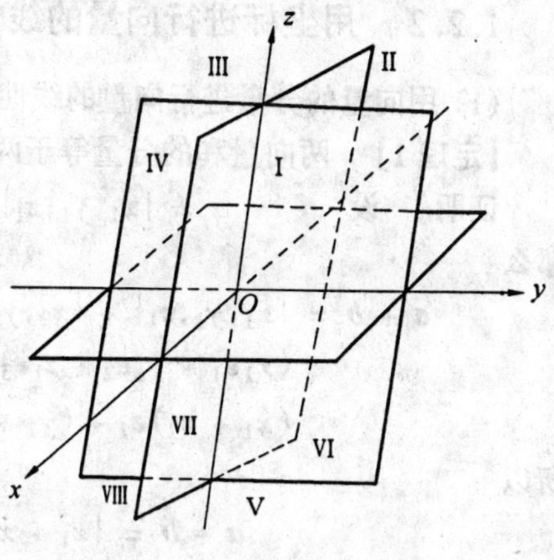

图 1.16

在同一卦限内点的坐标的符号是一致的，但不同卦限内点的坐标符号不一样，各卦限内点的坐标符号如表 1.1 所示。

表 1.1

卦限 / 坐标	Ⅰ	Ⅱ	Ⅲ	Ⅳ	Ⅴ	Ⅵ	Ⅶ	Ⅷ
x	+	−	−	+	+	−	−	+
y	+	+	−	−	+	+	−	−
z	+	+	+	+	−	−	−	−

特别约定，空间直角坐标系中的坐标向量 e_1,e_2,e_3 改写为 $\boldsymbol{i},\boldsymbol{j},\boldsymbol{k}$，并用$\{O;\boldsymbol{i},\boldsymbol{j},\boldsymbol{k}\}$来记右手直角坐标系。对于以后讨论空间问题时，所采用的坐标系，一般都是空间右手直角坐标系。

思考题：

1. 请确定坐标轴和坐标面上点的符号。

2. 若三向量 e_1,e_2,e_3 构成右手系，依次轮换得(e_2,e_3,e_1)，(e_3,e_1,e_2)，它们是否构成右手系？

当三向量 e_1, e_2, e_3 构成右手系时,若相互调换两个后,如(e_2, e_1, e_3),将怎样变化?

3.如何定义平面上的仿射标架和直角标架?

1.2.2 用坐标进行向量的线性运算

(1) 用向量的分量进行向量的线性运算。

【定理 1】 两向量和的分量等于两向量对应分量的和。

证明 设 $\boldsymbol{a} = \{x_1, y_1, z_1\}, \boldsymbol{b} = \{x_2, y_2, z_2\}$

那么

$$\begin{aligned}\boldsymbol{a} + \boldsymbol{b} &= \{x_1, y_1, z_1\} + \{x_2, y_2, z_2\} = \\ &(x_1\boldsymbol{e}_1 + y_1\boldsymbol{e}_2 + z_1\boldsymbol{e}_3) + (x_2\boldsymbol{e}_1 + y_2\boldsymbol{e}_2 + z_2\boldsymbol{e}_3) = \\ &(x_1 + x_2)\boldsymbol{e}_1 + (y_1 + y_2)\boldsymbol{e}_2 + (z_1 + z_2)\boldsymbol{e}_3\end{aligned}$$

所以

$$\boldsymbol{a} + \boldsymbol{b} = \{x_1 + x_2, y_1 + y_2, z_1 + z_2\} \tag{1.2.1}$$

【定理 2】 数乘向量的分量等于这个数与向量对应分量的积。

证明 设 $\boldsymbol{a} = \{x, y, z\}$,那么

$$\lambda\boldsymbol{a} = \lambda\{x, y, z\} = \lambda(x\boldsymbol{e}_1 + y\boldsymbol{e}_2 + z\boldsymbol{e}_3) = \lambda x\boldsymbol{e}_1 + \lambda y\boldsymbol{e}_2 + \lambda z\boldsymbol{e}_3$$

所以

$$\lambda\boldsymbol{a} = \{\lambda x, \lambda y, \lambda z\} \tag{1.2.2}$$

(2) 用向量的始点和终点坐标表示向量的分量。

【定理 3】 向量的分量等于其终点的坐标减去其始点的坐标。

证明 设向量 $\overrightarrow{P_1P_2}$ 的始点与终点分别为 $P_1(x_1, y_1, z_1)$ 与 $P_2(x_2, y_2, z_2)$(图1.17),那么

$$\overrightarrow{OP_1} = x_1\boldsymbol{e}_1 + y_1\boldsymbol{e}_2 + z_1\boldsymbol{e}_3$$
$$\overrightarrow{OP_2} = x_2\boldsymbol{e}_1 + y_2\boldsymbol{e}_2 + z_2\boldsymbol{e}_3$$

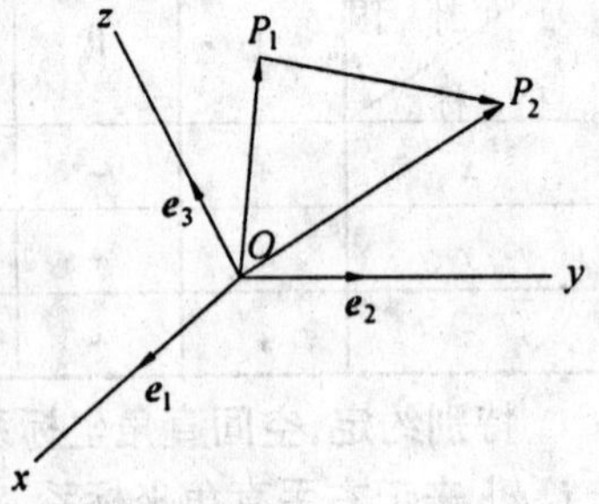

图 1.17

所以

$$\begin{aligned}\overrightarrow{P_1P_2} = \overrightarrow{OP_2} - \overrightarrow{OP_1} &= (x_2\boldsymbol{e}_1 + y_2\boldsymbol{e}_2 + z_2\boldsymbol{e}_3) - (x_1\boldsymbol{e}_1 + y_1\boldsymbol{e}_2 + z_1\boldsymbol{e}_3) = \\ &(x_2 - x_1)\boldsymbol{e}_1 + (y_2 - y_1)\boldsymbol{e}_2 + (z_2 - z_1)\boldsymbol{e}_3\end{aligned}$$

即

$$\overrightarrow{P_1P_2} = \{x_2 - x_1, y_2 - y_1, z_2 - z_1\} \tag{1.2.3}$$

(3) 向量共线、共面的条件。

【定理 4】 两个非零向量 $\boldsymbol{a} = \{X_1, Y_1, Z_1\}$, $\boldsymbol{b} = \{X_2, Y_2, Z_2\}$ 共线的充要条件是对应分量成比例,即

$$\frac{X_1}{X_2} = \frac{Y_1}{Y_2} = \frac{Z_1}{Z_2} \tag{1.2.4}$$

证明 根据 1.1 节定理 3,向量 $\boldsymbol{a}, \boldsymbol{b}$ 共线的充要条件是其中一个向量可用另一个向量线性表示,不妨设 $\boldsymbol{a} = \lambda \boldsymbol{b}$,于是

$$\{X_1, Y_1, Z_1\} = \lambda\{X_2, Y_2, Z_2\} = \{\lambda X_2, \lambda Y_2, \lambda Z_2\}$$

由此得

$$X_1 = \lambda X_2, Y_1 = \lambda Y_2, Z_1 = \lambda Z_2$$

所以

$$\frac{X_1}{X_2} = \frac{Y_1}{Y_2} = \frac{Z_1}{Z_2}$$

我们约定:当分母为零时,分子也为零。

【推论】 三点 $A(x_1, y_1, z_1)$, $B(x_2, y_2, z_2)$ 和 $C(x_3, y_3, z_3)$ 共线的充要条件是

$$\frac{x_2 - x_1}{x_3 - x_1} = \frac{y_2 - y_1}{y_3 - y_1} = \frac{z_2 - z_1}{z_3 - z_1} \tag{1.2.5}$$

【定理 5】 三非零向量 $\boldsymbol{a} = \{X_1, Y_1, Z_1\}$, $\boldsymbol{b} = \{X_2, Y_2, Z_2\}$ 和 $\boldsymbol{c} = \{X_3, Y_3, Z_3\}$ 共面的充要条件是

$$\begin{vmatrix} X_1 & Y_1 & Z_1 \\ X_2 & Y_2 & Z_2 \\ X_3 & Y_3 & Z_3 \end{vmatrix} = 0 \tag{1.2.6}$$

证明 根据 1.1 节命题 2,三向量 $\boldsymbol{a}, \boldsymbol{b}, \boldsymbol{c}$ 共面的充要条件是存在不全为零的数 λ, μ, ν,使得 $\lambda \boldsymbol{a} + \mu \boldsymbol{b} + \nu \boldsymbol{c} = \boldsymbol{0}$。由此得

$$\begin{cases} \lambda X_1 + \mu X_2 + \nu X_3 = 0 \\ \lambda Y_1 + \mu Y_2 + \nu Y_3 = 0 \\ \lambda Z_1 + \mu Z_2 + \nu Z_3 = 0 \end{cases}$$

因为 λ, μ, ν 不全为零,所以

$$\begin{vmatrix} X_1 & Y_1 & Z_1 \\ X_2 & Y_2 & Z_2 \\ X_3 & Y_3 & Z_3 \end{vmatrix} = 0$$

【推论】 四点 $A_i(x_i, y_i, z_i)$ $(i = 1,2,3,4)$ 共面的充要条件是

$$\begin{vmatrix} x_2 - x_1 & y_2 - y_1 & z_2 - z_1 \\ x_3 - x_2 & y_3 - y_1 & z_3 - z_1 \\ x_4 - x_1 & y_4 - y_1 & z_4 - z_1 \end{vmatrix} = 0 \tag{1.2.7}$$

或

$$\begin{vmatrix} x_1 & y_1 & z_1 & 1 \\ x_2 & y_2 & z_2 & 1 \\ x_3 & y_3 & z_3 & 1 \\ x_4 & y_4 & z_4 & 1 \end{vmatrix} = 0 \qquad (1.2.7)'$$

(4) 线段的定比分点坐标。

对于有向线段$\overrightarrow{P_1P_2}$($P_1 \neq P_2$),如果点 P 满足$\overrightarrow{P_1P} = \lambda\overrightarrow{PP_2}$,我们称点 P 是把有向线段$\overrightarrow{P_1P_2}$分成定比 λ 的分点。

思考题:

当点 P 在线段 P_1P_2 所在直线的不同区域变动时, λ 值怎样变化?

【定理6】 设有向线段$\overrightarrow{P_1P_2}$的始点为 $P_1(x_1,y_1,z_1)$,终点为 $P_2(x_2,y_2,z_2)$,那么分有向线段 P_1P_2 成定比 $\lambda(\lambda \neq -1)$ 的分点 P 的坐标是

$$x = \frac{x_1 + \lambda x_2}{1 + \lambda},\ y = \frac{y_1 + \lambda y_2}{1 + \lambda},\ z = \frac{z_1 + \lambda z_2}{1 + \lambda} \tag{1.2.8}$$

证明　由已知条件知$\overrightarrow{P_1P} = \lambda\overrightarrow{PP_2}$, 因为

$$\overrightarrow{P_1P} = \overrightarrow{OP} - \overrightarrow{OP_1},\ \overrightarrow{PP_2} = \overrightarrow{OP_2} - \overrightarrow{OP}$$

所以

$$\overrightarrow{OP} - \overrightarrow{OP_1} = \lambda(\overrightarrow{OP_2} - \overrightarrow{OP})$$

从而有

$$\overrightarrow{OP} = \frac{\overrightarrow{OP_1} + \lambda\overrightarrow{OP_2}}{1 + \lambda}$$

将$\overrightarrow{OP_1},\overrightarrow{OP_2},\overrightarrow{OP}$的分量代入,得点 P 的坐标为

$$x = \frac{x_1 + \lambda x_2}{1 + \lambda},\ y = \frac{y_1 + \lambda y_2}{1 + \lambda},\ z = \frac{z_1 + \lambda z_2}{1 + \lambda}$$

特别地,当 P 为中点时,$\lambda = 1$,这时

$$\begin{cases} x = \dfrac{x_1 + x_2}{2} \\ y = \dfrac{y_1 + y_2}{2} \\ z = \dfrac{z_1 + z_2}{2} \end{cases} \tag{1.2.9}$$

【例 1】 证明:三角形三条中线交于一点(此点叫重心),且该点分三中线自

顶点为始点成 2 : 1,并求出重心的向径及坐标。

证明　设三角形三顶点为 $P_i(x_i, y_i, z_i)(i = 1,2,3)$, P_2P_3, P_3P_1, P_1P_2 中点分别是 M_1, M_2, M_3(图 1.18),在 P_1M_1, P_2M_2, P_3M_3 上分别取点 G_1, G_2, G_3,且 $\overrightarrow{P_1G_1} = \lambda \overrightarrow{G_1M_1}$,有

$$\overrightarrow{OG_1} = \frac{\overrightarrow{OP_1} + \lambda \overrightarrow{OM_1}}{1+\lambda} = \frac{\overrightarrow{OP_1} + \frac{\lambda}{2}(\overrightarrow{OP_2} + \overrightarrow{OP_3})}{1+\lambda}$$

即

$$\overrightarrow{OG_1} = \frac{1}{1+\lambda}\overrightarrow{OP_1} + \frac{\lambda}{2(1+\lambda)}\overrightarrow{OP_2} + \frac{\lambda}{2(1+\lambda)}\overrightarrow{OP_3} \tag{1}$$

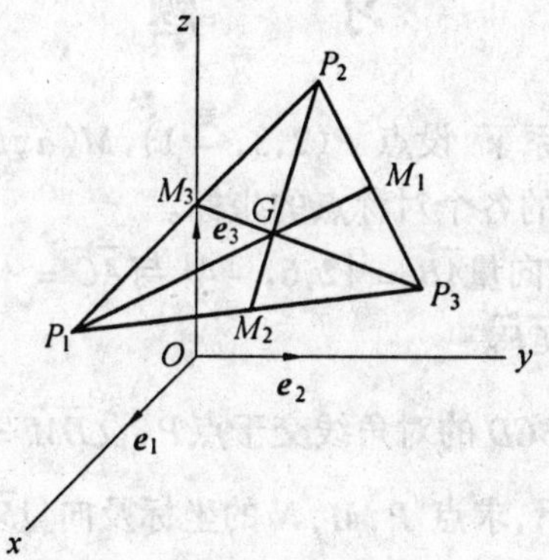

图 1.18

再根据 G_2 为中线 P_2M_2 上任意一点,且 $\overrightarrow{P_2G_2} = \mu \overrightarrow{G_2M_2}$,得

$$\overrightarrow{OG_2} = \frac{\overrightarrow{OP_2} + \mu \overrightarrow{OM_2}}{1+\mu} = \frac{\overrightarrow{OP_2} + \frac{\mu}{2}(\overrightarrow{OP_1} + \overrightarrow{OP_3})}{1+\mu}$$

即

$$\overrightarrow{OG_2} = \frac{\mu}{2(1+\mu)}\overrightarrow{OP_1} + \frac{1}{1+\mu}\overrightarrow{OP_2} + \frac{\mu}{2(1+\mu)}\overrightarrow{OP_3} \tag{2}$$

令 $\overrightarrow{OG_1} = \overrightarrow{OG_2}$,那么由于 $\overrightarrow{OP_1}, \overrightarrow{OP_2}, \overrightarrow{OP_3}$ 不共面,所以由 1.1 节定理 5 得

$$\begin{cases} \dfrac{1}{1+\lambda} = \dfrac{\mu}{2(1+\mu)} \\ \dfrac{\lambda}{2(1+\lambda)} = \dfrac{1}{1+\mu} \\ \dfrac{\lambda}{2(1+\lambda)} = \dfrac{\mu}{2(1+\mu)} \end{cases}$$

解得 $\lambda=\mu=2$。因此两中线 P_1M_1 与 P_2M_2 交于一点 G,且与 G_1 和 G_2 重合,这点分中线以顶点为始点成 2 : 1,且向径为

$$\overrightarrow{OG}=\frac{1}{3}(\overrightarrow{OP_1}+\overrightarrow{OP_2}+\overrightarrow{OP_3}) \tag{3}$$

同理可证得第三条中线 P_3M_3 也通过点 G,分 P_3M_3 以 P_3 为始点成2 : 1,因此,三中线交于一点,且该点分三中线自顶点为始点成 2 : 1。

根据式(3) 得 $\triangle P_1P_2P_3$ 的重心坐标为

$$G\left(\frac{x_1+x_2+x_3}{3},\frac{y_1+y_2+y_3}{3},\frac{z_1+z_2+z_3}{3}\right)$$

习　题

1. 在空间直角坐标系下,设点 $P(2,3,-1)$,$M(a,b,c)$,求这两点关于坐标平面,坐标轴,坐标原点的各个对称点的坐标。

2. 已知 $\triangle ABC$ 两边向量 $\overrightarrow{AB}=\{2,6,-4\}$ 与 $\overrightarrow{AC}=\{4,2,-2\}$,求这个三角形 3 条中线向量 $\overrightarrow{AD}$,$\overrightarrow{BE}$ 与 $\overrightarrow{CF}$。

3. 设平行四边形 $ABCD$ 的对角线交于点 P,设 $\overrightarrow{DM}=\frac{1}{5}\overrightarrow{DB}$,$\overrightarrow{CN}=\frac{1}{6}\overrightarrow{CA}$,在仿射标架 $\{A;\overrightarrow{AB},\overrightarrow{AD}\}$ 下,求点 P,M,N 的坐标及向量 $\overrightarrow{MN}$ 的坐标。

4. 设向量 $\boldsymbol{a}=\{0,-1,0\}$,$\boldsymbol{b}=\{1,2,3\}$,$\boldsymbol{c}=\{2,0,1\}$,求 $\boldsymbol{a}+2\boldsymbol{b}-3\boldsymbol{c}$ 的分量。

5. 已知四边形顶点为 $A(3,-1,2)$,$B(1,2,-1)$,$C(-1,1,-2)$,$D(3,-5,4)$,证明:它是一个梯形。

6. 已知向量 $\boldsymbol{a},\boldsymbol{b},\boldsymbol{c}$ 的分量如下:

(1) $\boldsymbol{a}=\{0,-1,2\}$,$\boldsymbol{b}=\{0,2,-4\}$,$\boldsymbol{c}=\{1,2,-1\}$;

(2) $\boldsymbol{a}=\{1,2,3\}$,$\boldsymbol{b}=\{2,-1,0\}$,$\boldsymbol{c}=\{0,5,6\}$。

试判断它们是否共面?能否将 $\boldsymbol{c}$ 表成 $\boldsymbol{a},\boldsymbol{b}$ 的线性组合?若能表示,写出表示式。

7. 已知 $\boldsymbol{a}=\{1,5,3\}$,$\boldsymbol{b}=\{6,-4,-2\}$,$\boldsymbol{c}=\{0,-5,7\}$,$\boldsymbol{d}=\{20,-27,35\}$,试证明 $\boldsymbol{a},\boldsymbol{b},\boldsymbol{c}$ 不共面,并将 $\boldsymbol{d}$ 表示成 $\boldsymbol{a},\boldsymbol{b},\boldsymbol{c}$ 的线性组合。

8. 证明:四面体每一个顶点与对面重心所连的线段共点,且这点到顶点的距离是它到对面重心距离的三倍。用四面体的顶点坐标把交点坐标表示出来。

1.3　向量的线性运算在初等几何中的应用

前面我们已经用向量的线性运算解决了较为简单的初等几何中有关的共线、共面问题，直线的共点问题及线段的定比分点的问题等。本节将通过一些例题来说明用向量解决较复杂的初等几何问题。可以看到用向量解决问题的简捷性。

【例 1】　设点 I 是 $\triangle ABC$ 的内心，当三个顶点的位置向量已知时，求证内心的位置向径

$$\overrightarrow{OI}=\frac{a\,\overrightarrow{OA}+b\,\overrightarrow{OB}+c\,\overrightarrow{OC}}{a+b+c}$$

其中，a,b,c 依次为 A,B,C 所对应的三角形边长，点 O 是空间任意一点。

证明　如图 1.19 所示，设 AD,BE,CF 依次是 $\triangle ABC$ 内角平分线，由内角平分线性质定理知

$$\frac{BD}{DC}=\frac{AB}{AC}=\frac{c}{b}$$

又

$$BD=\frac{c}{b}DC=\frac{c}{b}(a-BD)$$

得

$$BD=\frac{ca}{b+c}$$

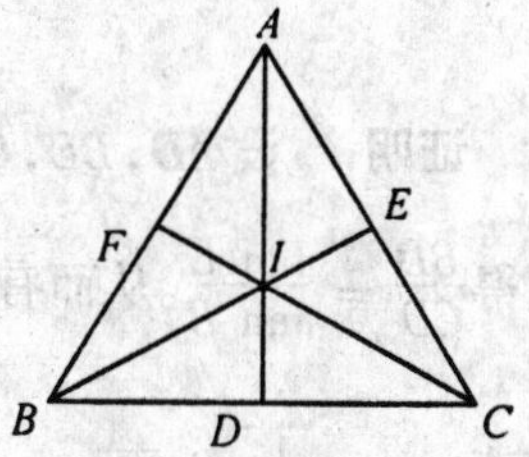

图 1.19

$$\frac{AI}{ID}=\frac{AB}{BD}=\frac{b+c}{a}$$

$$\overrightarrow{OI}=\frac{\overrightarrow{OA}+\frac{AI}{ID}\overrightarrow{OD}}{1+\frac{AI}{ID}}=\frac{1}{1+\frac{b+c}{a}}\overrightarrow{OA}+\frac{\frac{b+c}{a}}{1+\frac{b+c}{a}}\overrightarrow{OD}=$$

$$\frac{a}{a+b+c}\overrightarrow{OA}+\frac{b+c}{a+b+c}\overrightarrow{OD} \tag{1}$$

由于 $\frac{BD}{DC}=\frac{c}{b}$，则

$$\overrightarrow{OD}=\frac{\overrightarrow{OB}+\frac{BD}{DC}\overrightarrow{OC}}{1+\frac{BD}{DC}}=\frac{1}{1+\frac{c}{b}}\overrightarrow{OB}+\frac{\frac{c}{b}}{1+\frac{c}{b}}\overrightarrow{OC}=\frac{b}{b+c}\overrightarrow{OB}+\frac{c}{b+c}\overrightarrow{OC} \tag{2}$$

将式(2) 代入式(1)，有

$$\overrightarrow{OI} = \frac{1}{a+b+c}(a\overrightarrow{OA} + b\overrightarrow{OB} + c\overrightarrow{OC})$$

【例 2】 如图 1.20 所示，设点 H 是锐角三角形 ABC 的垂心，求证

$$\overrightarrow{OH} = \frac{1}{\tan A + \tan B + \tan C}(\tan A\overrightarrow{OA} + \tan B\overrightarrow{OB} + \tan C\overrightarrow{OC})$$

其中 O 是空间任意一点。

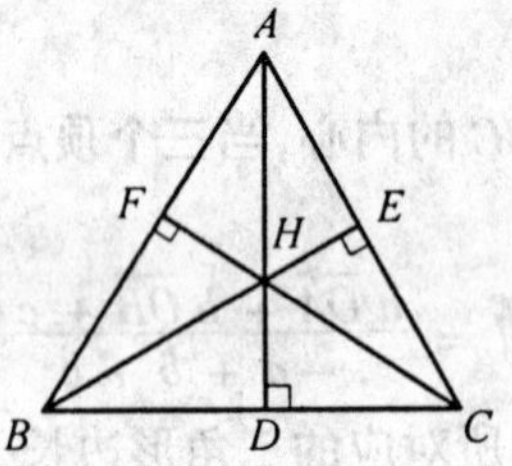

图 1.20

证明　设 AD, BE, CF 分别是 $\triangle ABC$ 的三条高，$\tan B = \frac{AD}{BD}$，$\tan C = \frac{AD}{CD}$，故得 $\frac{BD}{CD} = \frac{\tan C}{\tan B}$。从而有

$$\overrightarrow{OD} = \frac{1}{1+\frac{\tan C}{\tan B}}\overrightarrow{OB} + \frac{\frac{\tan C}{\tan B}}{1+\frac{\tan C}{\tan B}}\overrightarrow{OC} = \frac{\tan B}{\tan B + \tan C}\overrightarrow{OB} + \frac{\tan C}{\tan B + \tan C}\overrightarrow{OC}$$

用 R 表示 $\triangle ABC$ 的外接圆半径，在 $\mathrm{Rt}\triangle AHE$ 中有

$$AH = \frac{AE}{\cos\angle CAD} = \frac{c\cos A}{\sin C} = 2R\cos A$$

在 $\mathrm{Rt}\triangle BDH$ 中，有

$$HD = BD\tan\angle CBE = BD\cot C = c\cos B\cot C = 2R\cos B\cos C$$

于是，有

$$\frac{AH}{HD} = \frac{\cos A}{\cos B\cos C} = \frac{-\cos(B+C)}{\cos B\cos C} = \frac{\sin B\sin C - \cos B\cos C}{\cos B\cos C} = \tan B\tan C - 1$$

从而得

$$\overrightarrow{OH} = \frac{1}{1+\frac{AH}{HD}}\overrightarrow{OA} + \frac{\frac{AH}{HD}}{1+\frac{AH}{HD}}\overrightarrow{OD} = \frac{1}{\tan B\tan C}\overrightarrow{OA} + \frac{\tan B\tan C - 1}{\tan B\tan C}\overrightarrow{OD}$$

利用
$$\tan A+\tan B+\tan C=\tan A\tan B\tan C$$
有
$$\tan B\tan C=\frac{1}{\tan A}(\tan A+\tan B+\tan C)$$
从而有

$$\overrightarrow{OH}=\frac{\tan A}{\tan A+\tan B+\tan C}\overrightarrow{OA}+\frac{\frac{1}{\tan A}(\tan B+\tan C)}{\frac{1}{\tan A}(\tan A+\tan B+\tan C)}\overrightarrow{OD}=$$
$$\frac{\tan A}{\tan A+\tan B+\tan C}\overrightarrow{OA}+\frac{\tan B+\tan C}{\tan A+\tan B+\tan C}\overrightarrow{OD}=$$
$$\frac{\tan A}{\tan A+\tan B+\tan C}\overrightarrow{OA}+\frac{\tan B+\tan C}{\tan A+\tan B+\tan C}\cdot$$
$$\left(\frac{\tan B}{\tan B+\tan C}\overrightarrow{OB}+\frac{\tan C}{\tan B+\tan C}\overrightarrow{OC}\right)=$$
$$\frac{1}{\tan A+\tan B+\tan C}(\tan A\cdot\overrightarrow{OA}+\tan B\cdot\overrightarrow{OB}+\tan C\cdot\overrightarrow{OC})$$

【例 3】 梅尼劳(Menelaus)定理:在 $\triangle ABC$ 的三边 BC,CA,AB 或其延长线上分别取 L,M,N 三点(图 1.21),又分比是 $\lambda=\frac{BL}{LC},\mu=\frac{CM}{MA},\nu=\frac{AN}{NB}$。于是 L,M,N 三点共线的充要条件是 $\lambda\mu\nu=-1$。

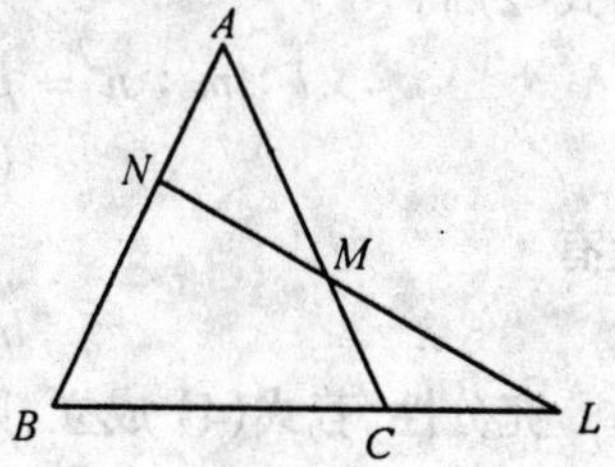

图 1.21

证明　必要性。由已知有
$$\overrightarrow{OL}=\frac{\overrightarrow{OB}+\lambda\overrightarrow{OC}}{1+\lambda}$$
$$\overrightarrow{OM}=\frac{\overrightarrow{OC}+\mu\overrightarrow{OA}}{1+\mu}$$
$$\overrightarrow{ON}=\frac{\overrightarrow{OA}+\nu\overrightarrow{OB}}{1+\nu}$$

如果 L,M,N 三点共线,则由 1.1 节例 5 知
$$\begin{cases}l\left(\frac{\overrightarrow{OB}+\lambda\overrightarrow{OC}}{1+\lambda}\right)+m\left(\frac{\overrightarrow{OC}+\mu\overrightarrow{OA}}{1+\mu}\right)+n\left(\frac{\overrightarrow{OA}+\nu\overrightarrow{OB}}{1+\nu}\right)=\mathbf{0}\\ l+m+n=0\end{cases}\quad(1)$$
其中,l,m,n 不全为零,即有
$$\left(\frac{m\mu}{1+\mu}+\frac{n}{1+\nu}\right)\overrightarrow{OA}+\left(\frac{n\nu}{1+\nu}+\frac{l}{1+\lambda}\right)\overrightarrow{OB}+\left(\frac{l\lambda}{1+\lambda}+\frac{m}{1+\mu}\right)\overrightarrow{OC}=\mathbf{0}$$
由此得知

$$\begin{cases}\dfrac{m\mu}{1+\mu}+\dfrac{n}{1+\nu}=0\\ \dfrac{n\nu}{1+\nu}+\dfrac{l}{1+\lambda}=0\\ \dfrac{l\lambda}{1+\lambda}+\dfrac{m}{1+\mu}=0\end{cases}\tag{2}$$

此为，l,m,n 的三元齐次方程组有非零解，则

$$\begin{vmatrix}0 & \dfrac{\mu}{1+\mu} & \dfrac{1}{1+\nu}\\ \dfrac{1}{1+\lambda} & 0 & \dfrac{\nu}{1+\nu}\\ \dfrac{\lambda}{1+\lambda} & \dfrac{1}{1+\mu} & 0\end{vmatrix}=0\tag{3}$$

展开得

$$\lambda\mu\nu=-1\tag{4}$$

由式(2)得

$$\begin{aligned}l:m:n&=\mu\nu(1+\lambda):(1+\mu):-\mu(1+\nu)=\\&(\mu\nu-1):(1+\mu):-\mu(1+\nu)\end{aligned}$$

且有

$$lmn\neq 0,\ l+m+n=0\tag{5}$$

充分性。若式(4)成立，则式(3)有非零解，且有式(5)和式(1)成立，故 L，M，N 三点共线。

【例 4】 塞瓦(Seva)定理：在 $\triangle ABC$ 的三边 BC，CA，AB 或其延长线上分别取 L,M,N 三点(图 1.22)，又分比是 $\lambda=\dfrac{BL}{LC}$，$\mu=\dfrac{CM}{MA}$，$\nu=\dfrac{AN}{NB}$，于是 AL,BM,CN 三线共点的充要条件是 $\lambda\mu\nu=1$。

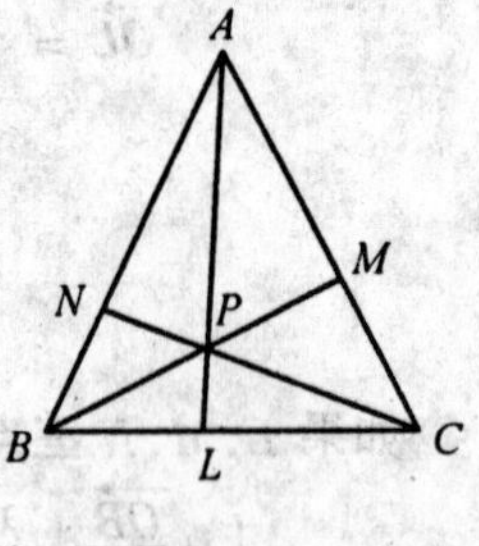

图 1.22

证明　必要性。设 AL,BM,CN 三线共点于 P，以 P 为始点，于是有

$$\overrightarrow{PL}=x\overrightarrow{PA},\ \overrightarrow{PM}=y\overrightarrow{PB},\ \overrightarrow{PN}=z\overrightarrow{PC}$$

由参考文献[11]，1.1 节定理 1 有 $\overrightarrow{PP}=l\overrightarrow{PA}+m\overrightarrow{PB}+n\overrightarrow{PC}$，其中 $l+m+n=1$，但 $\overrightarrow{PP}=\mathbf{0}$，故有 $l\overrightarrow{PA}+m\overrightarrow{PB}+n\overrightarrow{PC}=\mathbf{0}$，将 $\overrightarrow{PA}$ 用 $\overrightarrow{PL}$ 表示，有

$$\frac{l\overrightarrow{PL}}{x}+m\overrightarrow{PB}+n\overrightarrow{PC}=\mathbf{0}$$

但 B,L,C 三点共线,故有$\frac{l}{x}+m+n=0$,即 $x=-\frac{l}{m+n}$,所以

$$\overrightarrow{PL}=-\frac{l}{m+n}\overrightarrow{PA}=\frac{m\overrightarrow{PB}+n\overrightarrow{PC}}{m+n}$$

即知

$$\frac{BL}{LC}=\frac{|\overrightarrow{PL}-\overrightarrow{PB}|}{|\overrightarrow{PC}-\overrightarrow{PL}|}=\frac{\left|\frac{m\overrightarrow{PB}+n\overrightarrow{PC}}{m+n}-\overrightarrow{PB}\right|}{\left|\overrightarrow{PC}-\frac{m\overrightarrow{PB}+n\overrightarrow{PC}}{m+n}\right|}=\frac{n}{m}$$

同理可得$\frac{CM}{MA}=\frac{l}{n},\frac{AN}{NB}=\frac{m}{l}$,于是得

$$\frac{BL}{LC}\cdot\frac{CM}{MA}\cdot\frac{AN}{NB}=\frac{n}{m}\cdot\frac{l}{n}\cdot\frac{m}{l}=1$$

故得 $\lambda\mu\nu=1$。

充分性。设 $\lambda\mu\nu=1$,且 AL,BM 交于 P,同上可证

$$\overrightarrow{PL}=\frac{m\overrightarrow{PB}+n\overrightarrow{PC}}{m+n},\ \overrightarrow{PM}=\frac{n\overrightarrow{PC}+l\overrightarrow{PA}}{n+l}$$

故有 $\lambda=\frac{n}{m},\mu=\frac{l}{n}$,因此 $\nu=\frac{m}{l}$。

从而知 P,N,C 共线,于是 AL,BM,CN 共点于 P。

三线共点和三点共线是初等几何中的常见问题,这类问题可以用向量法(如本节例3、例4)解决。

【例5】 试证四面体 $ABCD$ 的对棱中点的连线相交一点,且互相平分。

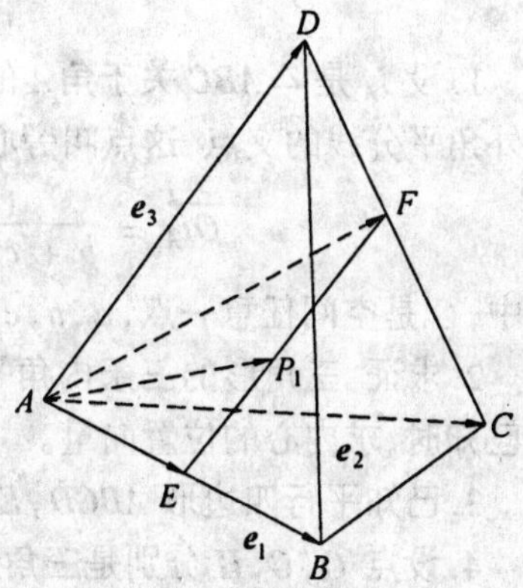

图1.23

证法一 设四面体的一组对棱 AB,CD 的中点E,F的连线为EF,它的中点为 P_1(图1.23),其余两组对棱中点连线的中点分别为 P_2,P_3,我们只需证 P_1,P_2,P_3 三点重合。

取不共面的三向量$\overrightarrow{AB}=e_1$,$\overrightarrow{AC}=e_2$,$\overrightarrow{AD}=e_3$,求出$\overrightarrow{AP_1}$用 e_1,e_2,e_3 线性表示的关系式。

连 AF,因为 AP_1 是 $\triangle AEF$ 的中线,AF 是 $\triangle ACD$ 的中线,则

$$\overrightarrow{AP_1}=\frac{1}{2}(\overrightarrow{AE}+\overrightarrow{AF})=\frac{1}{4}\overrightarrow{AB}+\frac{1}{4}(\overrightarrow{AC}+\overrightarrow{AD})=\frac{1}{4}(e_1+e_2+e_3)$$

同理可得

$$\overrightarrow{AP_i} = \frac{1}{4}(\boldsymbol{e}_1 + \boldsymbol{e}_2 + \boldsymbol{e}_3) \quad i = 2,3$$

所以$\overrightarrow{AP_1} = \overrightarrow{AP_2} = \overrightarrow{AP_3}$，$P_1,P_2,P_3$三点重合。

证法二　在四面体 $ABCD$ 中，设$\overrightarrow{AB} = \boldsymbol{e}_1$，$\overrightarrow{AC} = \boldsymbol{e}_2$，$\overrightarrow{AD} = \boldsymbol{e}_3$，在标架$\{A;\boldsymbol{e}_1,\boldsymbol{e}_2,\boldsymbol{e}_3\}$下，四面体 $ABCD$ 的各顶点坐标为(图 1.24)

$$A(0,0,0), B(1,0,0), C(0,1,0), D(0,0,1)$$

于是各棱中点坐标为

$$E(\frac{1}{2},0,0),\ F(\frac{1}{2},\frac{1}{2},0),\ G(0,\frac{1}{2},0)$$

$$L(0,\frac{1}{2},\frac{1}{2}),\ M(0,0,\frac{1}{2}),\ N(\frac{1}{2},0,\frac{1}{2})$$

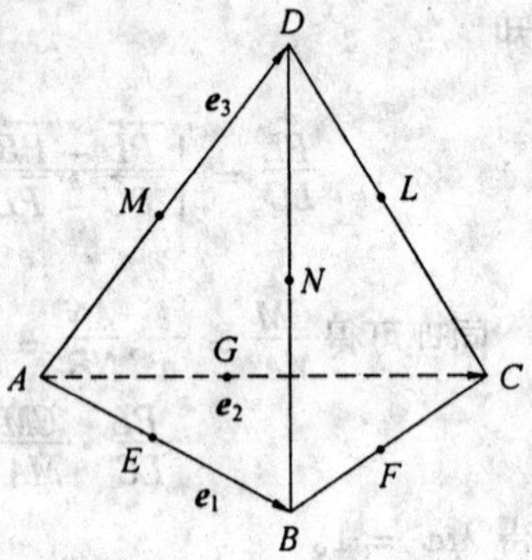

图 1.24

因此 EL 的中点坐标为$(\frac{1}{4},\frac{1}{4},\frac{1}{4})$，同理可求出 FM，GN 的中点坐标都是$(\frac{1}{4},\frac{1}{4},\frac{1}{4})$，所以四面体的对棱中点连线都是相交于一点，且互相平分。

习　题

1. 设 I_A 是$\triangle ABC$ 关于角 A 的旁心(三角形的一条内角平分线与两个内角所对外角平分线的交点，这点叫旁心，共三个)，求证

$$\overrightarrow{OI_A} = \frac{1}{b+c-a}(b\,\overrightarrow{OB} + c\,\overrightarrow{OC} - a\,\overrightarrow{OA})$$

其中，O 是空间任意一点，a,b,c 依次为 A,B,C 所对的三角形边长。

2. 求证：三角形的三条内角平分线共点，此点叫内心。当三个顶点的位置向量已知时，求内心的位置向量。

3. 已知平行四边形 $ABCD$，E 为 AB 的中点，求证 AC 和 DE 互相三等分。

4. 设点 O,G,H 分别是三角形的外心，重心，垂心，证明：三点共线，且

$$\overrightarrow{OG} = \frac{1}{3}(\overrightarrow{OA} + \overrightarrow{OB} + \overrightarrow{OC}),\ \overrightarrow{OH} = \overrightarrow{OA} + \overrightarrow{OB} + \overrightarrow{OC}$$

1.4　向量的数性积

本节引进向量和向量的一种乘法，叫做向量的数量乘法，它在几何、物理以及其他科学技术中都有广泛的应用。

在物理学中力作用于物体所做的功由两个因素决定：一个是作用力，一个是物体在力的作用下所产生的位移。但最常见的情形是作用力的方向和物体运动的方向成一角度 θ(图 1.25)，则功为

$$W = |\boldsymbol{F}_1||\boldsymbol{s}| = |\boldsymbol{F}||\boldsymbol{s}|\cos\theta$$

其中，$\boldsymbol{F}_1$ 是沿方向 $\boldsymbol{s}$ 的分力，θ 是 $\boldsymbol{F}$ 与 $\boldsymbol{s}$ 的夹角。

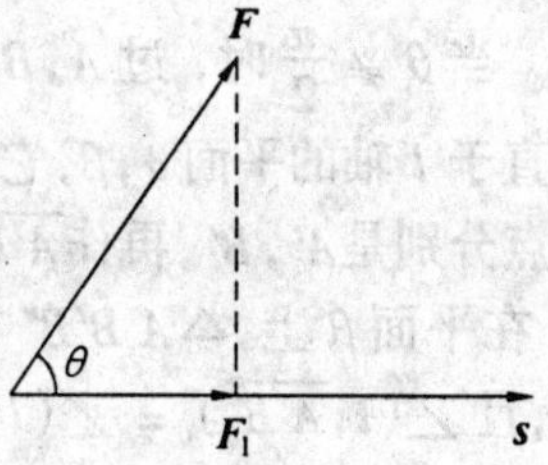

图 1.25

反映在数学上，θ 就是两个向量的夹角，现在来规定两个向量的夹角。设 $\boldsymbol{a}, \boldsymbol{b}$ 是两个非零向量，自空间任意点 O 作$\overrightarrow{OA} = \boldsymbol{a}$，$\overrightarrow{OB} = \boldsymbol{b}$，把由射线 OA 和 OB 构成的角度在 0 与 π 之间的角，叫做向量 $\boldsymbol{a}$ 与 $\boldsymbol{b}$ 的夹角，记作 $\angle(\boldsymbol{a}, \boldsymbol{b})$。按规定，若 $\boldsymbol{a}$ 与 $\boldsymbol{b}$ 同向，那么 $\angle(\boldsymbol{a}, \boldsymbol{b}) = 0$；如果 $\boldsymbol{a}$ 与 $\boldsymbol{b}$ 反向，那么 $\angle(\boldsymbol{a}, \boldsymbol{b}) = \pi$；如果 $\boldsymbol{a}$ 不平行于 $\boldsymbol{b}$，那么 $0 < \angle(\boldsymbol{a}, \boldsymbol{b}) < \pi$。

下面来考虑类似于力 $\boldsymbol{F}$ 沿方向 $\boldsymbol{s}$ 的分力 $\boldsymbol{F}_1$ 那样的向量，在数学上我们称它为 $\boldsymbol{F}$ 在 $\boldsymbol{s}$ 上的射影向量。

1.4.1　向量在轴上的射影

设已知空间一点 A 与一轴 l，通过 A 作垂直于轴 l 的平面 α，我们称这个平面与轴 l 的交点 A' 叫做点 A 在轴 l 上的射影。(图 1.26)

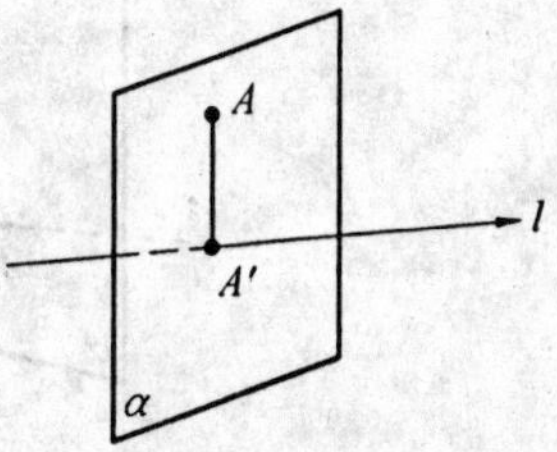

图 1.26

【定义 1】　设向量$\overrightarrow{AB}$的始点 A 和终点 B 在轴上的射影分别为点 A' 和 B'，那么向量$\overrightarrow{A'B'}$ 叫做向量$\overrightarrow{AB}$ 在轴 l 上的射影向量。(图 1.27)

如果在轴上取与轴同方向的单位向量 $\boldsymbol{e}$，那么有

$$\overrightarrow{A'B'} = x\boldsymbol{e}$$

那么实数 x 称为向量$\overrightarrow{AB}$ 在轴 l 上的射影，记作 $\mathrm{Pr}_{jl}\ \overrightarrow{AB}$，即 $x = \mathrm{Pr}_{jl}\ \overrightarrow{AB}$。

我们也可以把向量$\overrightarrow{AB}$ 在轴 l 上的射影 $\mathrm{Pr}_{jl}\ \overrightarrow{AB}$ 写成 $\mathrm{Pr}_{je}\ \overrightarrow{AB}$，称做向量 AB 在向量 $\boldsymbol{e}$ 上的射影，并且有$\overrightarrow{A'B'} = (\mathrm{Pr}_{jl}\ \overrightarrow{AB})\boldsymbol{e}$。

【定理 1】　向量$\overrightarrow{AB}$ 在轴 l 上的射影等于向量的模乘以轴与该向量的夹角的

余弦

$$\mathrm{Pr}_{jl}\ \overrightarrow{AB} = |\overrightarrow{AB}|\cos\theta,\ \theta = \angle(l,\overrightarrow{AB}) \tag{1.4.1}$$

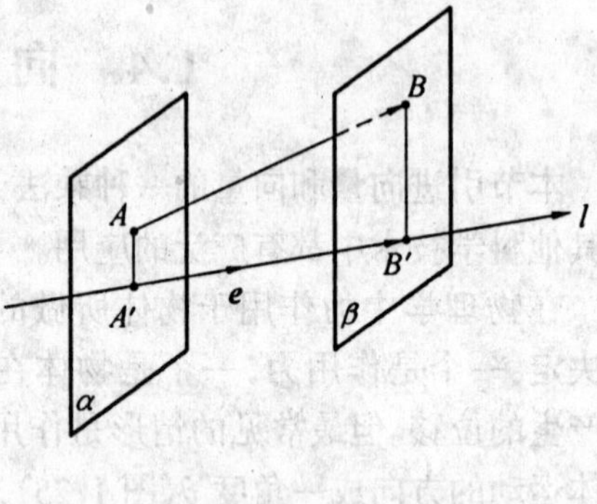

图 1.27

证明　当 $\theta = \frac{\pi}{2}$ 时,命题显然成立。

当 $\theta \neq \frac{\pi}{2}$ 时,过 A,B 二点分别作垂直于 l 轴的平面 α,β,它们与轴 l 的交点分别是 A',B',再作 $\overrightarrow{A'B''} = \overrightarrow{AB}$,点 B'' 在平面 β 上,$\triangle A'B'B''$ 为直角三角形,且 $\angle(l,\overrightarrow{A'B''}) = \angle(l,\overrightarrow{AB}) = \theta$(图 1.28)。设 $\boldsymbol{e}$ 为 l 上与 l 同方向的单位向量,当 $0 \leqslant \theta < \frac{\pi}{2}$ 时,$\overrightarrow{A'B'}$ 与 $\boldsymbol{e}$ 同向

$$\mathrm{Pr}_{jl}\ \overrightarrow{AB} = |\overrightarrow{A'B'}| = |\overrightarrow{A'B''}|\cos\theta = |\overrightarrow{AB}|\cos\theta$$

当 $\frac{\pi}{2} \leqslant \theta \leqslant \pi$ 时,$\overrightarrow{A'B'}$ 与 $\boldsymbol{e}$ 反向

$$\mathrm{Pr}_{jl}\ \overrightarrow{AB} = -|\overrightarrow{A'B'}| = -|\overrightarrow{A'B''}|\cos(\pi - \theta) = |\overrightarrow{AB}|\cos\theta$$

从而当 $0 \leqslant \theta \leqslant \pi$ 时,总有 $\mathrm{Pr}_{jl}\ \overrightarrow{AB} = |\overrightarrow{AB}|\cos\theta$。

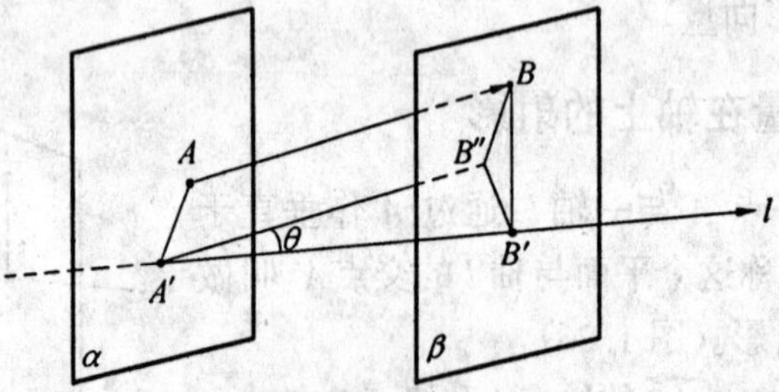

图 1.28

【推论】　相等向量在同一轴上的射影相等。

思考题:

射影相等的两个向量是否相等?射影为零的向量,是否必为零向量?并举例说明。

【定理 2】　对于向量 $\boldsymbol{a},\boldsymbol{b}$ 有

$$\mathrm{Pr}_{jl}(\boldsymbol{a} + \boldsymbol{b}) = \mathrm{Pr}_{jl}\,\boldsymbol{a} + \mathrm{Pr}_{jl}\,\boldsymbol{b} \tag{1.4.2}$$

$$\mathrm{Pr}_{jl}(\lambda \boldsymbol{a}) = \lambda \mathrm{Pr}_{jl}\,\boldsymbol{a} \tag{1.4.3}$$

证明　(1) 如图 1.29 所示，取 $\overrightarrow{AB} = \boldsymbol{a}$，$\overrightarrow{BC} = \boldsymbol{b}$，则 $\overrightarrow{AC} = \boldsymbol{a} + \boldsymbol{b}$，则根据 1.1 节定义 1，向量 $\boldsymbol{a}$，$\boldsymbol{b}$，$\boldsymbol{a} + \boldsymbol{b}$ 在轴上的射影分别为 $\overrightarrow{A'B'}$，$\overrightarrow{B'C'}$，$\overrightarrow{A'C'}$，设 $\boldsymbol{e}$ 为与轴 l 同方向的单位向量，则有

$$\overrightarrow{A'B'} = \mathrm{Pr}_{jl}\,\boldsymbol{a} \cdot \boldsymbol{e}$$

$$\overrightarrow{B'C'} = \mathrm{Pr}_{jl}\,\boldsymbol{b} \cdot \boldsymbol{e}$$

$$\overrightarrow{A'C'} = \mathrm{Pr}_{jl}(\boldsymbol{a} + \boldsymbol{b}) \cdot \boldsymbol{e}$$

由

$$\overrightarrow{A'C'} = \overrightarrow{A'B'} + \overrightarrow{B'C'}$$

得

$$\mathrm{Pr}_{jl}(\boldsymbol{a} + \boldsymbol{b}) \cdot \boldsymbol{e} = (\mathrm{Pr}_{jl}\,\boldsymbol{a})\boldsymbol{e} + (\mathrm{Pr}_{jl}\,\boldsymbol{b})\boldsymbol{e}$$

即

$$\mathrm{Pr}_{jl}(\boldsymbol{a} + \boldsymbol{b}) = \mathrm{Pr}_{jl}\,\boldsymbol{a} + \mathrm{Pr}_{jl}\,\boldsymbol{b}$$

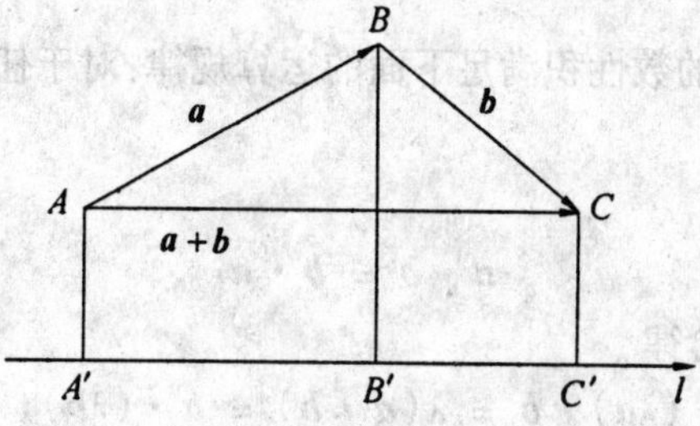

图 1.29

(2) 若 $\lambda = 0$ 或 $\boldsymbol{a} = \boldsymbol{0}$，结论显然成立。设 $\lambda \neq 0$ 或 $\boldsymbol{a} \neq \boldsymbol{0}$(图 1.30)。

当 $\lambda > 0$ 时，$\angle(\lambda \boldsymbol{a}, l) = \angle(\boldsymbol{a}, l)$，据定理 1 有

$$\mathrm{Pr}_{jl}(\lambda \boldsymbol{a}) = |\lambda \boldsymbol{a}| \cos\angle(\lambda \boldsymbol{a}, l) = \lambda |\boldsymbol{a}| \cos\angle(\boldsymbol{a}, l) = \lambda \mathrm{Pr}_{jl}\,\boldsymbol{a}$$

当 $\lambda < 0$ 时，$\angle(\lambda \boldsymbol{a}, l) = \pi - \angle(\boldsymbol{a}, l)$，于是

$$\mathrm{Pr}_{jl}(\lambda \boldsymbol{a}) = |\lambda \boldsymbol{a}| \cos\angle(\lambda \boldsymbol{a}, l) = -\lambda |\boldsymbol{a}| \cos(\pi - \angle(\boldsymbol{a}, l)) =$$

$$\lambda |\boldsymbol{a}| \cos\angle(\boldsymbol{a}, l) = \lambda \mathrm{Pr}_{jl}\,\boldsymbol{a}$$

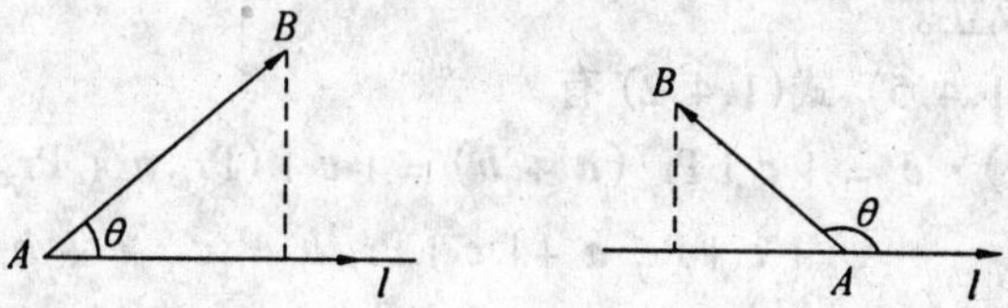

图 1.30

1.4.2　向量的数性积定义与性质

【定义 2】　两向量 $\boldsymbol{a}$ 和 $\boldsymbol{b}$ 的模和它们夹角的余弦的乘积叫做向量 $\boldsymbol{a}$ 和 $\boldsymbol{b}$ 的

数性积(也称内积),记作 $\boldsymbol{a}\cdot\boldsymbol{b}$ 或 $\boldsymbol{ab}$,即

$$\boldsymbol{a}\cdot\boldsymbol{b}=|\boldsymbol{a}||\boldsymbol{b}|\cos\angle(\boldsymbol{a},\boldsymbol{b}) \tag{1.4.4}$$

显然,两向量的数性积是一个实数,并且由定理 1 知

$$\boldsymbol{a}\cdot\boldsymbol{b}=|\boldsymbol{a}|\operatorname{Pr}_{j\boldsymbol{a}}\boldsymbol{b}=|\boldsymbol{b}|\operatorname{Pr}_{j\boldsymbol{b}}\boldsymbol{a} \tag{1.4.5}$$

如果 $\boldsymbol{a}\neq\boldsymbol{0},\boldsymbol{b}\neq\boldsymbol{0}$,那么

$$\cos\angle(\boldsymbol{a},\boldsymbol{b})=\frac{\boldsymbol{a}\cdot\boldsymbol{b}}{|\boldsymbol{a}||\boldsymbol{b}|} \tag{1.4.6}$$

特别地,当 $\boldsymbol{a}=\boldsymbol{b}$ 时,$\boldsymbol{a}\cdot\boldsymbol{a}=|\boldsymbol{a}|^2$,我们把数性积 $\boldsymbol{a}\cdot\boldsymbol{a}$ 叫做 $\boldsymbol{a}$ 的数量平方,并记作 $\boldsymbol{a}^2$,且有 $|\boldsymbol{a}|=\sqrt{\boldsymbol{a}^2}$。

【定理 3】 两向量 $\boldsymbol{a},\boldsymbol{b}$ 垂直的充要条件是 $\boldsymbol{a}\cdot\boldsymbol{b}=0$。

证明留给读者。

【定理 4】 向量的数性积满足下面的运算规律:对于任意向量 $\boldsymbol{a},\boldsymbol{b},\boldsymbol{c}$ 与任意实数 λ,有

(1) 交换律

$$\boldsymbol{a}\cdot\boldsymbol{b}=\boldsymbol{b}\cdot\boldsymbol{a} \tag{1.4.7}$$

(2)(数因子) 结合律

$$(\lambda\boldsymbol{a})\cdot\boldsymbol{b}=\lambda(\boldsymbol{a}\cdot\boldsymbol{b})=\boldsymbol{a}\cdot(\lambda\boldsymbol{b}) \tag{1.4.8}$$

(3) 分配律

$$(\boldsymbol{a}+\boldsymbol{b})\cdot\boldsymbol{c}=\boldsymbol{a}\cdot\boldsymbol{c}+\boldsymbol{b}\cdot\boldsymbol{c} \tag{1.4.9}$$

由数性积的定义,(1) 容易得证,下面证明(2),(3)。

证明 (2) 如果 $\lambda=0$ 或 $\boldsymbol{a},\boldsymbol{b}$ 中有一个是零向量,式(1.4.8) 显然成立。

如果 $\lambda\neq0$,$\boldsymbol{a},\boldsymbol{b}$ 都是非零向量,那么由式(1.4.5) 和式(1.4.3) 有

$$(\lambda\boldsymbol{a})\cdot\boldsymbol{b}=|\boldsymbol{b}|\operatorname{Pr}_{j\boldsymbol{b}}(\lambda\boldsymbol{a})=|\boldsymbol{b}|(\lambda\operatorname{Pr}_{j\boldsymbol{b}}\boldsymbol{a})=\lambda(|\boldsymbol{b}|\operatorname{Pr}_{j\boldsymbol{b}}\boldsymbol{a})=\lambda(\boldsymbol{a}\cdot\boldsymbol{b})$$

而

$$\boldsymbol{a}\cdot(\lambda\boldsymbol{b})=(\lambda\boldsymbol{b})\cdot\boldsymbol{a}=\lambda(\boldsymbol{b}\cdot\boldsymbol{a})=\lambda(\boldsymbol{a}\cdot\boldsymbol{b})$$

所以式(1.4.8) 成立。

(3) 根据式(1.4.5),式(1.4.2) 有

$$(\boldsymbol{a}+\boldsymbol{b})\cdot\boldsymbol{c}=|\boldsymbol{c}|\operatorname{Pr}_{j\boldsymbol{c}}(\boldsymbol{a}+\boldsymbol{b})=|\boldsymbol{c}|(\operatorname{Pr}_{j\boldsymbol{c}}\boldsymbol{a}+\operatorname{Pr}_{j\boldsymbol{c}}\boldsymbol{b})=$$
$$|\boldsymbol{c}|\operatorname{Pr}_{j\boldsymbol{c}}\boldsymbol{a}+|\boldsymbol{c}|\operatorname{Pr}_{j\boldsymbol{c}}\boldsymbol{b}=\boldsymbol{a}\cdot\boldsymbol{c}+\boldsymbol{b}\cdot\boldsymbol{c}$$

所以式(1.4.9) 成立。

【推论】 $(\lambda\boldsymbol{a}+\mu\boldsymbol{b})\cdot\boldsymbol{c}=\lambda(\boldsymbol{a}\cdot\boldsymbol{c})+\mu(\boldsymbol{b}\cdot\boldsymbol{c})$。

思考题:

(1) 向量的数性积是否满足消去律,即由 $\boldsymbol{a}\cdot\boldsymbol{b}=\boldsymbol{a}\cdot\boldsymbol{c}$,若 $\boldsymbol{a}\neq\boldsymbol{0}$,能否推出 $\boldsymbol{b}=\boldsymbol{c}$?

(2) 对于任意三向量 $\boldsymbol{a},\boldsymbol{b},\boldsymbol{c}$,$(\boldsymbol{ab})\boldsymbol{c}=\boldsymbol{a}(\boldsymbol{bc})$ 是否成立?为什么?

根据数性积的运算规律可知,对于向量数性积的运算,可以像多项式乘法那样进行展开,由此可推出下列关系式:

(1) $(\boldsymbol{a}+\boldsymbol{b})\cdot(\boldsymbol{a}-\boldsymbol{b})=\boldsymbol{a}^2-\boldsymbol{b}^2$;

(2) $(\boldsymbol{a}\pm\boldsymbol{b})^2=\boldsymbol{a}^2\pm 2(\boldsymbol{a}\cdot\boldsymbol{b})+\boldsymbol{b}^2$;

(3) $(\sum\limits_{i=1}^{n}\boldsymbol{a}_i)\cdot\boldsymbol{b}=\sum\limits_{i=1}^{n}(\boldsymbol{a}_i\cdot\boldsymbol{b})$;

(4) $(\sum\limits_{i=1}^{n}\boldsymbol{a}_i)\cdot\sum\limits_{j=1}^{n}\boldsymbol{b}_j=\sum\limits_{i=1}^{n}\sum\limits_{j=1}^{n}(\boldsymbol{a}_i\cdot\boldsymbol{b}_j)=\sum\limits_{j=1}^{n}\sum\limits_{i=1}^{n}(\boldsymbol{a}_i\cdot\boldsymbol{b}_j)$。

【例1】 用向量法证明余弦定理

$$c^2=a^2+b^2-2ab\cos C$$

证明 如图1.31所示,有

$$\boldsymbol{c}=\overrightarrow{AB}=\overrightarrow{AC}+\overrightarrow{CB}=\boldsymbol{a}-\boldsymbol{b}$$

所以 $\boldsymbol{c}^2=(\boldsymbol{a}-\boldsymbol{b})^2=\boldsymbol{a}^2+\boldsymbol{b}^2-2\boldsymbol{a}\cdot\boldsymbol{b}$

故 $c^2=a^2+b^2-2ab\cos C$

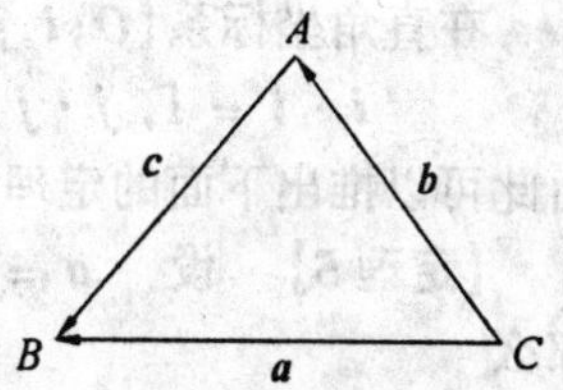

图1.31

【例2】 试证三角形的三条高交于一点。

证明 如图1.32所示,设△ABC 的 BC,CA 两边上的高交于点 P,再设 $\overrightarrow{PA}=\boldsymbol{a}$, $\overrightarrow{PB}=\boldsymbol{b}$, $\overrightarrow{PC}=\boldsymbol{c}$,那么

$$\overrightarrow{AB}=\boldsymbol{b}-\boldsymbol{a},\ \overrightarrow{BC}=\boldsymbol{c}-\boldsymbol{b},\ \overrightarrow{CA}=\boldsymbol{a}-\boldsymbol{c}$$

由 $\overrightarrow{PA}\perp\overrightarrow{BC}$

得 $\boldsymbol{a}\cdot(\boldsymbol{c}-\boldsymbol{b})=0$

即 $\boldsymbol{ac}=\boldsymbol{ab}$

由 $\overrightarrow{PB}\perp\overrightarrow{CA}$

得 $\boldsymbol{b}\cdot(\boldsymbol{a}-\boldsymbol{c})=0$

即 $\boldsymbol{ab}=\boldsymbol{bc}$

从而 $\boldsymbol{ac}=\boldsymbol{bc}$

即 $(\boldsymbol{b}-\boldsymbol{a})\cdot\boldsymbol{c}=0$

所以 $\overrightarrow{PC}\perp\overrightarrow{AB}$

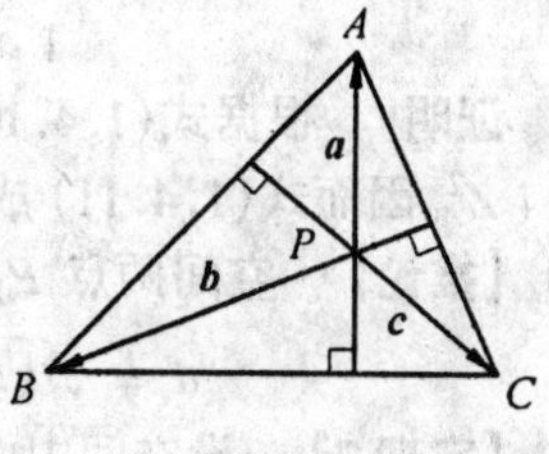

图1.32

这就证明了点 P 在第三边 AB 的高线上,所以三角形的三条高线交于一点 P。

【例3】 设 $\boldsymbol{\alpha}+3\boldsymbol{\beta}$ 与 $7\boldsymbol{\alpha}-5\boldsymbol{\beta}$ 垂直,$\boldsymbol{\alpha}-3\boldsymbol{\beta}$ 与 $7\boldsymbol{\alpha}+\lambda\boldsymbol{\beta}$ 也垂直,求两个单位向量 $\boldsymbol{\alpha}$ 与 $\boldsymbol{\beta}$ 间的夹角以及实数 λ 的值。

解 由题意有

$$\begin{cases}(\boldsymbol{\alpha}+3\boldsymbol{\beta})\cdot(7\boldsymbol{\alpha}-5\boldsymbol{\beta})=0\\(\boldsymbol{\alpha}-3\boldsymbol{\beta})\cdot(7\boldsymbol{\alpha}+\lambda\boldsymbol{\beta})=0\end{cases}$$

由此得到

$$\begin{cases}7\mid\boldsymbol{\alpha}\mid^2+16\boldsymbol{\alpha}\cdot\boldsymbol{\beta}-15\mid\boldsymbol{\beta}\mid^2=0\\7\mid\boldsymbol{\alpha}\mid^2+(\lambda-21)\boldsymbol{\alpha}\cdot\boldsymbol{\beta}-3\lambda\mid\boldsymbol{\beta}\mid^2=0\end{cases}$$

由于 $\mid\boldsymbol{\alpha}\mid=1,\ \mid\boldsymbol{\beta}\mid=1$，从前一式，有

$$16\boldsymbol{a}\cdot\boldsymbol{\beta}-8=0,\ \boldsymbol{\alpha}\cdot\boldsymbol{\beta}=\frac{1}{2},\ \cos\angle(\boldsymbol{\alpha},\boldsymbol{\beta})=\frac{1}{2},\ \angle(\boldsymbol{\alpha},\boldsymbol{\beta})=\frac{\pi}{3}$$

代入方程组第二式有 $\lambda=-\dfrac{7}{5}$。

1.4.3 用向量的分量表示向量的数性积

在直角坐标系$\{O;\boldsymbol{i},\boldsymbol{j},\boldsymbol{k}\}$下，单位向量 $\boldsymbol{i},\boldsymbol{j},\boldsymbol{k}$ 的数性积为

$$\boldsymbol{i}\cdot\boldsymbol{i}=1,\ \boldsymbol{j}\cdot\boldsymbol{j}=1,\ \boldsymbol{k}\cdot\boldsymbol{k}=1,\ \boldsymbol{i}\cdot\boldsymbol{j}=\boldsymbol{j}\cdot\boldsymbol{k}=\boldsymbol{k}\cdot\boldsymbol{i}=0$$

由此可以推出下面的定理。

【定理 5】 设 $\boldsymbol{a}=X_1\boldsymbol{i}+Y_1\boldsymbol{j}+Z_1\boldsymbol{k},\ \boldsymbol{b}=X_2\boldsymbol{i}+Y_2\boldsymbol{j}+Z_2\boldsymbol{k}$

那么

$$\boldsymbol{a}\cdot\boldsymbol{b}=X_1X_2+Y_1Y_2+Z_1Z_2 \tag{1.4.10}$$

【定理 6】 设 $\boldsymbol{a}=X\boldsymbol{i}+Y\boldsymbol{j}+Z\boldsymbol{k}$，那么

$$\mid\boldsymbol{a}\mid=\sqrt{\boldsymbol{a}^2}=\sqrt{X^2+Y^2+Z^2} \tag{1.4.11}$$

证明 根据式(1.4.10)得 $\boldsymbol{a}^2=X^2+Y^2+Z^2$，所以 $\mid\boldsymbol{a}\mid^2=\boldsymbol{a}^2=X^2+Y^2+Z^2$。因而式(1.4.11)成立。

【推论】 空间两点 $P_1(x_1,y_1,z_1)$，$P_2(x_2,y_2,z_2)$ 间的距离是

$$d=\sqrt{(x_2-x_1)^2+(y_2-y_1)^2+(z_2-z_1)^2} \tag{1.4.12}$$

【定理 7】 设空间中两个非零向量 $\boldsymbol{a}=\{X_1,Y_1,Z_1\}$ 和 $\boldsymbol{b}=\{X_2,Y_2,Z_2\}$，那么它们夹角的余弦是

$$\cos\angle(\boldsymbol{a},\boldsymbol{b})=\frac{\boldsymbol{a}\cdot\boldsymbol{b}}{\mid\boldsymbol{a}\mid\mid\boldsymbol{b}\mid}=\frac{X_1X_2+Y_1Y_2+Z_1Z_2}{\sqrt{X_1^2+Y_1^2+Z_1^2}\cdot\sqrt{X_2^2+Y_2^2+Z_2^2}} \tag{1.4.13}$$

证明留给读者。

【推论】 向量 $\boldsymbol{a}=\{X_1,Y_1,Z_1\}$，$\boldsymbol{b}=\{X_2,Y_2,Z_2\}$ 相互垂直的充要条件是

$$X_1X_2+Y_1Y_2+Z_1Z_2=0 \tag{1.4.14}$$

1.4.4 向量的方向余弦

在直角坐标系$\{O;\boldsymbol{i},\boldsymbol{j},\boldsymbol{k}\}$中，向量 $\boldsymbol{a}$ 与坐标向量 $\boldsymbol{i},\boldsymbol{j},\boldsymbol{k}$ 的夹角称为向量 $\boldsymbol{a}$ 的

方向角,分别用 α,β,γ 来表示。方向角的余弦 $\cos\alpha,\cos\beta,\cos\gamma$ 称为向量 $\boldsymbol{a}$ 的方向余弦。

【定理 8】 非零向量 $\boldsymbol{a}=X\boldsymbol{i}+Y\boldsymbol{j}+Z\boldsymbol{k}$ 的方向余弦是

$$\begin{cases}\cos\alpha=\dfrac{X}{|\boldsymbol{a}|}=\dfrac{X}{\sqrt{X^2+Y^2+Z^2}}\\ \cos\beta=\dfrac{Y}{|\boldsymbol{a}|}=\dfrac{Y}{\sqrt{X^2+Y^2+Z^2}}\\ \cos\gamma=\dfrac{Z}{|\boldsymbol{a}|}=\dfrac{Z}{\sqrt{X^2+Y^2+Z^2}}\end{cases}\tag{1.4.15}$$

且

$$\cos^2\alpha+\cos^2\beta+\cos^2\gamma=1\tag{1.4.16}$$

证明 因为 $\boldsymbol{a}\cdot\boldsymbol{i}=|\boldsymbol{a}|\cos\alpha$,且 $\boldsymbol{a}\cdot\boldsymbol{i}=X$,所以

$$\cos\alpha=\frac{X}{|\boldsymbol{a}|}=\frac{X}{\sqrt{X^2+Y^2+Z^2}}$$

同理可证式(1.4.15)其余两式成立。由式(1.4.15)成立即可知式(1.4.16)成立。

从定理 8 可以看出,空间的每一个向量可以由它的模和方向余弦决定,特别地,单位向量的方向余弦等于它的分量,即有

$$\boldsymbol{a}^0=\{\cos\alpha,\cos\beta,\cos\gamma\}\tag{1.4.17}$$

与方向余弦成比例的任一数组 (l,m,n) 称为向量 $\boldsymbol{a}$ 的一组方向数,此时

$$l:m:n=\cos\alpha:\cos\beta:\cos\gamma$$

一个向量的方向余弦是唯一的,但方向数却可以有无穷多组。

【例 4】 利用数性积证明柯西 - 施瓦兹(Cauchy-Schwarz)不等式

$$\left(\sum_{i=1}^{3}a_ib_i\right)^2\leqslant\sum_{i=1}^{3}a_i^2\sum_{i=1}^{3}b_i^2$$

证明 设 $\boldsymbol{a}=\{a_1,a_2,a_3\},\ \boldsymbol{b}=\{b_1,b_2,b_3\}$

因为 $\boldsymbol{a}\cdot\boldsymbol{b}=|\boldsymbol{a}||\boldsymbol{b}|\cos\angle(\boldsymbol{a},\boldsymbol{b})$

而 $-1\leqslant\cos\angle(\boldsymbol{a},\boldsymbol{b})\leqslant1$

所以 $|\boldsymbol{a}\cdot\boldsymbol{b}|\leqslant|\boldsymbol{a}||\boldsymbol{b}|$

从而得 $\left|\sum_{i=1}^{3}a_ib_i\right|\leqslant\sqrt{\sum_{i=1}^{3}a_i^2}\sqrt{\sum_{i=1}^{3}b_i^2}$

所以 $\left(\sum_{i=1}^{3}a_ib_i\right)^2\leqslant\sum_{i=1}^{3}a_i^2\sum_{i=1}^{3}b_i^2$

习　　题

1. 已知 $|\boldsymbol{a}|=3$, $|\boldsymbol{b}|=2$, $\angle(\boldsymbol{a},\boldsymbol{b})=\frac{\pi}{6}$,求$(3\boldsymbol{a}+2\boldsymbol{b})\cdot(2\boldsymbol{a}-5\boldsymbol{b})$。

2. 下列等式是否正确?说明理由。

(1) $|\boldsymbol{a}|\cdot\boldsymbol{a}=\boldsymbol{a}^2$;

(2) $(\boldsymbol{a}\cdot\boldsymbol{b})^2=\boldsymbol{a}^2\cdot\boldsymbol{b}^2$;

(3) $\boldsymbol{a}\cdot(\boldsymbol{a}\cdot\boldsymbol{b})=\boldsymbol{a}^2\cdot\boldsymbol{b}$;

(4) $(\boldsymbol{a}\cdot\boldsymbol{b})\cdot\boldsymbol{c}=\boldsymbol{a}\cdot(\boldsymbol{b}\cdot\boldsymbol{c})$。

3. 证明:

(1) 在平面上如果 $\boldsymbol{m}_1$ 不平行于 $\boldsymbol{m}_2$,且 $\boldsymbol{a}\cdot\boldsymbol{m}_i=\boldsymbol{b}\cdot\boldsymbol{m}_i(i=1,2)$,那么就有 $\boldsymbol{a}=\boldsymbol{b}$;

(2) $\overrightarrow{AB}\cdot\overrightarrow{CD}+\overrightarrow{BC}\cdot\overrightarrow{AD}+\overrightarrow{CA}\cdot\overrightarrow{BD}=0$。

4. 计算下列各题。

(1) 已知 $\boldsymbol{a}+\boldsymbol{b}+\boldsymbol{c}=\boldsymbol{0}$,且 $|\boldsymbol{a}|=3$, $|\boldsymbol{b}|=2$, $|\boldsymbol{c}|=4$,求 $\boldsymbol{a}\cdot\boldsymbol{b}+\boldsymbol{b}\cdot\boldsymbol{c}+\boldsymbol{c}\cdot\boldsymbol{a}$;

(2) 已知等边三角形 ABC 的边长为1,且$\overrightarrow{BC}=\boldsymbol{a}$, $\overrightarrow{CA}=\boldsymbol{b}$, $\overrightarrow{AB}=\boldsymbol{c}$,求 $\boldsymbol{a}\cdot\boldsymbol{b}+\boldsymbol{b}\cdot\boldsymbol{c}+\boldsymbol{c}\cdot\boldsymbol{a}$;

(3) 已知 $\boldsymbol{a},\boldsymbol{b},\boldsymbol{c}$ 两两互相垂直,且 $|\boldsymbol{a}|=1$, $|\boldsymbol{b}|=2$, $|\boldsymbol{c}|=3$,求 $\boldsymbol{\gamma}=\boldsymbol{a}+\boldsymbol{b}+\boldsymbol{c}$ 的长以及它与 a,b,c 的夹角;

(4) 已知 $\boldsymbol{a}+3\boldsymbol{b}$ 与 $7\boldsymbol{a}-5\boldsymbol{b}$ 垂直,且 $\boldsymbol{a}-4\boldsymbol{b}$ 与 $7\boldsymbol{a}-2\boldsymbol{b}$ 垂直,求 $\boldsymbol{a},\boldsymbol{b}$ 的夹角;

(5) 已知 $|\boldsymbol{a}|=2$, $|\boldsymbol{b}|=5$, $\angle(\boldsymbol{a},\boldsymbol{b})=\frac{2}{3}\pi$, $\boldsymbol{p}=3\boldsymbol{a}-\boldsymbol{b}$, $\boldsymbol{q}=\lambda\boldsymbol{a}+17\boldsymbol{b}$,问系数 λ 取何值时 $\boldsymbol{p}$ 与 $\boldsymbol{q}$ 垂直。

5. 如果向量 $\boldsymbol{a},\boldsymbol{b},\boldsymbol{c}$ 都是非零向量,试确定它们在怎样的相互位置关系时成立等式

$$(\boldsymbol{a}\cdot\boldsymbol{b})\cdot\boldsymbol{c}=\boldsymbol{a}\cdot(\boldsymbol{b}\cdot\boldsymbol{c})$$

6. 证明:设 $\boldsymbol{a},\boldsymbol{b},\boldsymbol{c}$ 不共面,如果向量 $\boldsymbol{r}$ 满足 $\boldsymbol{r}\cdot\boldsymbol{a}=0$, $\boldsymbol{r}\cdot\boldsymbol{b}=0$, $\boldsymbol{r}\cdot\boldsymbol{c}=0$,则 $\boldsymbol{r}=\boldsymbol{0}$。

7. 用向量法证明以下各题。

(1) 菱形的对角线互相垂直;

(2) 位于直径上的圆周角为直角;

(3) 如果四面体内有两组对边互相垂直，则第三组对边也互相垂直；

(4) 三角形三条中线的长度的平方和等于它的三边的长度平方和的$\frac{3}{4}$。

8. 判别下列三元数组是否可作为一向径的方向余弦？

(1) $\frac{2}{3}, -\frac{2}{3}, \frac{1}{3}$；

(2) $\frac{1}{4}, \frac{3}{4}, \frac{\sqrt{6}}{4}$；

(3) $\frac{3}{7}, -\frac{6}{7}, \frac{2}{7}$；

(4) $\frac{1}{2}, \frac{1}{2}, \frac{1}{2}$。

9. 判别下列各组角度能否可作为某向径的方向角？

(1) 30°,45°,60°；

(2) 30°,90°,120°；

(3) 135°,90°,45°；

(4) 0°,90°,270°。

10. 已知 $\triangle ABC$ 三顶点 $A(0,0,3)$, $B(4,0,0)$, $C(0,8,-3)$，试求：

(1) 三角形的三边长；

(2) 三角形的三个内角；

(3) 角 A 的角平分线向量$\overrightarrow{AD}$(终点在 BC 上)，并求$\overrightarrow{AD}$ 的方向余弦和它的单位向量。

11. 已知三点 $A(1,0,0)$, $B(3,1,1)$, $C(2,0,1)$，且$\overrightarrow{BC}=\boldsymbol{a}$, $\overrightarrow{CA}=\boldsymbol{b}$, $\overrightarrow{AB}=\boldsymbol{c}$，求：(1) $\boldsymbol{a}$ 与 $\boldsymbol{b}$ 的夹角；(2) $\boldsymbol{a}$ 在 $\boldsymbol{c}$ 上的射影。

1.5　向量的向量积

本节我们再来介绍两个向量的另一种乘法，叫做向量的向量积，它在物理上以及其他学科也有着广泛的应用。

1.5.1　向量的向量积定义及性质

从力学中知道，一个力 $\boldsymbol{f}$ 作用在棒的一端 A，使棒绕其支点 O 转动，那么力 $\boldsymbol{f}$ 关于支点 O 的力矩 $\boldsymbol{m}$ 的大小为

$$|\boldsymbol{m}| = |\boldsymbol{f}||\overrightarrow{OA}|\sin\angle(\boldsymbol{f},\overrightarrow{OA})$$

力矩 $\boldsymbol{m}$ 的方向：让右手四指从 $\overrightarrow{OA}$ 弯向 $\boldsymbol{f}$（转角小于 π），则拇指指向为 $\boldsymbol{m}$ 的方向（图 1.33），即由右手标架来确定。由上述事实，有如下定义。

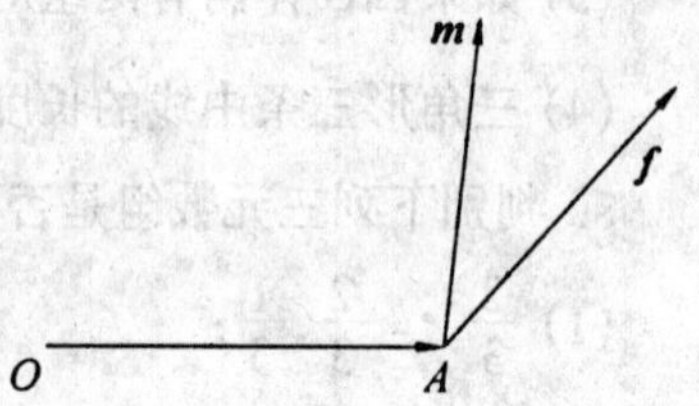

图 1.33

【定义 1】 两个向量 $\boldsymbol{a}$ 与 $\boldsymbol{b}$ 的向量积（也称叉积或外积）是一个向量，记作 $\boldsymbol{a}\times\boldsymbol{b}$ 或 $[\boldsymbol{a},\boldsymbol{b}]$，它的模是

$$|\boldsymbol{a}\times\boldsymbol{b}| = |\boldsymbol{a}||\boldsymbol{b}|\sin\angle(\boldsymbol{a},\boldsymbol{b}) \tag{1.5.1}$$

它的方向与 $\boldsymbol{a}$ 和 $\boldsymbol{b}$ 都垂直，并且按 $\boldsymbol{a},\boldsymbol{b},\boldsymbol{a}\times\boldsymbol{b}$ 这个顺序构成右手标架 $\{O;\boldsymbol{a},\boldsymbol{b},\boldsymbol{a}\times\boldsymbol{b}\}$（图 1.34）。

当 $\boldsymbol{a},\boldsymbol{b}$ 中有一个是零向量，定义 $\boldsymbol{a}\times\boldsymbol{b}=\boldsymbol{0}$。

从定义 1 可以看出，非负实数 $|\boldsymbol{a}\times\boldsymbol{b}|$ 恰等于以 $\boldsymbol{a},\boldsymbol{b}$ 为邻边的平行四边形面积，所以由此得到下面的定理。

【定理 1】 两不共线向量 $\boldsymbol{a}$ 与 $\boldsymbol{b}$ 的向量积的模，等于以 $\boldsymbol{a},\boldsymbol{b}$ 为邻边所构成的平行四边形的面积。

【定理 2】 两向量 $\boldsymbol{a}$ 与 $\boldsymbol{b}$ 共线的充要条件是 $\boldsymbol{a}\times\boldsymbol{b}=\boldsymbol{0}$。

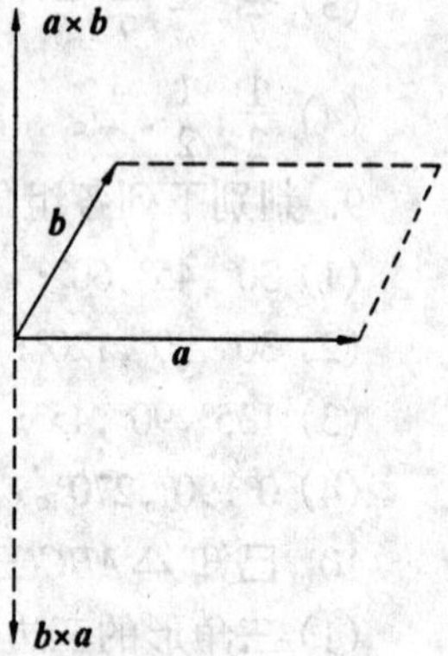

图 1.34

证明 必要性。当 $\boldsymbol{a}$ 与 $\boldsymbol{b}$ 共线时（包括 $\boldsymbol{a}=\boldsymbol{0}$ 或 $\boldsymbol{b}=\boldsymbol{0}$），式(1.5.1)知 $|\boldsymbol{a}\times\boldsymbol{b}|=0$，从而 $\boldsymbol{a}\times\boldsymbol{b}=\boldsymbol{0}$。

充分性。当 $\boldsymbol{a}\times\boldsymbol{b}=\boldsymbol{0}$ 时，由式(1.5.1)知 $\boldsymbol{a}=\boldsymbol{0}$ 或 $\boldsymbol{b}=\boldsymbol{0}$，或 $\boldsymbol{a}\parallel\boldsymbol{b}$。因为零向量可以看成与任何向量共线，所以总有 $\boldsymbol{a}\parallel\boldsymbol{b}$。

【定理 3】 向量的向量积满足下列运算律：对任意向量 $\boldsymbol{a},\boldsymbol{b},\boldsymbol{c}$ 及任意实数 λ，有

(1) 反交换律

$$\boldsymbol{a}\times\boldsymbol{b} = -(\boldsymbol{b}\times\boldsymbol{a}) \tag{1.5.2}$$

(2)（关于数因子）结合律

$$\lambda(\boldsymbol{a}\times\boldsymbol{b}) = (\lambda\boldsymbol{a})\times\boldsymbol{b} = \boldsymbol{a}\times(\lambda\boldsymbol{b}) \tag{1.5.3}$$

(3) 分配律

$$(\boldsymbol{a}+\boldsymbol{b})\times\boldsymbol{c} = \boldsymbol{a}\times\boldsymbol{c}+\boldsymbol{b}\times\boldsymbol{c} \tag{1.5.4}$$

$$\boldsymbol{c}\times(\boldsymbol{a}+\boldsymbol{b}) = \boldsymbol{c}\times\boldsymbol{a}+\boldsymbol{c}\times\boldsymbol{b} \tag{1.5.5}$$

证明 (1) 若 $\boldsymbol{a},\boldsymbol{b}$ 共线，则 $\boldsymbol{a}\times\boldsymbol{b}$ 与 $\boldsymbol{b}\times\boldsymbol{a}$ 都是零向量（定理 2），这时式(1.5.2)显然成立。如果 $\boldsymbol{a},\boldsymbol{b}$ 不共线，由定理 1 知 $|\boldsymbol{a}\times\boldsymbol{b}|=|\boldsymbol{b}\times\boldsymbol{a}|$；又根

据定义 1 知 $\boldsymbol{a}\times\boldsymbol{b}$, $\boldsymbol{b}\times\boldsymbol{a}$ 都同时垂直于 $\boldsymbol{a}$ 与 $\boldsymbol{b}$，因此 $\boldsymbol{a}\times\boldsymbol{b}$ 与 $\boldsymbol{b}\times\boldsymbol{a}$ 是共线向量，其次由于按顺序 $\boldsymbol{a},\boldsymbol{b},\boldsymbol{a}\times\boldsymbol{b}$ 与 $\boldsymbol{b},\boldsymbol{a},\boldsymbol{b}\times\boldsymbol{a}$ 分别构成右手标架与左手标架，所以 $\boldsymbol{a}\times\boldsymbol{b}$ 与 $\boldsymbol{b}\times\boldsymbol{a}$ 的方向相反，从而有 $\boldsymbol{a}\times\boldsymbol{b}=-(\boldsymbol{b}\times\boldsymbol{a})$。

(2) 如果 $\lambda=0$ 或 $\boldsymbol{a}\parallel\boldsymbol{b}$，式(1.5.3) 显然成立。如果 $\lambda\neq0$ 且 $\boldsymbol{a},\boldsymbol{b}$ 不共线，那么因为

$$|\lambda(\boldsymbol{a}\times\boldsymbol{b})|=|\lambda||\boldsymbol{a}||\boldsymbol{b}|\sin\angle(\boldsymbol{a},\boldsymbol{b})$$
$$|(\lambda\boldsymbol{a})\times\boldsymbol{b}|=|\lambda\boldsymbol{a}||\boldsymbol{b}|\sin\angle(\lambda\boldsymbol{a},\boldsymbol{b})$$
$$|\boldsymbol{a}\times(\lambda\boldsymbol{b})|=|\boldsymbol{a}||\lambda\boldsymbol{b}|\sin\angle(\boldsymbol{a},\lambda\boldsymbol{b})$$

所以 $|\lambda(\boldsymbol{a}\times\boldsymbol{b})|=|(\lambda\boldsymbol{a})\times\boldsymbol{b}|=|\boldsymbol{a}\times(\lambda\boldsymbol{b})|$，其次容易知道，当 $\lambda>0$ 时，$\lambda(\boldsymbol{a}\times\boldsymbol{b})$，$(\lambda\boldsymbol{a})\times\boldsymbol{b}$，$\boldsymbol{a}\times(\lambda\boldsymbol{b})$，都与 $\boldsymbol{a}\times\boldsymbol{b}$ 方向相同，当 $\lambda<0$ 时，都与 $\boldsymbol{a}\times\boldsymbol{b}$ 方向相反，因此三个向量方向相同，从而式(1.5.3) 成立。

(3) 证式(1.5.4)，当 $\boldsymbol{a},\boldsymbol{b},\boldsymbol{c}$ 中至少有一个是零向量时，式(1.5.4) 显然成立。当 $\boldsymbol{a},\boldsymbol{b},\boldsymbol{c}$ 都不是零向量时，只须证明

$$(\boldsymbol{a}+\boldsymbol{b})\times\boldsymbol{c}^0=\boldsymbol{a}\times\boldsymbol{c}^0+\boldsymbol{b}\times\boldsymbol{c}^0 \tag{1}$$

其中 $\boldsymbol{c}^0$ 是 $\boldsymbol{c}$ 的单位向量。

若式(1) 成立，则利用式(1.5.3)，式(1.5.4) 必成立。

首先，我们可以用下面的作法作出向量 $\boldsymbol{a}\times\boldsymbol{c}^0$。

通过向量 $\boldsymbol{a}$ 与 $\boldsymbol{c}^0$ 的公共始点 O 作平面 π 垂直于 $\boldsymbol{c}^0$（图 1.35），向量 $\boldsymbol{a}$ 在平面 π 上射影向量为 $\boldsymbol{a}_1$，将 $\boldsymbol{a}_1$ 顺时针旋转 90° 得向量 $\boldsymbol{a}_2$，那么 $\boldsymbol{a}_2=\boldsymbol{a}\times\boldsymbol{c}^0$。

事实上，$\boldsymbol{a}_2\perp\boldsymbol{a}$，$\boldsymbol{a}_2\perp\boldsymbol{c}^0$，且 $\{O;\boldsymbol{a},\boldsymbol{c}^0,\boldsymbol{a}_2\}$ 构成右手标架，所以 $\boldsymbol{a}_2$ 与 $\boldsymbol{a}\times\boldsymbol{c}^0$ 同方向；如果设 $\angle(\boldsymbol{a},\boldsymbol{c}^0)=\varphi$，那么 $|\boldsymbol{a}_2|=|\boldsymbol{a}_1|=|\boldsymbol{a}||\boldsymbol{c}^0|\cdot\sin\angle(\boldsymbol{a},\boldsymbol{c}^0)$，所以 $\boldsymbol{a}_2=\boldsymbol{a}\times\boldsymbol{c}^0$。

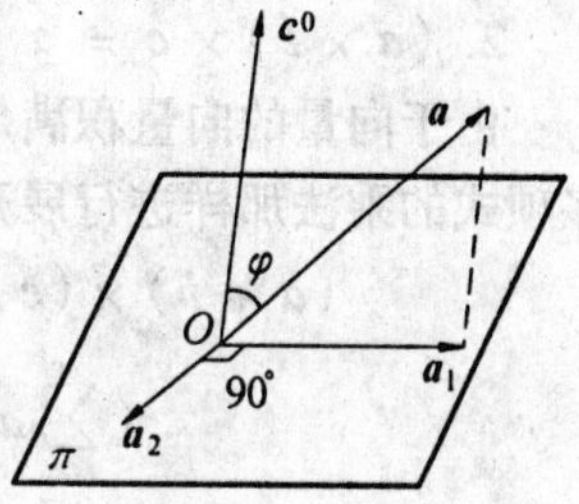

图 1.35

如图 1.36 所示，作 $\boldsymbol{a}+\boldsymbol{b}$。设向量 $\boldsymbol{a}_1,\boldsymbol{b}_1,\boldsymbol{a}_1+\boldsymbol{b}_1$ 分别是向量 $\boldsymbol{a},\boldsymbol{b},\boldsymbol{a}+\boldsymbol{b}$ 在垂直于 $\boldsymbol{c}^0$ 的平面 π 上的射影向量，再将 $\boldsymbol{a}_1,\boldsymbol{b}_1,\boldsymbol{a}_1+\boldsymbol{b}_1$ 在平面 π 内分别绕点 O 按顺时针旋转 90°，得 $\boldsymbol{a}_2,\boldsymbol{b}_2,\boldsymbol{a}_2+\boldsymbol{b}_2$，依上述作图法可知

$$\boldsymbol{a}_2=\boldsymbol{a}\times\boldsymbol{c}^0$$
$$\boldsymbol{b}_2=\boldsymbol{b}\times\boldsymbol{c}^0$$
$$\boldsymbol{a}_2+\boldsymbol{b}_2=(\boldsymbol{a}+\boldsymbol{b})\times\boldsymbol{c}^0$$

所以
$$(\boldsymbol{a}+\boldsymbol{b})\times\boldsymbol{c}^0=\boldsymbol{a}\times\boldsymbol{c}^0+\boldsymbol{b}\times\boldsymbol{c}^0$$

将式(1) 两边同乘以 $|\boldsymbol{c}|$，利用式(1.5.3) 得

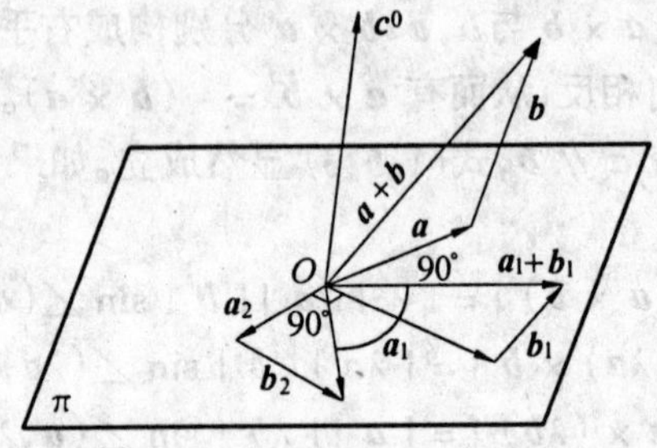

图 1.36

$$(a + b) \times |c| c^0 = a \times |c| c^0 + b \times |c| c^0$$

因
$$c = |c| c^0$$
所以
$$(a + b) \times c = a \times c + b \times c$$

式(1.5.4) 得证。对于式(1.5.5) 可由式(1.5.2) 和式(1.5.4) 很容易得证，请读者自行证明。

思考题：

1. 当 $a \neq 0, b \neq 0, c \neq 0$ 时，由 $a \times b = a \times c$ 是否能推出 $b = c$？

2. $(a \times b) \times c = a \times (b \times c)$ 成立么？举例说明。

由于向量的向量积满足上述运算律，因此它与向量的数性积一样，也可以像多项式的乘法那样进行展开。如

$$(a + b) \times (c + d) = a \times c + a \times d + b \times c + b \times d$$

$$(\sum_{i=1}^{m} a_i) \times (\sum_{j=1}^{n} b_j) = \sum_{i=1}^{m} \sum_{j=1}^{n} (a_i \times b_j)$$

【例 1】 求证 $(a - b) \times (a + b) = 2(a \times b)$，并说明此等式的几何意义。

证明　由已知有

$$(a - b) \times (a + b) = a \times a + a \times b - b \times a + b \times b =$$
$$a \times b + a \times b = 2(a \times b)$$

它的几何意义是以平行四边形对角线向量为边所成的平行四边形的面积等于原来平行四边形的面积的二倍。

【例 2】 证明

$$(a \times b)^2 + (a \cdot b)^2 = a^2 b^2 \tag{1.5.6}$$

并由此推出求三角形面积的海伦(Heron) 公式(图 1.37)，即

$$\Delta^2 = p(p - a)(p - b)(p - c)$$

这里 a,b,c 是 $\triangle ABC$ 三边之长，$p=\frac{1}{2}(a+b+c)$，Δ 为三角形的面积。

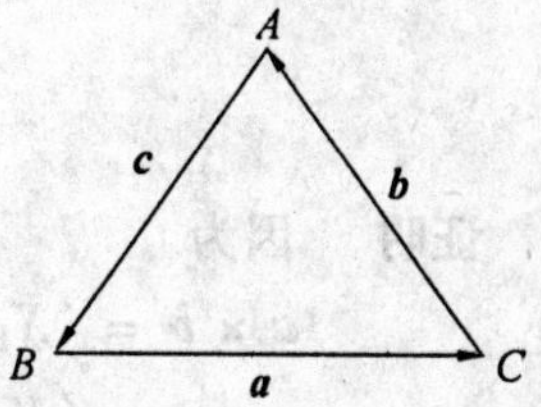

图1.37

证明　因为

$$(\boldsymbol{a}\times\boldsymbol{b})^2=a^2b^2\sin^2\angle(\boldsymbol{a},\boldsymbol{b})$$

$$(\boldsymbol{a}\cdot\boldsymbol{b})^2=a^2b^2\cos^2\angle(\boldsymbol{a},\boldsymbol{b})$$

所以 $$(\boldsymbol{a}\times\boldsymbol{b})^2+(\boldsymbol{a}\cdot\boldsymbol{b})^2=a^2b^2$$

在 $\triangle ABC$ 中，设 $\overrightarrow{BC}=\boldsymbol{a}$，$\overrightarrow{CA}=\boldsymbol{b}$，$\overrightarrow{AB}=\boldsymbol{c}$，$|\boldsymbol{a}|=a$，$|\boldsymbol{b}|=b$，$|\boldsymbol{c}|=c$，则 $\boldsymbol{a}+\boldsymbol{b}+\boldsymbol{c}=\boldsymbol{0}$，即 $\boldsymbol{a}+\boldsymbol{b}=-\boldsymbol{c}$。于是

$$\boldsymbol{c}^2=(\boldsymbol{a}+\boldsymbol{b})^2=\boldsymbol{a}^2+\boldsymbol{b}^2+2(\boldsymbol{a}\cdot\boldsymbol{b})$$

$$\boldsymbol{a}\cdot\boldsymbol{b}=\frac{1}{2}(\boldsymbol{c}^2-\boldsymbol{a}^2-\boldsymbol{b}^2)$$

由向量积的几何意义知 $\Delta=\frac{1}{2}|\boldsymbol{a}\times\boldsymbol{b}|$，所以

$$\Delta^2=\frac{1}{4}(\boldsymbol{a}\times\boldsymbol{b})^2=\frac{1}{4}[\boldsymbol{a}^2\boldsymbol{b}^2-(\boldsymbol{a}\cdot\boldsymbol{b})^2]=\frac{1}{4}[\boldsymbol{a}^2\boldsymbol{b}^2-\frac{1}{4}(\boldsymbol{c}^2-\boldsymbol{a}^2-\boldsymbol{b})^2]=$$

$$\frac{1}{16}[2\boldsymbol{ab}+(\boldsymbol{c}^2-\boldsymbol{a}^2-\boldsymbol{b}^2)][2\boldsymbol{ab}-(\boldsymbol{c}^2-\boldsymbol{a}^2-\boldsymbol{b}^2)]=$$

$$\frac{1}{16}(c+a-b)(c-a+b)(a+b+c)(a+b-c)$$

将 $p=\frac{1}{2}(a+b+c)$ 代入得

$$\Delta^2=p(p-a)(p-b)(p-c)$$

1.5.2　用向量的分量表示向量的向量积

在直角坐标系 $\{O;\boldsymbol{i},\boldsymbol{j},\boldsymbol{k}\}$ 下，单位向量 $\boldsymbol{i},\boldsymbol{j},\boldsymbol{k}$ 之间的向量积有

$$\boldsymbol{i}\times\boldsymbol{i}=\boldsymbol{j}\times\boldsymbol{j}=\boldsymbol{k}\times\boldsymbol{k}=\boldsymbol{0}$$

$$\boldsymbol{i}\times\boldsymbol{j}=\boldsymbol{k},\boldsymbol{j}\times\boldsymbol{k}=\boldsymbol{i},\boldsymbol{k}\times\boldsymbol{i}=\boldsymbol{j}$$

$$\boldsymbol{i}\times\boldsymbol{k}=-\boldsymbol{j},\boldsymbol{j}\times\boldsymbol{i}=-\boldsymbol{k},\boldsymbol{k}\times\boldsymbol{j}=-\boldsymbol{i}\tag{1.5.7}$$

对于两个非零的向量 $\boldsymbol{a},\boldsymbol{b}$，它们的向量积用分量表示，有如下定理。

【定理4】　如果 $\boldsymbol{a}=X_1\boldsymbol{i}+Y_1\boldsymbol{j}+Z_1\boldsymbol{k}$，$\boldsymbol{b}=X_2\boldsymbol{i}+Y_2\boldsymbol{j}+Z_2\boldsymbol{k}$，那么

$$\boldsymbol{a}\times\boldsymbol{b}=\begin{vmatrix}Y_1&Z_1\\Y_2&Z_2\end{vmatrix}\boldsymbol{i}+\begin{vmatrix}Z_1&X_1\\Z_2&X_2\end{vmatrix}\boldsymbol{j}+\begin{vmatrix}X_1&Y_1\\X_2&Y_2\end{vmatrix}\boldsymbol{k}\tag{1.5.8}$$

或写成

$$\boldsymbol{a}\times\boldsymbol{b}=\begin{vmatrix}\boldsymbol{i}&\boldsymbol{j}&\boldsymbol{k}\\X_1&Y_1&Z_1\\X_2&Y_2&Z_2\end{vmatrix}\tag{1.5.9}$$

证明 因为

$$\boldsymbol{a}\times\boldsymbol{b}=(X_1\boldsymbol{i}+Y_1\boldsymbol{j}+Z_1\boldsymbol{k})\times(X_2\boldsymbol{i}+Y_2\boldsymbol{j}+Z_2\boldsymbol{k})=$$
$$(Y_1Z_2-Y_2Z_1)\boldsymbol{i}+(X_2Z_1-X_1Z_2)\boldsymbol{j}+(X_1Y_2-X_2Y_1)\boldsymbol{k}=$$
$$\begin{vmatrix}Y_1&Z_1\\Y_2&Z_2\end{vmatrix}\boldsymbol{i}+\begin{vmatrix}Z_1&X_1\\Z_2&X_2\end{vmatrix}\boldsymbol{j}+\begin{vmatrix}X_1&Y_1\\X_2&Y_2\end{vmatrix}\boldsymbol{k}$$

即得式(1.5.8),利用3阶行列式可写成式(1.5.9)。

【例3】 设$\triangle ABC$的顶点是$A(a_1,a_2,a_3)$,$B(b_1,b_2,b_3)$,$C(c_1,c_2,c_3)$。

(1) 求$S_{\triangle ABC}$;

(2) 求$\sin A$;

(3) 求A到BC的距离;

(4) 求A,B,C三点共线的充要条件。

解 (1) 因为$\overrightarrow{AB}=\{b_1-a_1,b_2-a_2,b_3-a_3\}$,$\overrightarrow{AC}=\{c_1-a_1,c_2-a_2,c_3-a_3\}$,所以

$$\overrightarrow{AB}\times\overrightarrow{AC}=\begin{vmatrix}\boldsymbol{i}&\boldsymbol{j}&\boldsymbol{k}\\b_1-a_1&b_2-a_2&b_3-a_3\\c_1-a_1&c_2-a_2&c_3-a_3\end{vmatrix}=$$
$$\begin{vmatrix}b_2-a_2&b_3-a_3\\c_2-a_2&c_3-a_3\end{vmatrix}\boldsymbol{i}+\begin{vmatrix}b_3-a_3&b_1-a_1\\c_3-a_3&c_1-a_1\end{vmatrix}\boldsymbol{j}+$$
$$\begin{vmatrix}b_1-a_1&b_2-a_2\\c_1-a_1&c_2-a_2\end{vmatrix}\boldsymbol{k}=$$
$$\begin{vmatrix}a_2&a_3&1\\b_2&b_3&1\\c_2&c_3&1\end{vmatrix}\boldsymbol{i}+\begin{vmatrix}a_3&a_1&1\\b_3&b_1&1\\c_3&c_1&1\end{vmatrix}\boldsymbol{j}+\begin{vmatrix}a_1&a_2&1\\b_1&b_2&1\\c_1&c_2&1\end{vmatrix}\boldsymbol{k}$$

所以

$$S_{\triangle ABC}=\frac{1}{2}|\overrightarrow{AB}\times\overrightarrow{AC}|=\frac{1}{2}\sqrt{\begin{vmatrix}a_2&a_3&1\\b_2&b_3&1\\c_2&c_3&1\end{vmatrix}^2+\begin{vmatrix}a_3&a_1&1\\b_3&b_1&1\\c_3&c_1&1\end{vmatrix}^2+\begin{vmatrix}a_1&a_2&1\\b_1&b_2&1\\c_1&c_2&1\end{vmatrix}^2}$$

(2) 由前面的结果有

$$\sin A = \frac{|\overrightarrow{AB} \times \overrightarrow{AC}|}{|\overrightarrow{AB}||\overrightarrow{AC}|} = \frac{\sqrt{\begin{vmatrix} a_2 & a_3 & 1 \\ b_2 & b_3 & 1 \\ c_2 & c_3 & 1 \end{vmatrix}^2 + \begin{vmatrix} a_3 & a_1 & 1 \\ b_3 & b_1 & 1 \\ c_3 & c_1 & 1 \end{vmatrix}^2 + \begin{vmatrix} a_1 & a_2 & 1 \\ b_1 & b_2 & 1 \\ c_1 & c_2 & 1 \end{vmatrix}^2}}{\sqrt{(b_1 - a_1)^2 + (b_2 - a_2)^2 + (b_3 - a_3)^2} \cdot \sqrt{(c_1 - a_1)^2 + (c_2 - a_2)^2 + (c_3 - a_3)^2}}$$

(3) 设 d 是 A 到 BC 的距离，于是 $S_{\triangle ABC} = \frac{1}{2} d\,|BC|$，即

$$d = \frac{2S_{\triangle ABC}}{|BC|} = \frac{\sqrt{\begin{vmatrix} a_2 & a_3 & 1 \\ b_2 & b_3 & 1 \\ c_2 & c_3 & 1 \end{vmatrix}^2 + \begin{vmatrix} a_3 & a_1 & 1 \\ b_3 & b_1 & 1 \\ c_3 & c_1 & 1 \end{vmatrix}^2 + \begin{vmatrix} a_1 & a_2 & 1 \\ b_1 & b_2 & 1 \\ c_1 & c_2 & 1 \end{vmatrix}^2}}{\sqrt{(c_1 - b_1)^2 + (c_2 - b_2)^2 + (c_3 - b_3)^2}}$$

(4) A, B, C 三点共线 $\Leftrightarrow \overrightarrow{AB} \times \overrightarrow{AC} = \mathbf{0} \Leftrightarrow \begin{vmatrix} a_2 & a_3 & 1 \\ b_2 & b_3 & 1 \\ c_2 & c_3 & 1 \end{vmatrix} = \begin{vmatrix} a_3 & a_1 & 1 \\ b_3 & b_1 & 1 \\ c_3 & c_1 & 1 \end{vmatrix} =$

$\begin{vmatrix} a_1 & a_2 & 1 \\ b_1 & b_2 & 1 \\ c_1 & c_2 & 1 \end{vmatrix} = 0$。

习　题

1. 已知 $|\boldsymbol{a}| = 3$, $|\boldsymbol{b}| = 26$, $|\boldsymbol{a} \times \boldsymbol{b}| = 72$，求 $\boldsymbol{a} \cdot \boldsymbol{b}$。

2. 已知 $|\boldsymbol{a}| = 1$, $|\boldsymbol{b}| = 5$, $\boldsymbol{a} \cdot \boldsymbol{b} = 3$，求：

(1) $|\boldsymbol{a} \times \boldsymbol{b}|$；

(2) $[(\boldsymbol{a} - 2\boldsymbol{b}) \times (\boldsymbol{b} - 2\boldsymbol{a})]^2$。

3. 证明：

(1) $(\boldsymbol{a} \times \boldsymbol{b})^2 \leqslant \boldsymbol{a}^2 \boldsymbol{b}^2$，并指出在什么情况下等号成立；

(2) 对于任意 4 向量 $\boldsymbol{a}, \boldsymbol{b}, \boldsymbol{c}, \boldsymbol{p}$，那么向量 $\boldsymbol{a} \times \boldsymbol{p}, \boldsymbol{b} \times \boldsymbol{p}, \boldsymbol{c} \times \boldsymbol{p}$ 共面；

(3) 若 $\boldsymbol{a} + \boldsymbol{b} + \boldsymbol{c} = \mathbf{0}$，那么 $\boldsymbol{a} \times \boldsymbol{b} = \boldsymbol{b} \times \boldsymbol{c} = \boldsymbol{c} \times \boldsymbol{a}$，并说明其几何意义；

(4) 如果 $\boldsymbol{a} \times \boldsymbol{b} = \boldsymbol{c} \times \boldsymbol{d}$, $\boldsymbol{a} \times \boldsymbol{c} = \boldsymbol{b} \times \boldsymbol{d}$，那么 $\boldsymbol{a} - \boldsymbol{d}$ 与 $\boldsymbol{b} - \boldsymbol{c}$ 共线。

4. 求同时垂直于向量 $\boldsymbol{a} = \{2, -1, 1\}$ 和 $\boldsymbol{b} = \{1, 2, -1\}$ 的单位向量。

5. 已知空间三点 $A(1,2,3)$, $B(2,-1,5)$, $C(3,2,-5)$，试求：

(1) $\triangle ABC$ 的面积;

(2) $\triangle ABC$ 的 AB 边上的高。

6. 用坐标法证明:对于任意向量 $\boldsymbol{a},\boldsymbol{b},\boldsymbol{c}$,有

$$(\boldsymbol{a}\times\boldsymbol{b})\times\boldsymbol{c}=(\boldsymbol{a}\cdot\boldsymbol{c})\cdot\boldsymbol{b}-(\boldsymbol{b}\cdot\boldsymbol{c})\cdot\boldsymbol{a}$$

此公式为双重外积公式。

7. 应用上题结果证明雅可比(Jacobi)恒等式

$$(\boldsymbol{a}\times\boldsymbol{b})\times\boldsymbol{c}+(\boldsymbol{b}\times\boldsymbol{c})\times\boldsymbol{a}+(\boldsymbol{c}\times\boldsymbol{a})\times\boldsymbol{b}=\boldsymbol{0}$$

8. 用向量法证明三角形正弦定理

$$\frac{a}{\sin A}=\frac{b}{\sin B}=\frac{c}{\sin C}$$

9. 如果非零向量 $\boldsymbol{r}_i(i=1,2,3)$ 满足 $\boldsymbol{r}_1=\boldsymbol{r}_2\times\boldsymbol{r}_3,\boldsymbol{r}_2=\boldsymbol{r}_3\times\boldsymbol{r}_1,\boldsymbol{r}_3=\boldsymbol{r}_1\times\boldsymbol{r}_2$,那么 $\boldsymbol{r}_1,\boldsymbol{r}_2,\boldsymbol{r}_3$ 是彼此垂直的单位向量,并且按这个次序构成右手系。

1.6 三向量的混合积

三个向量的乘法运算在两个向量的数性积和向量积的基础上来进行,不是引入新的运算。

1.6.1 向量的混合积的定义及其性质

【定义1】 给定空间三向量 $\boldsymbol{a},\boldsymbol{b},\boldsymbol{c}$,向量 $\boldsymbol{a},\boldsymbol{b}$ 的向量积 $\boldsymbol{a}\times\boldsymbol{b}$,再和向量 $\boldsymbol{c}$ 作数性积 $(\boldsymbol{a}\times\boldsymbol{b})\cdot\boldsymbol{c}$,所得的数叫做三向量 $\boldsymbol{a},\boldsymbol{b},\boldsymbol{c}$ 的混合积,记作 $(\boldsymbol{a},\boldsymbol{b},\boldsymbol{c})$ 或 $(\boldsymbol{abc})$,即

$$(\boldsymbol{a},\boldsymbol{b},\boldsymbol{c})=(\boldsymbol{a}\times\boldsymbol{b})\cdot\boldsymbol{c}$$

混合积具有下列性质。

【定理1】 三个不共面向量 $\boldsymbol{a},\boldsymbol{b},\boldsymbol{c}$ 的混合积的绝对值等于以 $\boldsymbol{a},\boldsymbol{b},\boldsymbol{c}$ 为棱的平行六面体的体积 V,并且当 $\boldsymbol{a},\boldsymbol{b},\boldsymbol{c}$ 构成右手系时混合积是正数;当 $\boldsymbol{a},\boldsymbol{b},\boldsymbol{c}$ 构成左手系时,混合积是负数,即

$$(\boldsymbol{a}\cdot\boldsymbol{b}\cdot\boldsymbol{c})=\varepsilon V \tag{1.6.1}$$

当 $\boldsymbol{a},\boldsymbol{b},\boldsymbol{c}$ 是右手系时 $\varepsilon=1$;当 $\boldsymbol{a},\boldsymbol{b},\boldsymbol{c}$ 是左手系时 $\varepsilon=-1$。

证明 将不共面向量 $\boldsymbol{a},\boldsymbol{b},\boldsymbol{c}$ 归结到共同的始点 O 构成以 $\boldsymbol{a},\boldsymbol{b},\boldsymbol{c}$ 为棱的平行六面体(图1.38),它的底是以 $\boldsymbol{a},\boldsymbol{b}$ 为邻边的平行四边形,面积 $S=|\boldsymbol{a}\times\boldsymbol{b}|$,它的高 $OH=h$,它的体积为 $V=S\cdot h$。

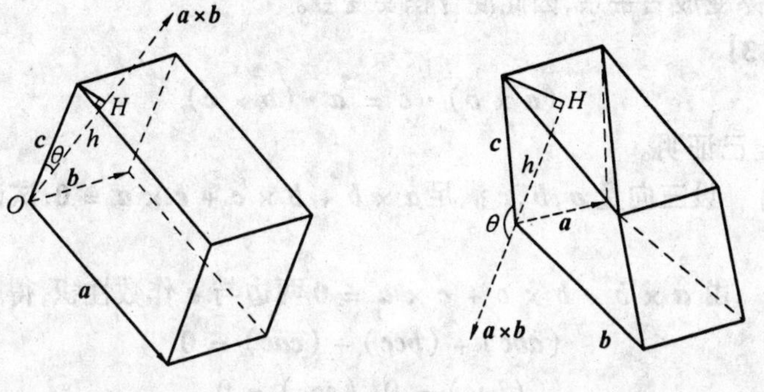

图 1.38

根据数性积的定义

$$(\boldsymbol{a}\times\boldsymbol{b})\cdot\boldsymbol{c}=|\boldsymbol{a}\times\boldsymbol{b}||\boldsymbol{c}|\cos\theta=S\cdot|\boldsymbol{c}|\cos\theta \tag{1}$$

其中 θ 是 $\boldsymbol{a}\times\boldsymbol{b}$ 和 $\boldsymbol{c}$ 的夹角。

当 $\{O;\boldsymbol{a},\boldsymbol{b},\boldsymbol{c}\}$ 成右手系时，$0\leqslant\theta<\dfrac{\pi}{2}$，$h=|\boldsymbol{c}|\cos\theta$。因而式(1)得

$$(\boldsymbol{a}\times\boldsymbol{b})\cdot\boldsymbol{c}=S\cdot h=V$$

当 $\{O;\boldsymbol{a},\boldsymbol{b},\boldsymbol{c}\}$ 成左手系时，$\dfrac{\pi}{2}<\theta\leqslant\pi$，$h=|\boldsymbol{c}|\cos(\pi-\theta)=-|\boldsymbol{c}|\cdot\cos\theta$，因而由式(1)得

$$(\boldsymbol{a}\times\boldsymbol{b})\cdot\boldsymbol{c}=-Sh=-V$$

【推论 1】　三向量 $\boldsymbol{a},\boldsymbol{b},\boldsymbol{c}$ 共面的充要条件是 $(\boldsymbol{a},\boldsymbol{b},\boldsymbol{c})=0$。

证明　必要性。当 $\boldsymbol{a}$ 与 $\boldsymbol{b}$ 共线，即 $\boldsymbol{a}\times\boldsymbol{b}=\boldsymbol{0}$ 时，或 $\boldsymbol{c}=\boldsymbol{0}$ 时，显然，$\boldsymbol{a},\boldsymbol{b},\boldsymbol{c}$ 共面且 $(\boldsymbol{a},\boldsymbol{b},\boldsymbol{c})=0$。

当 $\boldsymbol{a}$ 与 $\boldsymbol{b}$ 不共线，且 $\boldsymbol{c}\neq\boldsymbol{0}$ 时，我们来证明推论 1 成立。

如果 $\boldsymbol{a},\boldsymbol{b},\boldsymbol{c}$ 共面，那么由 $\boldsymbol{a}\times\boldsymbol{b}\perp\boldsymbol{a}$，$\boldsymbol{a}\times\boldsymbol{b}\perp\boldsymbol{b}$ 知 $\boldsymbol{a}\times\boldsymbol{b}\perp\boldsymbol{c}$，于是 $(\boldsymbol{a}\times\boldsymbol{b})\cdot\boldsymbol{c}=0$，即 $(\boldsymbol{a},\boldsymbol{b},\boldsymbol{c})=0$。

充分性。如果 $(\boldsymbol{a},\boldsymbol{b},\boldsymbol{c})=0$，即 $(\boldsymbol{a}\times\boldsymbol{b})\cdot\boldsymbol{c}=0$，那么 $(\boldsymbol{a}\times\boldsymbol{b})\perp\boldsymbol{c}$，又因为 $\boldsymbol{a}\times\boldsymbol{b}\perp\boldsymbol{a}$，$\boldsymbol{a}\times\boldsymbol{b}\perp\boldsymbol{b}$，所以 $\boldsymbol{a},\boldsymbol{b},\boldsymbol{c}$ 共面。

【推论 2】　转换混合积的三个因子，并不改变它的值，对调任何两个因子要改变乘积符号，即

$$(\boldsymbol{abc})=(\boldsymbol{bca})=(\boldsymbol{cab})=-(\boldsymbol{bac})=-(\boldsymbol{cba})=-(\boldsymbol{acb}) \tag{1.6.2}$$

证明　当 $\boldsymbol{a},\boldsymbol{b},\boldsymbol{c}$ 共面时，定理显然成立；当 $\boldsymbol{a},\boldsymbol{b},\boldsymbol{c}$ 不共面时，转换或对调因子，混合积的绝对值都等于以 $\boldsymbol{a},\boldsymbol{b},\boldsymbol{c}$ 为棱的平行六面体的体积。又因为转换 $\boldsymbol{a},\boldsymbol{b},\boldsymbol{c}$ 的顺序，不改变右(左)手系，而对调任意两个因子的位置，右手系变为左

手系,左手系变成右手系,因此混合积要变号。

【推论 3】

$$(\boldsymbol{a}\times\boldsymbol{b})\cdot\boldsymbol{c}=\boldsymbol{a}\cdot(\boldsymbol{b}\times\boldsymbol{c}) \tag{1.6.3}$$

读者自己证明。

【例 1】 设三向量 $\boldsymbol{a},\boldsymbol{b},\boldsymbol{c}$ 满足 $\boldsymbol{a}\times\boldsymbol{b}+\boldsymbol{b}\times\boldsymbol{c}+\boldsymbol{c}\times\boldsymbol{a}=\boldsymbol{0}$,试证三向量 $\boldsymbol{a},\boldsymbol{b},\boldsymbol{c}$ 共面。

证明 由 $\boldsymbol{a}\times\boldsymbol{b}+\boldsymbol{b}\times\boldsymbol{c}+\boldsymbol{c}\times\boldsymbol{a}=\boldsymbol{0}$ 两边与 $\boldsymbol{c}$ 作数性积,得

$$(\boldsymbol{abc})+(\boldsymbol{bcc})+(\boldsymbol{cac})=0$$

但

$$(\boldsymbol{bcc})=0,\ (\boldsymbol{cac})=0$$

所以 $(\boldsymbol{abc})=0$,因而 $\boldsymbol{a},\boldsymbol{b},\boldsymbol{c}$ 共面。

【例 2】 求证 $(\boldsymbol{a}\times\boldsymbol{b})\cdot(\boldsymbol{c}\times\boldsymbol{d})=(\boldsymbol{a}\cdot\boldsymbol{c})(\boldsymbol{b}\cdot\boldsymbol{d})-(\boldsymbol{a}\cdot\boldsymbol{d})(\boldsymbol{b}\cdot\boldsymbol{c})$ (Lagrange 恒等式)。

证明 将 $(\boldsymbol{a}\times\boldsymbol{b})$ 视做一个向量,利用定理 1 的推论 2,推论 3 及 1.5 节习题第 6 题(双重外积公式),有

$$\begin{aligned}(\boldsymbol{a}\times\boldsymbol{b})\cdot(\boldsymbol{c}\times\boldsymbol{d})&=(\boldsymbol{a}\times\boldsymbol{b},\boldsymbol{c},\boldsymbol{d})=[(\boldsymbol{a}\times\boldsymbol{b})\times\boldsymbol{c}]\cdot\boldsymbol{d}=\\&[(\boldsymbol{a}\cdot\boldsymbol{c})\boldsymbol{b}-(\boldsymbol{b}\cdot\boldsymbol{c})\boldsymbol{a}]\cdot\boldsymbol{d}=\\&(\boldsymbol{a}\cdot\boldsymbol{c})(\boldsymbol{b}\cdot\boldsymbol{d})-(\boldsymbol{a}\cdot\boldsymbol{d})(\boldsymbol{b}\cdot\boldsymbol{c})\end{aligned}$$

1.6.2 用坐标向量计算混合积

在右手直角坐标系 $\{O;\boldsymbol{i},\boldsymbol{j},\boldsymbol{k}\}$ 下,用向量的分量表示三向量的混合积。

【定理 2】 如果

$$\boldsymbol{a}=X_1\boldsymbol{i}+Y_1\boldsymbol{j}+Z_1\boldsymbol{k}$$
$$\boldsymbol{b}=X_2\boldsymbol{i}+Y_2\boldsymbol{j}+Z_2\boldsymbol{k}$$
$$\boldsymbol{c}=X_3\boldsymbol{i}+Y_3\boldsymbol{j}+Z_3\boldsymbol{k}$$

那么

$$(\boldsymbol{a},\boldsymbol{b},\boldsymbol{c})=\begin{vmatrix}X_1&Y_1&Z_1\\X_2&Y_2&Z_2\\X_3&Y_3&Z_3\end{vmatrix} \tag{1.6.4}$$

证明 根据式(1.5.8),有

$$\boldsymbol{a}\times\boldsymbol{b}=\begin{vmatrix}Y_1&Z_1\\Y_2&Z_2\end{vmatrix}\boldsymbol{i}+\begin{vmatrix}Z_1&X_1\\Z_2&X_2\end{vmatrix}\boldsymbol{j}+\begin{vmatrix}X_1&Y_1\\X_2&Y_2\end{vmatrix}\boldsymbol{k}$$

根据数性积的分量表示

$$(\boldsymbol{a},\boldsymbol{b},\boldsymbol{c}) = (\boldsymbol{a}\times\boldsymbol{b})\cdot\boldsymbol{c} = X_3\begin{vmatrix} Y_1 & Z_1 \\ Y_2 & Z_2 \end{vmatrix} + Y_3\begin{vmatrix} Z_1 & X_1 \\ Z_2 & X_2 \end{vmatrix} + Z_3\begin{vmatrix} X_1 & Y_1 \\ X_2 & Y_2 \end{vmatrix}$$

所以式(1.6.4)成立。

【推论】 三向量 $\boldsymbol{a} = \{X_1, Y_1, Z_1\}, \boldsymbol{b} = \{X_2, Y_2, Z_2\}, \boldsymbol{c} = \{X_3, Y_3, Z_3\}$ 共面的充要条件是

$$\begin{vmatrix} X_1 & Y_1 & Z_1 \\ X_2 & Y_2 & Z_2 \\ X_3 & Y_3 & Z_3 \end{vmatrix} = 0 \tag{1.6.5}$$

【例 3】 在空间直角坐标系中给定四点

$$A(x_1, y_1, z_1),\ B(x_2, y_2, z_2),\ C(x_3, y_3, z_3),\ D(x_4, y_4, z_4)$$

求四面体 $ABCD$ 的体积。

解 四面体的体积 V,等于以向量 $\overrightarrow{AB}, \overrightarrow{AC}, \overrightarrow{AD}$ 为棱的平行六面体体积的六分之一,因而根据定理 1,有

$$V = \frac{1}{6}\,|\,(\overrightarrow{AB}, \overrightarrow{AC}, \overrightarrow{AD})\,|$$

因为

$$\overrightarrow{AB} = \{x_2 - x_1, y_2 - y_1, z_2 - z_1\}$$
$$\overrightarrow{AC} = \{x_3 - x_1, y_3 - y_1, z_3 - z_1\}$$
$$\overrightarrow{AD} = \{x_4 - x_1, y_4 - y_1, z_4 - z_1\}$$

所以

$$V = \pm\frac{1}{6}\begin{vmatrix} x_2 - x_1 & y_2 - y_1 & z_2 - z_1 \\ x_3 - x_1 & y_3 - y_1 & z_3 - z_1 \\ x_4 - x_1 & y_4 - y_1 & z_4 - z_1 \end{vmatrix}$$

式中的符号的选择必须和行列式的符号一致,以保证值 V 为正值。

习　题

1. 已知向量 $\boldsymbol{a}, \boldsymbol{b}, \boldsymbol{c}$,构成右旋向量组且互相垂直,又 $|\boldsymbol{a}| = 4, |\boldsymbol{b}| = 2, |\boldsymbol{c}| = 3$,计算 $(\boldsymbol{a}, \boldsymbol{b}, \boldsymbol{c})$。

2. 已知向量 $\boldsymbol{c}$ 垂直于两向量 $\boldsymbol{a}$ 和 $\boldsymbol{b}$,$\boldsymbol{a}$ 和 $\boldsymbol{b}$ 间的夹角等于 30°,且 $|\boldsymbol{a}| = 6, |\boldsymbol{b}| = 3, |\boldsymbol{c}| = 3$,计算 $(\boldsymbol{a}, \boldsymbol{b}, \boldsymbol{c})$。

3. 证明下列各题:

(1) $(\lambda\boldsymbol{a}, \boldsymbol{b}, \boldsymbol{c}) = \lambda(\boldsymbol{a}, \boldsymbol{b}, \boldsymbol{c})$;

(2) $(\boldsymbol{a},\boldsymbol{b},\boldsymbol{c}_1+\boldsymbol{c}_2)=(\boldsymbol{a},\boldsymbol{b},\boldsymbol{c}_1)+(\boldsymbol{a},\boldsymbol{b},\boldsymbol{c}_2)$；

(3) $(\boldsymbol{a},\boldsymbol{b},\boldsymbol{c}+\lambda\boldsymbol{a}+\mu\boldsymbol{b})=(\boldsymbol{a},\boldsymbol{b},\boldsymbol{c})$；

(4) $(\boldsymbol{a}+\boldsymbol{b},\boldsymbol{b}+\boldsymbol{c},\boldsymbol{c}+\boldsymbol{a})=2(\boldsymbol{a},\boldsymbol{b},\boldsymbol{c})$。

4. 证明：$|(\boldsymbol{a},\boldsymbol{b},\boldsymbol{c})|\leqslant|\boldsymbol{a}||\boldsymbol{b}||\boldsymbol{c}|$，并问在什么情况下等号成立？

5. 已知直角坐标系中向量 $\boldsymbol{a},\boldsymbol{b},\boldsymbol{c}$ 的分量，判别这些向量是否共面？如果不共面，求出以它们为三邻边作成平行六面体的体积。

(1) $\boldsymbol{a}=(3,4,5),\boldsymbol{b}=(1,2,2),\boldsymbol{c}=(9,14,16)$；

(2) $\boldsymbol{a}=(3,0,-1),\boldsymbol{b}=(2,-4,3),\boldsymbol{c}=(-1,-2,2)$。

6. 已知四面体的顶点为 $A(2,3,1),B(4,1,-2),C(6,3,7),D(-5,-4,8)$，求从顶点 D 所引的高的长度。

7. 证明 $(\boldsymbol{a}\times\boldsymbol{b})\times(\boldsymbol{c}\times\boldsymbol{d})=(\boldsymbol{a},\boldsymbol{b},\boldsymbol{d})\boldsymbol{c}-(\boldsymbol{a},\boldsymbol{b},\boldsymbol{c})\boldsymbol{d}$。

8. 设向径 $\overrightarrow{OA}=\boldsymbol{r}_1,\overrightarrow{OB}=\boldsymbol{r}_2,\overrightarrow{OC}=\boldsymbol{r}_3$，证明 $\boldsymbol{R}=(\boldsymbol{r}_1\times\boldsymbol{r}_2)+(\boldsymbol{r}_2\times\boldsymbol{r}_3)+(\boldsymbol{r}_3\times\boldsymbol{r}_1)$ 垂直于 ABC 平面。

9. 证明：$(\boldsymbol{a}\times\boldsymbol{b},\boldsymbol{b}\times\boldsymbol{c},\boldsymbol{c}\times\boldsymbol{a})=(\boldsymbol{a},\boldsymbol{b},\boldsymbol{c})^2$。

第 2 章　平面与空间直线

空间解析几何中，平面和直线是最简单同时也是最基本的几何图形，本章内容是建立常用的平面与直线的方程和研究它们之间的相互关系，在这些讨论中都假定是直角坐标系。

2.1　平面方程

2.1.1　平面的点法式方程

已知一个平面 π，垂直于平面 π 的直线称为平面的法线，平行于这条法线的任一非零向量称为平面 π 的法向量。

在中学我们就知道，过空间一点 M_0 垂直于一条直线 l 的平面 π 是唯一确定的，现在我们来求平面的方程。

在空间直角坐标系 $\{O;\boldsymbol{i},\boldsymbol{j},\boldsymbol{k}\}$ 下，设已知平面 π 上一点 $M_0(x_0,y_0,z_0)$，以及它的一个法向量 $\boldsymbol{n}=\{A,B,C\}$（A,B,C 不同时为零），我们来建立平面 π 的方程。

设 $M(x,y,z)$ 是平面 π 上的任意一点，它的向径 $\overrightarrow{OM}=\boldsymbol{r}$，即 $\boldsymbol{r}=\{x,y,z\}$；而 M_0 所对应的向径用 $\boldsymbol{r}_0$ 表示，即 $\boldsymbol{r}_0=\{x_0,y_0,z_0\}$，如图 2.1 所示。显然点 M 在平面 π 上的充要条件是向量 $\overrightarrow{M_0M}=\boldsymbol{r}-\boldsymbol{r}_0$ 与 $\boldsymbol{n}$ 垂直，即

$$\boldsymbol{n}\cdot(\boldsymbol{r}-\boldsymbol{r}_0)=0 \quad (2.1.1)$$

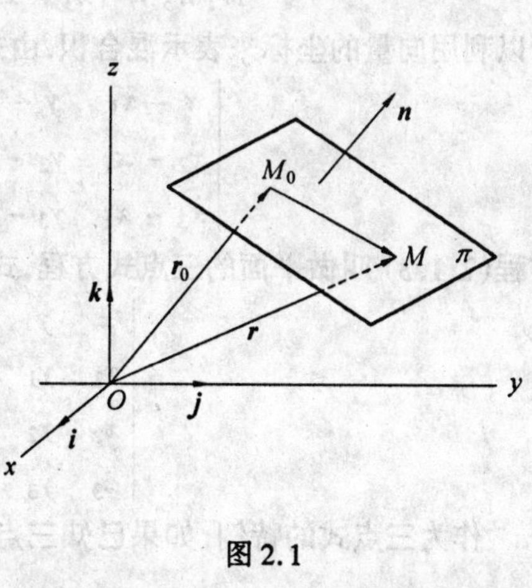

图 2.1

因为 $\boldsymbol{n}=\{A,B,C\}$，$\boldsymbol{r}-\boldsymbol{r}_0=\{x-x_0,y-y_0,z-z_0\}$，利用两向量数性积的坐标表示法，式(2.1.1) 又可表

示成

$$A(x-x_0)+B(y-y_0)+C(z-z_0)=0 \tag{2.1.2}$$

方程(2.1.1)与(2.1.2)都叫做平面的点法式方程。

【例 1】 求通过点(x_0,y_0,z_0)且垂直于 z 轴的平面。

解 所求平面垂直于 z 轴,可取 z 轴上的单位向量$\boldsymbol{k}=\{0,0,1\}$作为所求平面的法向量,那么根据式(2.1.2)得所求平面的方程为

$$z-z_0=0$$

即

$$z=z_0$$

【例 2】 已知不共线三点 $M_1(x_1,y_1,z_1)$,$M_2(x_2,y_2,z_2)$,$M_3(x_3,y_3,z_3)$,求通过这三点的平面 π 的方程。

解 取 $\boldsymbol{n}=\overrightarrow{M_1M_2}\times\overrightarrow{M_1M_3}$,由向量积的定义可知,$\boldsymbol{n}$ 垂直于平面π(图 2.2),因而它是平面 π 的一个法向量。

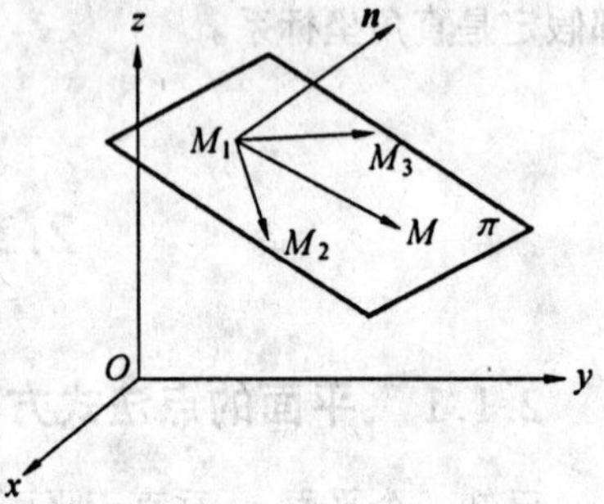

图 2.2

设 $M(x,y,z)$ 是平面 π 上的任一点,则

$$(\overrightarrow{M_1M_2}\times\overrightarrow{M_1M_3})\cdot\overrightarrow{M_1M}=0$$

利用混合积的定义及性质有

$$(\overrightarrow{M_1M},\overrightarrow{M_1M_2},\overrightarrow{M_1M_3})=0 \tag{1}$$

由于

$$\overrightarrow{M_1M}=\{x-x_1,y-y_1,z-z_1\}$$
$$\overrightarrow{M_1M_2}=\{x_2-x_1,y_2-y_1,z_2-z_1\}$$
$$\overrightarrow{M_1M_3}=\{x_3-x_1,y_3-y_1,z_3-z_1\}$$

所以利用向量的坐标来表示混合积,由式(1)得

$$\begin{vmatrix} x-x_1 & y-y_1 & z-z_1 \\ x_2-x_1 & y_2-y_1 & z_2-z_1 \\ x_3-x_1 & y_3-y_1 & z_3-z_1 \end{vmatrix}=0 \tag{2.1.3}$$

方程(2.1.3)叫做平面的三点式方程,式(2.1.3)又可改写为

$$\begin{vmatrix} x & y & z & 1 \\ x_1 & y_1 & z_1 & 1 \\ x_2 & y_2 & z_2 & 1 \\ x_3 & y_3 & z_3 & 1 \end{vmatrix}=0 \tag{2.1.4}$$

作为三点式的特例,如果已知三点为平面与三坐标轴的交点 $M_1(a,0,0)$,

$M_2(0,b,0)$，$M_3(0,0,c)$（其中 $abc\neq 0$）（图 2.3），那么由式(2.1.3)得

$$\begin{vmatrix} x-a & y & z \\ -a & b & 0 \\ -a & 0 & c \end{vmatrix}=0$$

把它展开可写成

$$bcx+acy+abz=abc$$

由于 $abc\neq 0$，上式可改写为

$$\frac{x}{a}+\frac{y}{b}+\frac{z}{c}=1 \qquad (2.1.5)$$

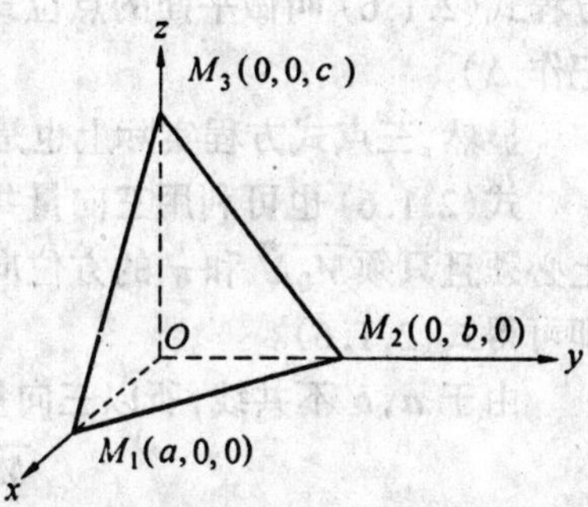

图 2.3

式(2.1.5)叫做平面的截距式方程，其中 a,b,c 分别叫做平面在三坐标轴上的截距。

2.1.2　平面的参数式方程

在空间上给定了一点 M_0 与两个不共线的向量 $\boldsymbol{a},\boldsymbol{b}$，那么通过点 M_0 且与向量 $\boldsymbol{a},\boldsymbol{b}$ 平行的平面 π 就唯一地被确定，向量 $\boldsymbol{a},\boldsymbol{b}$ 叫做平面 π 的方位向量，显然任何一对与平面 π 平行的不共线向量都可以作为平面 π 的方位向量。

下面我们来求平面方程。

因为向量 $\boldsymbol{a},\boldsymbol{b}$ 都平行于平面 π，而且它们不共线，所以向量 $\boldsymbol{n}=\boldsymbol{a}\times\boldsymbol{b}$ 垂直于平面 π，因而它是 π 的一个法向量（图 2.4），于是空间任意一点 $M(x,y,z)$ 在平面 π 上的充要条件是

$$\overrightarrow{M_0M}\cdot\boldsymbol{n}=0$$

也就是　$$(\overrightarrow{M_0M},\boldsymbol{a},\boldsymbol{b})=0$$

如果设 $\boldsymbol{a}=\{X_1,Y_1,Z_1\}$，$\boldsymbol{b}=\{X_2,Y_2,Z_2\}$，点 $M(x,y,z)$，$M_0(x_0,y_0,z_0)$，那么有 $\overrightarrow{M_0M}=\{x-x_0,y-y_0,z-z_0\}$，用向量的分量来表示混合积，即

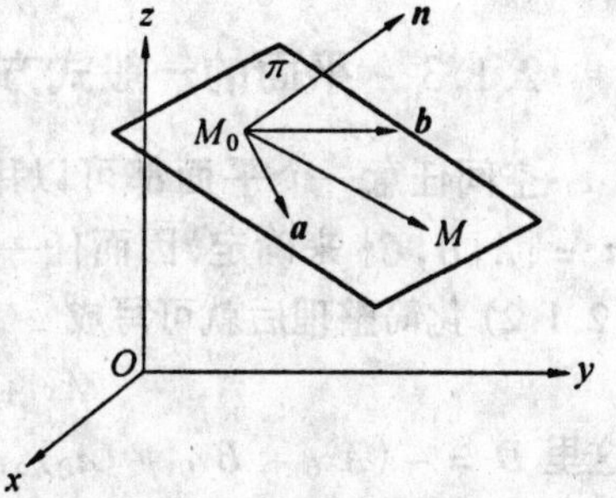

图 2.4

$$\begin{vmatrix} x-x_0 & y-y_0 & z-z_0 \\ X_1 & Y_1 & Z_1 \\ X_2 & Y_2 & Z_2 \end{vmatrix}=0 \qquad (2.1.6)$$

方程式(2.1.6) 叫做平面的点位式方程。(为方便,本书将式(2.1.6) 中的行列式记作 Δ)

显然,三点式方程实际上也是点位式的特例。

式(2.1.6) 也可利用三向量共面条件直接推出。因为点 $M(x,y,z)$ 在平面 π 上必须且只须 $\overrightarrow{M_0M}$ 和 π 的方位向量 $\boldsymbol{a},\boldsymbol{b}$ 共面,由三向量共面的条件式(1.6.5) 即可得式(2.1.6)。

由于 $\boldsymbol{a},\boldsymbol{b}$ 不共线,所以三向量 $\overrightarrow{M_0M},\boldsymbol{a},\boldsymbol{b}$ 的共面条件也可写成

$$\overrightarrow{M_0M} = u\boldsymbol{a} + v\boldsymbol{b} \tag{2.1.7}$$

用向量的坐标表示,得

$$\begin{cases} x - x_0 = uX_1 + vX_2 \\ y - y_0 = uY_1 + vY_2 \\ z - z_0 = uZ_1 + vZ_2 \end{cases}$$

即

$$\begin{cases} x = x_0 + uX_1 + vX_2 \\ y = y_0 + uY_1 + vY_2 \\ z = z_0 + uZ_1 + vZ_2 \end{cases} \tag{2.1.8}$$

式(2.1.7) 和式(2.1.8) 分别叫平面的向量式参数方程和平面的坐标式参数方程,其中 u,v 是参数。

2.1.3 平面的一般式方程

空间任意一个平面都可以用它上面的一点 $M_0(x_0,y_0,z_0)$ 和它的法向量 $\boldsymbol{n} = \{A,B,C\}$ 来确定,因而任一平面都可以用点法式方法(2.1.2) 表示,把式(2.1.2) 化简整理后就可写成

$$Ax + By + Cz + D = 0 \tag{2.1.9}$$

这里 $D = -(Ax_0 + By_0 + Cz_0)$。

由于平面的法向量 $\boldsymbol{n} = \{A,B,C\}$ 是非零向量,所以 A,B,C 不全为零,这表明空间任意一平面都可以用关于 x,y,z 的三元一次方程来表示。

反过来,任意一个关于变量 x,y,z 的一次方程(2.1.9) 都表示一个平面。事实上,因为 A,B,C 不全为零,不失一般性,可设 $A \neq 0$,于是式(2.1.9) 可写成

$$A\left[x - \left(-\frac{D}{A}\right)\right] + By + Cz = 0$$

显然,它表示通过点$\left(-\frac{D}{A},0,0\right)$ 且垂直于非零向量 $\boldsymbol{n} = \{A,B,C\}$ 的平面,由此

我们证明了关于空间中平面的基本定理。

【定理1】　空间中任一平面的方程都可以表示成一个关于变量 x,y,z 的一次方程;反过来,每一个关于变量 x,y,z 的一次方程都表示一个平面。

方程式(2.1.9) 叫做平面的一般式方程,其中系数 A,B,C 有一个几何意义,即它是平面的一个法向量的分量。

【推论】　设平面 π 的方程为 $Ax+By+Cz+D=0$,则平面 π 平行于 x 轴(或 y 轴或 z 轴) 的充要条件是 $A=0$(或 $B=0$ 或 $C=0$);平面 π 过原点的充要条件是 $D=0$。

思考题:

1. 如何把平面的一般式方程化为参数式方程?

2. 平面通过 x 轴(或 y 轴或 z 轴) 的充要条件是什么?

3. 平面平行于坐标面 xOy(或坐标面 yOz,或坐标面 zOx) 或与坐标面 xOy(或坐标面 yOz,或坐标面 zOx) 重合的充要条件是什么?

【例 3】　求通过点 $M_1(3,2,-1)$ 与 $M_2(-1,0,2)$,且平行于 z 轴的平面方程。

解法一　设 $\boldsymbol{a}=\overrightarrow{M_1M_2}=\{-4,-2,3\}$,$\boldsymbol{b}=\{0,0,1\}$。显然 $\boldsymbol{a},\boldsymbol{b}$ 不共线,过点 M_1,以 $\boldsymbol{a},\boldsymbol{b}$ 为方位向量的点位式平面方程为

$$\begin{vmatrix} x-3 & y-2 & z+1 \\ -4 & -2 & 3 \\ 0 & 0 & 1 \end{vmatrix}=0$$

即

$$x-2y+1=0$$

解法二　设平行于 z 轴的平面方程为

$$Ax+By+D=0$$

因平面通过点 M_1 和 M_2,所以有

$$\begin{cases} 3A+2B+D=0 \\ -A+D=0 \end{cases}$$

由上两式得

$$A:B:D=\begin{vmatrix} 2 & 1 \\ 0 & 1 \end{vmatrix}:\begin{vmatrix} 1 & 3 \\ 1 & -1 \end{vmatrix}:\begin{vmatrix} 3 & 2 \\ -1 & 0 \end{vmatrix}=2:-4:2=1:(-2):1$$

因此所求平面方程为

$$x-2y+1=0$$

2.1.4　平面的法式方程

设给定平面 π,从原点 O 引平面 π 的垂线交平面 π 于一点 P,设 $\overrightarrow{OP}$ 的长

$|\overrightarrow{OP}| = p$，在$\overrightarrow{OP}$上取单位法向量$\boldsymbol{n}^0$，当平面不过原点时，其方向规定从原点 O 指向平面π，当平面过原点时，其方向规定在垂直于平面的两个方向中任选一个。

如图 2.5 所示，设 M 是平面上任意一点，它所对应的向径为 $\boldsymbol{r}$，又因为 $|\overrightarrow{OP}| = p$，那么点 P 的向径为$\overrightarrow{OP} = p\boldsymbol{n}^0$，因此根据式(2.1.1)。由点 P 和法向量$\boldsymbol{n}^0$决定的平面π的方程为

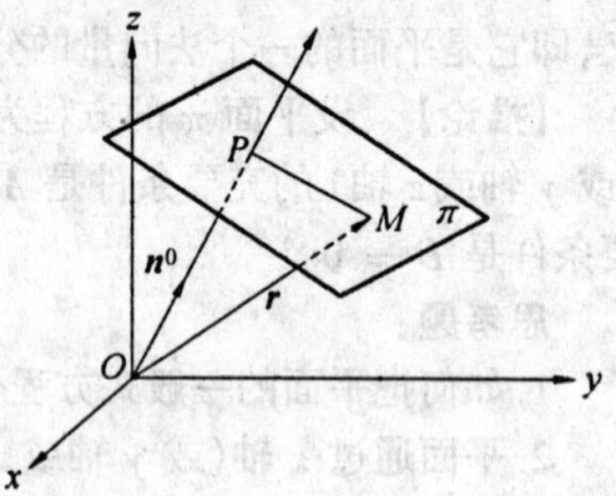

图 2.5

$$\boldsymbol{n}^0 \cdot (\boldsymbol{r} - p\boldsymbol{n}^0) = 0$$

即

$$\boldsymbol{n}^0\boldsymbol{r} = p \qquad (2.1.10)$$

式(2.1.10) 叫做平面的向量式法式方程。

如果设

$$\boldsymbol{r} = \{x, y, z\}, \boldsymbol{n}^0 = \{\cos\alpha, \cos\beta, \cos\gamma\}$$

那么由式(2.1.10) 得

$$x\cos\alpha + y\cos\beta + z\cos\gamma - p = 0 \qquad (2.1.11)$$

式(2.1.11) 叫做平面的坐标式法式方程或简称法式方程。

平面的法式方程(2.1.11) 是具有下列两个特征的一种一般方程：(1) 一次项系数的平方和等于 1；(2) 常数项 $-p \leqslant 0$。

根据平面法式方程的两个特征，我们可以将平面和一般方程

$$Ax + By + Cz + D = 0$$

化为平面的法式方程，需将法向量 $\boldsymbol{n} = \{A, B, C\}$ 单位化，只要以

$$\lambda = \pm\frac{1}{|\boldsymbol{n}|} = \pm\frac{1}{\sqrt{A^2 + B^2 + C^2}}$$

乘一般方程即可，其中λ的正负号选取满足$\lambda D = -p \leqslant 0$，或者说当 $D \neq 0$ 时，取λ的符号与 D 异号；当 $D = 0$ 时，λ 的符号可以任意选取。因子 $\lambda = \pm\dfrac{1}{\sqrt{A^2 + B^2 + C^2}}$ 在取定符号后称为平面的法式化因子。

【例 4】 把平面π的方程 $3x - 2y + 6z + 14 = 0$ 化为法式方程，说明它的单位法向量在哪一个卦限？并求出原点到平面π的距离。

解　因为 $D = 14 > 0$，所以取法式化因子

$$\lambda = -\frac{1}{\sqrt{A^2 + B^2 + C^2}} = -\frac{1}{\sqrt{3^2 + (-2)^2 + 6^2}} = -\frac{1}{7}$$

所求法式方程为

$$-\frac{3}{7}x+\frac{2}{7}y-\frac{6}{7}z-2=0$$

单位法向量 $\boldsymbol{n}^0=\left\{-\frac{3}{7},\frac{2}{7},-\frac{6}{7}\right\}$，它在第Ⅳ卦限，原点 O 到平面 π 的距离 $p=2$。

习　题

1. 求满足下列条件的平面方程。

(1) 过点 $P_0(2,1,-1)$，法向量 $\boldsymbol{n}=\{1,-2,3\}$；

(2) 通过点 $A(2,-1,2)$，且垂直于直线 AB，其中 $B(8,-7,5)$；

(3) 由原点引该平面的垂线，其垂足为 $D(2,9,-6)$；

(4) 通过点 $M_1(3,4,-5)$ 且平行于两向量 $\boldsymbol{a}=\{3,1,-1\}$，$\boldsymbol{b}=\{1,-2,1\}$ 的平面；

(5) 通过点 $M_1(2,-1,3)$ 和 $M_2(3,1,2)$ 且平行于向量 $\boldsymbol{v}=\{3,-1,-4\}$ 的平面；

(6) 过点 $M_1(3,-5,1)$ 和 $M_2(4,1,2)$ 且垂直于平面 $x-8y+3z-1=0$ 的平面；

(7) 过点 $M(3,2,-4)$ 且在 x 轴和 y 轴上截距分别为 -2 和 -3 的平面；

(8) 通过点 $M_1(2,-1,1)$ 和 $M_2(3,-2,1)$ 且分别平行于三坐标轴的三个平面。

2. 求通过三点 $M_1(3,-1,2)$，$M_2(4,-1,-1)$ 和 $M_3(2,0,2)$ 的平面方程。

3. 求满足下列条件的平面方程。

(1) 通过点 $A(4,-1,2)$ 及 Ox 轴；

(2) 通过点 $B(1,4,-3)$ 及 Oy 轴；

(3) 通过点 $A(7,2,-3)$ 与 $B(5,6,-4)$ 且平行于 Ox 轴；

(4) 通过点 $C(2,-1,1)$ 与 $D(3,1,2)$ 且平行于 Oy 轴。

4. 求下列各平面的坐标式参数方程和一般方程。

(1) 通过点 $M_1(3,1,-1)$ 和 $M_2(1,-1,0)$ 且平行于向量 $\boldsymbol{v}=\{-1,0,2\}$ 的平面；

(2) 通过点 $A(2,0,0)$ 且平行于向量 $\boldsymbol{a}=\{3,-1,0\}$ 与 Oz 轴；

(3) 通过点 $M_1(1,-5,1)$ 和 $M_2(3,2,-2)$ 且垂直于 xOy 坐标面的平面。

5. 化平面方程 $x+2y-z+4=0$ 为截距式与参数式方程。

6. 化平面的参数方程

$$\begin{cases} x = 3 + u - v \\ y = -1 + 2u + v \\ z = 5u - 2v \end{cases}$$

为一般式方程。

7. 已知连接两点 $A(3,10,-5)$ 和 $B(0,12,z)$ 的线段平行于平面 $7x + 4y - z - 1 = 0$，求点 B 的 z 坐标。

8. 已知平面 π 的方程是 $Ax + By + Cz + D = 0$，两点 $M_1(x_1, y_1, z_1)$ 和 $M_2(x_2, y_2, z_2)$ 不在平面 π 上，已知连接 M_1 与 M_2 的直线 l 交平面 π 于点 M，求数 k 的值，使得

$$\overrightarrow{M_1 M} = k\,\overrightarrow{MM_2}$$

9. 确定下列平面方程中哪些是法式方程。

(1) $\frac{1}{3}x - \frac{2}{3}y - \frac{2}{3}z - 5 = 0$；

(2) $\frac{2}{3}x + \frac{1}{3}y - \frac{1}{3}z - 3 = 0$；

(3) $y + 2 = 0$；

(4) $x - 1 = 0$。

10. 将下列平面的一般方程化为法式方程。

(1) $2x - 2y + z - 18 = 0$；

(2) $x - y + 1 = 0$；

(3) $-z + 3 = 0$；

(4) $4x - 4y + 7z = 0$。

11. 计算下列平面的单位法向量的方向余弦，单位向量所在的卦限，以及坐标原点到平面的距离。

(1) $x - 2y + 2z - 6 = 0$；

(2) $2x + 3y - 6z + 4 = 0$。

12. 已知三角形顶点为 $A(0,-7,0)$，$B(2,-1,1)$，$C(2,2,2)$，求平行于 $\triangle ABC$ 所在的平面且与它相距为 2 个单位的平面方程。

13. 求与原点距离为 6 个单位，且在三坐标轴 Ox，Oy 与 Oz 上的截距之比为 $a : b : c = -1 : 3 : 2$ 的平面。

14. 设从坐标原点到平面 $\frac{x}{a} + \frac{y}{b} + \frac{z}{c} = 1$ 的距离为 p，求证

$$\frac{1}{a^2} + \frac{1}{b^2} + \frac{1}{c^2} = \frac{1}{p^2}$$

2.2 空间直线方程

2.2.1 直线的参数方程与对称式方程

在空间给定了一点 M_0 与一个非零向量 $\boldsymbol{v}$,那么过点 M_0 且与向量 $\boldsymbol{v}$ 平行的直线 l 就唯一地被确定,向量 $\boldsymbol{v}$ 叫做直线 l 的方向向量。显然,任何一个与直线 l 平行的非零向量都可以作为直线 l 的方向向量。

下面按给定条件导出直线的方程。

在空间取标架 $\{O;\boldsymbol{e}_1,\boldsymbol{e}_2,\boldsymbol{e}_3\}$,设点 M_0 的坐标为 (x_0,y_0,z_0),它的向径 $\overrightarrow{OM_0}=\boldsymbol{r}_0$,$\boldsymbol{v}=\{X,Y,Z\}$,直线 l 上的任意点 $M(x,y,z)$,它的向径 $\overrightarrow{OM}=\boldsymbol{r}$(图2.6),那么点 M 在直线 l 上的充要条件是向量 $\overrightarrow{M_0M}$ 与 $\boldsymbol{v}\neq\boldsymbol{0}$ 共线,也就是

$$\overrightarrow{M_0M}=t\boldsymbol{v}$$

即

$$\boldsymbol{r}-\boldsymbol{r}_0=t\boldsymbol{v}$$

所以

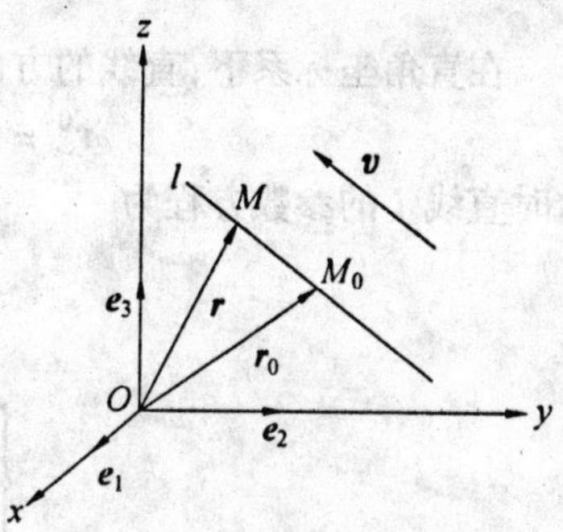

图 2.6

$$\boldsymbol{r}=\boldsymbol{r}_0+t\boldsymbol{v} \tag{2.2.1}$$

式(2.2.1)叫做直线 l 的向量式参数方程,其中 t 为参数。用坐标表示,则有

$$\begin{cases} x=x_0+Xt \\ y=y_0+Yt \\ z=z_0+Zt \end{cases} \tag{2.2.2}$$

式(2.2.2)叫做直线 l 的坐标式参数方程。

从式(2.2.2)消去参数 t,那么得到

$$\frac{x-x_0}{X}=\frac{y-y_0}{Y}=\frac{z-z_0}{Z} \tag{2.2.3}$$

式(2.2.3)叫做直线 l 的对称式方程或直线 l 的标准方程,其中 X,Y,Z 或与它成比例的一组数 $l:m:n$(即 $l:m:n=X:Y:Z$)叫做直线 l 的方向数。

式(2.2.3)中的 X,Y,Z 有可能为零,为此规定:式(2.2.3)中某分式的分母为零时,分子也为零。例如,当 $X=0$ 时,$x-x_0=0$,方程式(2.2.3)应理解为

$$\begin{cases} x = x_0 \\ \dfrac{y - y_0}{Y} = \dfrac{z - z_0}{Z} \end{cases}$$

思考题：

1. 推导通过两点 $M_i(x_i, y_i, z_i)(i = 1,2)$ 确定一条直线的方程为

$$\frac{x - x_1}{x_2 - x_1} = \frac{y - y_1}{y_2 - y_1} = \frac{z - z_1}{z_2 - z_1} \tag{2.2.4}$$

2. 直线平行于坐标轴时的方程形式是什么？直线过原点时可变成怎样的形式？

在直角坐标系下，直线的方向向量常常取单位向量

$$\boldsymbol{v}^0 = \{\cos\alpha, \cos\beta, \cos\gamma\}$$

这时直线 l 的参数方程为

$$\boldsymbol{r} = \boldsymbol{r}_0 + t\boldsymbol{v}^0 \tag{2.2.5}$$

或

$$\begin{cases} x = x_0 + t\cos\alpha \\ y = y_0 + t\cos\beta \\ z = z_0 + t\cos\gamma \end{cases} \tag{2.2.6}$$

直线 l 的对称式方程为

$$\frac{x - x_0}{\cos\alpha} = \frac{y - y_0}{\cos\beta} = \frac{z - z_0}{\cos\gamma} \tag{2.2.7}$$

这时式(2.2.5)中的 t 的绝对值恰好是直线 l 上的两点 M_0 与 M 间的距离，这是因为

$$|t| = |\boldsymbol{r} - \boldsymbol{r}_0| = |\overrightarrow{MM_0}|$$

直线的方向向量的方向角 α,β,γ 与方向余弦 $\cos\alpha,\cos\beta,\cos\gamma$ 分别叫做直线的方向角与方向余弦。由于与 $\boldsymbol{v}^0$ 共线的任何非零向量都可以作为直线 l 的方向向量，因此，$\pi - \alpha, \pi - \beta, \pi - \gamma$，以及 $\cos(\pi - \alpha) = -\cos\alpha, \cos(\pi - \beta) = -\cos\beta, \cos(\pi - \gamma) = -\cos\gamma$ 也可作为直线 l 的方向角和方向余弦。

2.2.2　直线的一般方程

从中学知识知道，两个相交平面的交线是一条直线，因而一条直线也可以写成两相交平面的交线形式

$$l: \begin{cases} A_1x + B_1y + C_1z + D_1 = 0 \\ A_2x + B_2y + C_2z + D_2 = 0 \end{cases} \tag{2.2.8}$$

如果 $A_1:B_1:C_1 \neq A_2:B_2:C_2$,即方程组(2.2.8)中系数行列式

$$\begin{vmatrix} B_1 & C_1 \\ B_2 & C_2 \end{vmatrix}, \begin{vmatrix} C_1 & A_1 \\ C_2 & A_2 \end{vmatrix}, \begin{vmatrix} A_1 & B_1 \\ A_2 & B_2 \end{vmatrix}$$

不全为零,方程组(2.2.8)叫做直线的一般方程。

直线的一般方程和标准方程之间可以互相转化,由标准方程化为一般方程很容易,这是因为在式(2.2.3)中,X,Y,Z 不全为零,不妨设 $Z \neq 0$,则式(2.2.3)可以改写成

$$\begin{cases} \dfrac{x-x_0}{X} = \dfrac{z-z_0}{Z} \\ \dfrac{y-y_0}{Y} = \dfrac{z-z_0}{Z} \end{cases}$$

经整理得下列形式

$$\begin{cases} x = az + c \\ y = bz + d \end{cases} \tag{2.2.9}$$

式中,$a = \dfrac{X}{Z}, b = \dfrac{Y}{Z}, c = x_0 - \dfrac{X}{Z}z_0, d = y_0 - \dfrac{Y}{Z}z_0$,显然这是一个特殊的一般方程,式(2.2.3)表示的直线 l 可以看做是用式(2.2.9)中表示的两个平面的交线,而这两个平面是通过该直线且分别平行于 Oy 轴与 Ox 轴的平面,在直角坐标系下它们又分别垂直于坐标面 xOz 与 yOz(图 2.7)。过直线 l 垂直于坐标平面的平面,叫做直线 l 对坐标平面的射影平面。我们把式(2.2.9)叫做直线 l 的射影式方程。

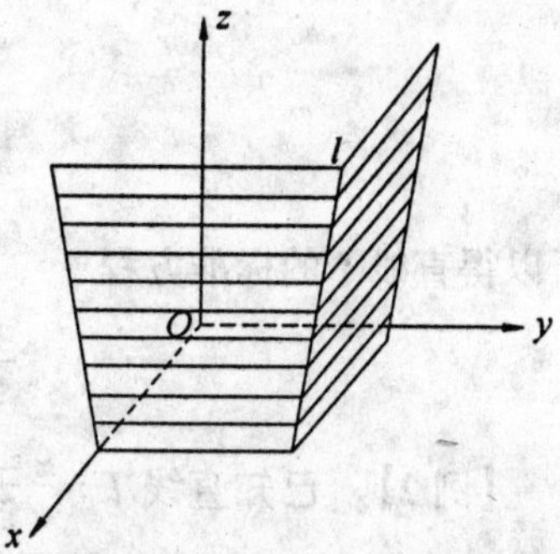

图 2.7

反过来,由一般方程化为标准方程,为此只要取直线上一点(x_0,y_0,z_0)及一个方向向量即可。由于这样的点有无数多个,为了运算上的方便,该点常取作式(2.2.8)与一个坐标面的交点;又因为 $\boldsymbol{v} \perp \boldsymbol{n}_1, \boldsymbol{v} \perp \boldsymbol{n}_2$,这里 $\boldsymbol{n}_1, \boldsymbol{n}_2$ 是式(2.2.8)中两个平面的两个法向量,$\boldsymbol{v}$ 为直线的方向向量,所以取

$$\boldsymbol{v} = \boldsymbol{n}_1 \times \boldsymbol{n}_2 = \{A_1,B_1,C_1\} \times \{A_2,B_2,C_2\} = \left\{ \begin{vmatrix} B_1 & C_1 \\ B_2 & C_2 \end{vmatrix}, \begin{vmatrix} C_1 & A_1 \\ C_2 & A_2 \end{vmatrix}, \begin{vmatrix} A_1 & B_1 \\ A_2 & B_2 \end{vmatrix} \right\}$$

因而所求直线的对称式是

$$\frac{x-x_0}{\begin{vmatrix} B_1 & C_1 \\ B_2 & C_2 \end{vmatrix}}=\frac{y-y_0}{\begin{vmatrix} C_1 & A_1 \\ C_2 & A_2 \end{vmatrix}}=\frac{z-z_0}{\begin{vmatrix} A_1 & B_1 \\ A_2 & B_2 \end{vmatrix}}$$

【例 1】 化直线的一般方程

$$\begin{cases} 3x+2y-z-1=0 \\ 2x-y-2z+3=0 \end{cases}$$

为标准方程。

解法一 在这条直线上任取一点,例如它与 yOz 面的交点,以 $x=0$ 代入得 $y=1,z=1$,那么$(0,1,1)$就是这条直线上一个点。这时

$$\boldsymbol{v}=\boldsymbol{n}_1\times\boldsymbol{n}_2=\{3,2,-1\}\times\{2,-1,-2\}=-\{5,-4,7\}$$

因此,所求直线的标准方程为

$$\frac{x}{5}=\frac{y-1}{-4}=\frac{z-1}{7}$$

解法二 由原方程组分别消去 z 和 y,得直线 l 的射影式方程

$$\begin{cases} y=-\dfrac{4}{5}x+1 \\ z=\dfrac{7}{5}x+1 \end{cases}$$

所以得直线 l 的标准方程

$$\frac{x}{5}=\frac{y-1}{-4}=\frac{z-1}{7}$$

【例 2】 已知直线 $l:\dfrac{x-1}{2}=\dfrac{y+2}{-3}=\dfrac{z-1}{2}$。

(1) 求 l 到 xOy 坐标平面上的射影直线方程。

(2) 求 l 到平面 $\pi:3x+2y-z-5=0$ 的射影直线方程。

解 (1) 过直线 l 作 xOy 面的垂直平面,则该平面与 xOy 坐标面的交线,即为直线 l 在 xOy 坐标面上的射影直线,于是先确定过直线 l 且与 xOy 面垂直的平面。

由已知直线的方向向量 $\boldsymbol{v}=\{2,-3,2\}$,$xOy$ 坐标面的法向量 $\boldsymbol{n}=\{0,0,1\}$,那么过直线 l 的射影平面的法向量为

$$\boldsymbol{N}=\boldsymbol{v}\times\boldsymbol{n}=\{2,-3,2\}\times\{0,0,1\}=\{-3,-2,0\}$$

又射影平面过点$(1,-2,1)$,因此其射影平面方程为

$$-3(x-1)-2(y+2)=0$$

从而得直线 l 的射影直线方程为

$$\begin{cases}3x+2y+1=0\\z=0\end{cases}$$

(2) 类同(1) 的分析方法，所求通过直线且射影到平面 π 的射影平面的法向量为

$$\boldsymbol{N}=\boldsymbol{v}\times\boldsymbol{n}=\{2,-3,2\}\times\{3,2,-1\}=\{-1,8,13\}$$

从而，所求直线 l 的射影直线的方程是

$$\begin{cases}x-8y-13z-4=0\\3x+2y-z-5=0\end{cases}$$

习　　题

1. 求下列各直线的方程。

(1) 求过点 $A(3,-1,2)$，$B(2,1,1)$ 的直线；

(2) 求过点 $A(2,3,-5)$，且平行于直线 $\begin{cases}3x-y+2z-7=0\\x+3y-2z+3=0\end{cases}$ 的直线方程；

(3) 过点 $P(1,1,-1)$，且与 x,y,z 三轴分别成 120°，45°，60° 的直线；

(4) 过点 $M(2,-3,-5)$，且与平面 $6x-3y-5z+2=0$ 垂直的直线；

(5) 过点 $M(1,0,-2)$，且与两直线 $\dfrac{x-1}{1}=\dfrac{y}{1}=\dfrac{z+1}{-1}$ 和 $\dfrac{x}{1}=\dfrac{y-1}{-1}=\dfrac{z+1}{0}$ 垂直的直线。

2. 求下列各点的坐标。

(1) 在直线 $\dfrac{x-1}{2}=\dfrac{y-8}{1}=\dfrac{z-8}{3}$ 上与原点相距 25 个单位的点；

(2) 求点 $A(2,-1,3)$ 在直线 $\begin{cases}x=3t\\y=5t-7\\z=2t+2\end{cases}$ 上的投影点；

(3) 求点 $P(5,2,-1)$ 在平面 $2x-y+3z+23=0$ 上的投影点；

(4) 关于直线 $\begin{cases}x-y-4z+12=0\\2x+y-2z+3=0\end{cases}$ 与点 $P(2,0,-1)$ 对称的点。

3. 求下列各平面方程。

(1) 过点 $P(2,0,-1)$，且又通过直线 $\dfrac{x+1}{2}=\dfrac{y}{-1}=\dfrac{z-2}{3}$ 的平面；

(2) 过直线 $\begin{cases}3x-2y+z-3=0\\x-2z=0\end{cases}$，且垂直于平面 $x-2y+z+5=0$ 的平面；

(3) 通过直线$\frac{x-2}{1}=\frac{y+3}{-5}=\frac{z+1}{-1}$且与直线

$$\begin{cases}2x-y+z-3=0\\x+2y-z-5=0\end{cases}$$

平行的平面；

(4) 通过直线$\begin{cases}5x+8y-3z+9=0\\2x-4y+z-1=0\end{cases}$向三坐标面所引的三个射影平面。

4. 化下列直线的一般方程为标准方程，并求出直线的方向余弦。

(1) $\begin{cases}2x+y-z+1=0\\3x-y-2z-3=0\end{cases}$；

(2) $\begin{cases}x+y-6=0\\2x-4y-z+6=0\end{cases}$。

5. 求直线$\begin{cases}5x-4y-2z-5=0\\x+2z-2=0\end{cases}$在平面$2x-y+z-1=0$上的射影直线方程。

6. 求将直线

$$\begin{cases}3x+2y-z-1=0\\2x-3y+2z+2=0\end{cases}$$

投影到平面$x+2y+3z-5=0$时所形成的射影平面方程。

2.3 位置关系

本节讨论的位置关系主要是平面与平面，平面与直线，直线与直线之间的位置关系，包括平行、重合、相交等。

2.3.1 两平面的相关位置

空间两平面的相关位置有三种：相交、平行和重合。

在仿射坐标系下，设两平面的方程为

$$\pi_1: A_1x+B_1y+C_1z+D_1=0 \quad (1)$$

$$\pi_2: A_2x+B_2y+C_2z+D_2=0 \quad (2)$$

那么两平面π_1与π_2是相交还是平行或是重合，决定于由方程(1)与(2)组成的线性方程组解的情况。因此我们得到了下面的定理。

【定理1】 两平面π_1与π_2相交的充要条件是

$$A_1 : B_1 : C_1 \neq A_2 : B_2 : C_2 \tag{2.3.1}$$

平行的充要条件是

$$\frac{A_1}{A_2} = \frac{B_1}{B_2} = \frac{C_1}{C_2} \neq \frac{D_1}{D_2} \tag{2.3.2}$$

重合的充要条件是

$$\frac{A_1}{A_2} = \frac{B_1}{B_2} = \frac{C_1}{C_2} = \frac{D_1}{D_2} \tag{2.3.3}$$

在直角坐标系下,由于两平面 π_1,π_2 的法向量分别为

$$\boldsymbol{n}_1 = \{A_1, B_1, C_1\}\ ,\ \boldsymbol{n}_2 = \{A_2, B_2, C_2\}$$

当且仅当 $\boldsymbol{n}_1$ 不平行于 $\boldsymbol{n}_2$ 时,π_1 与 π_2 相交;当且仅当 $\boldsymbol{n}_1 \parallel \boldsymbol{n}_2$ 时,π_1 与 π_2 平行或重合。因此同样可以得到在仿射坐标系下两平面 π_1 与 π_2 相交的充要条件是满足式(2.3.1),平行或重合的充要条件是

$$\frac{A_1}{A_2} = \frac{B_1}{B_2} = \frac{C_1}{C_2} \tag{2.3.4}$$

2.3.2　直线与平面的相关位置

直线与平面的位置关系有三种:相交、平行、直线在平面上。

在仿射坐标系中,设直线 l 与平面 π 的方程分别为

$$l : \frac{x - x_0}{X} = \frac{y - y_0}{Y} = \frac{z - z_0}{Z}$$

$$\pi : Ax + By + Cz + D = 0$$

为了求出直线 l 与平面 π 相互位置关系的条件,可以通过求直线 l 与 π 的交点的解的情况来推得,因此我们得到了下面的定理。

【定理2】　直线 l 和平面 π 的相互位置关系有下面的充要条件:

(1) l 与 π 相交

$$AX + BY + CZ \neq 0 \tag{2.3.5}$$

(2) l 与 π 平行

$$AX + BY + CZ = 0,\ Ax_0 + By_0 + Cz_0 + D \neq 0 \tag{2.3.6}$$

(3) l 在 π 上

$$AX + BY + CZ = 0,\ Ax_0 + By_0 + Cz_0 + D = 0 \tag{2.3.7}$$

在直角坐标系下,平面 π 的法向量 $\boldsymbol{n} = \{A, B, C\}$,直线 l 的方向向量 $\boldsymbol{v} = \{X, Y, Z\}$,从几何上看,直线 l 与平面 π 的相交条件是

$$AX + BY + CZ \neq 0$$

就是 $\boldsymbol{v}$ 不垂直于 $\boldsymbol{n}$；直线 l 与平面 π 平行的条件

$$AX + BY + CZ = 0$$
$$Ax_0 + By_0 + Cz_0 + D \neq 0$$

就是 $\boldsymbol{v} \perp \boldsymbol{n}$，且直线 l 上的点 (x_0, y_0, z_0) 不在平面 π 上；直线 l 在平面 π 上的条件

$$AX + BY + CZ = 0,\ Ax_0 + By_0 + Cz_0 + D = 0$$

就是 $\boldsymbol{v} \perp \boldsymbol{n}$，且直线 l 上的点 (x_0, y_0, z_0) 在平面 π 上。

思考题：

如何推出定理 2?

2.3.3 空间两直线的相关位置

空间两直线的相关位置有异面与共面，在共面中又有相交、平行与重合的三种情况。

设两直线 l_1 与 l_2 的方程为

$$l_1: \frac{x - x_1}{X_1} = \frac{y - y_1}{Y_1} = \frac{z - z_1}{Z_1}$$
$$l_2: \frac{x - x_2}{X_2} = \frac{y - y_2}{Y_2} = \frac{z - z_2}{Z_2}$$

从图 2.8 容易看出，两直线 l_1 与 l_2 的相关位置决定于三向量 $\overrightarrow{M_1M_2}, \boldsymbol{v}_1, \boldsymbol{v}_2$ 的相互关系：

(1) l_1 与 l_2 异面 $\Leftrightarrow \overrightarrow{M_1M_2}, \boldsymbol{v}_1, \boldsymbol{v}_2$ 异面；

(2) l_1 与 l_2 相交 $\Leftrightarrow \overrightarrow{M_1M_2}, \boldsymbol{v}_1, \boldsymbol{v}_2$ 共面且 $\boldsymbol{v}_1$ 与 $\boldsymbol{v}_2$ 不共线；

(3) l_1 与 l_2 平行 $\Leftrightarrow \boldsymbol{v}_1$ 与 $\boldsymbol{v}_2$ 共线，但不与 $\overrightarrow{M_1M_2}$ 共线；

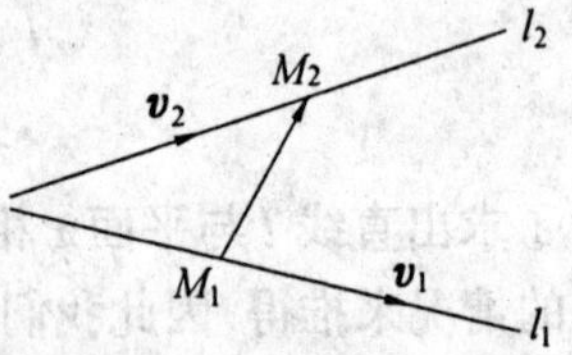

图 2.8

(4) l_1 与 l_2 重合 $\Leftrightarrow \overrightarrow{M_1M_2}, \boldsymbol{v}_1, \boldsymbol{v}_2$ 三向量都共线。

因此我们得到下面定理。

【定理 3】 判定空间两直线 l_1 与 l_2 的相关位置的充要条件是：

(1) 异面

$$\Delta = \begin{vmatrix} x_2 - x_1 & y_2 - y_1 & z_2 - z_1 \\ X_1 & Y_1 & Z_1 \\ X_2 & Y_2 & Z_2 \end{vmatrix} \neq 0 \tag{2.3.8}$$

(2) 相交

$$\Delta = 0,\ X_1 : Y_1 : Z_1 \neq X_2 : Y_2 : Z_2 \tag{2.3.9}$$

(3) 平行

$$X_1 : Y_1 : Z_1 = X_2 : Y_2 : Z_2 \neq (x_2 - x_1) : (y_2 - y_1) : (z_2 - z_1) \tag{2.3.10}$$

(4) 重合

$$X_1 : Y_1 : Z_1 = X_2 : Y_2 : Z_2 = (x_2 - x_1) : (y_2 - y_1) : (z_2 - z_1) \tag{2.3.11}$$

【例 1】　求通过点 $P(1,1,1)$ 且与两直线

$$l_1 : \frac{x}{1} = \frac{y}{2} = \frac{z}{3},\ l_2 : \frac{x-1}{2} = \frac{y-2}{1} = \frac{z-3}{4}$$

都相交的直线的方程。

解　设所求直线的方向向量为 $\boldsymbol{v} = \{X, Y, Z\}$。那么所求直线的方程为

$$\frac{x-1}{X} = \frac{y-1}{Y} = \frac{z-1}{Z}$$

因为 l_1 与 l_2 都相交，而且 l_1 过点 $M_1(0,0,0)$，方向向量为 $\boldsymbol{v}_1 = \{1,2,3\}$，$l_2$ 过点 $M_2(1,2,3)$，方向向量为 $\boldsymbol{v}_2 = \{2,1,4\}$，所以有

$$(\overrightarrow{M_1P}, \boldsymbol{v}_1, \boldsymbol{v}) = \begin{vmatrix} 1 & 1 & 1 \\ 1 & 2 & 3 \\ X & Y & Z \end{vmatrix} = 0$$

即

$$X - 2Y + Z = 0$$

$$(\overrightarrow{M_2P}, \boldsymbol{v}_2, \boldsymbol{v}) = \begin{vmatrix} 0 & -1 & -2 \\ 2 & 1 & 4 \\ X & Y & Z \end{vmatrix} = 0$$

即

$$X + 2Y - Z = 0$$

由上两式得

$$X : Y : Z = 0 : 2 : 4 = 0 : 1 : 2$$

而

$$0 : 1 : 2 \neq 1 : 2 : 3$$

$$0 : 1 : 2 \neq 2 : 1 : 4$$

即 $\boldsymbol{v}$ 不平行于 $\boldsymbol{v}_1$，$\boldsymbol{v}$ 不平行于 $\boldsymbol{v}_2$，故所求直线的方程为

$$\frac{x-1}{0} = \frac{y-1}{1} = \frac{z-1}{2}$$

2.3.4　平面束

把空间中通过同一条直线的所有平面的集合叫做有轴平面束，这条直线叫做平面束的轴，把平面中平行于同一个平面的所有平面的集合叫做平行平面束。

【定理 4】　如果两个平面

$$\pi_1: A_1x + B_1y + C_1z + D_1 = 0$$

$$\pi_2: A_2x + B_2y + C_2z + D_2 = 0$$

交于一条直线 l，那么以直线 l 为轴的有轴平面束的方程是

$$l(A_1x + B_1y + C_1z + D_1) + m(A_2x + B_2y + C_2z + D_2) = 0 \qquad (2.3.11)$$

其中，l,m 是不全为零的任意实数。

证明　首先证明，当任取两不全为零的 l,m 的值时，式(2.3.11) 表示一个平面，把式(2.3.11) 改写成

$$(lA_1 + mA_2)x + (lB_1 + mB_2)y + (lC_1 + mC_2)z + (lD_1 + mD_2) = 0 \quad (2.3.11)'$$

其中系数 $lA_1 + mA_2, lB_1 + mB_2, lC_1 + mC_2$ 不能全为零，否则有 $\frac{A_1}{A_2} = \frac{B_1}{B_2} = \frac{C_1}{C_2}$，这和 π_1 与 π_2 是两相交平面的假设矛盾，因此式(2.3.11)′ 表示一个平面。又因为 π_1 与 π_2 的交点坐标既满足 π_1 的方程，又满足 π_2 的方程，因此必满足方程(2.3.11)，于是式(2.3.11) 总代表通过直线 l 的平面。

其次，对于过直线 l 的任意一个平面 π，都可以适当地选取 l,m 值，使得平面 π 的方程具有式(2.3.11) 的形式。为此只要在平面 π 上选取属于轴 l 上任一点 $M_0(x_0,y_0,z_0)$，那么式(2.3.11) 表示的平面过点 $M_0(x_0,y_0,z_0)$ 的条件是

$$l(A_1x_0 + B_1y_0 + C_1z_0 + D_1) + m(A_2x_0 + B_2y_0 + C_2z_0 + D_2) = 0$$

所以

$$l : m = (A_2x_0 + B_2y_0 + C_2z_0 + D_2) : [-(A_1x_0 + B_1y_0 + C_1z_0 + D_1)]$$

因 $M_0(x_0,y_0,z_0)$ 不在轴上，所以 $A_ix_0 + B_iy_0 + C_iz_0 + D_i\ (i = 1,2)$ 不全为零，因此平面 π 的方程可写为式(2.3.11) 的形式

$$(A_2x_0 + B_2y_0 + C_2z_0 + D_2)(A_1x + B_1y + C_1z + D_1) -$$
$$(A_1x_0 + B_1y_0 + C_1z_0 + D_1)(A_2x + B_2y + C_2z + D_2) = 0$$

类似地有下面的定理。

【定理 5】　如果两个平面

$$\pi_1: A_1x + B_1y + C_1z + D_1 = 0$$

$$\pi_2: A_2x + B_2y + C_2z + D_2 = 0$$

为平行平面,即 $A_1:A_2=B_1:B_2=C_1:C_2$,那么方程式(2.3.11)表示平行于平面 π_1,(及 π_2) 的平面束方程。

【推论】 由平面 $\pi:Ax+By+Cz+D=0$ 决定的平行平面束的方程是

$$Ax+By+Cz+\lambda=0 \tag{2.3.12}$$

其中 λ 为任意实数。

【例 2】 求经过直线 $l_1:\begin{cases}x+y-z+2=0\\4x-3y+z+2=0\end{cases}$,且与直线 $l_2:\begin{cases}z=-x+1\\y=3\end{cases}$ 平行的平面方程。

解 设所求平面的方程为

$$\pi:l(x+y-z+2)+m(4x-3y+z+2)=0$$

即

$$(l+4m)x+(l-3m)y+(-l+m)z+2(l+m)=0$$

而直线 l_2 的方向向量 $\boldsymbol{v}=\{-1,0,1\}$,$l_2$ 平行于平面 π,所以直线 l_2 的方向向量 $\boldsymbol{v}$ 与平面 π 的法向量垂直,即

$$-1(l+4m)+1(-l+m)=0$$

$$2l+3m=0$$

因此 $l:m=-3:2$,所求平面方程为

$$-3(x+y-z+2)+2(4x-3y+z+2)=0$$

即

$$5x-9y+5z-2=0$$

【例 3】 求与平面 $3x+y-z+4=0$ 平行,且过点$(1,-2,3)$的平面方程。

解 设所求平面方程为

$$3x+y-z+\lambda=0$$

因平面过点$(1,-2,3)$,所以该点满足平面方程。由此得

$$3-2-3+\lambda=0$$

所以

$$\lambda=2$$

因此所求方程为

$$3x+y-z+2=0$$

【例 4】 试证两直线

$$l_1:\begin{cases}\pi_1:A_1x+B_1y+C_1z+D_1=0\\\pi_2:A_2x+B_2y+C_2z+D_2=0\end{cases}$$

与

$$l_2:\begin{cases}\pi_3:A_3x+B_3y+C_3z+D_3=0\\\pi_4:A_4x+B_4y+C_4z+D_4=0\end{cases}$$

在同一平面上的充要条件

$$\begin{vmatrix} A_1 & B_1 & C_1 & D_1 \\ A_2 & B_2 & C_2 & D_2 \\ A_3 & B_3 & C_3 & D_3 \\ A_4 & B_4 & C_4 & D_4 \end{vmatrix} = 0$$

证明 设直线 l_1, l_2 在同一个平面上，则该平面既属于以 l_1 为轴的平面，又属于以 l_2 为轴的平面，因此两直线 l_1 与 l_2 在同一平面上的充要条件是存在不全为零的实数 $\lambda_1, \lambda_2, \lambda_3, \lambda_4$，使得

$$\lambda_1(A_1x + B_1y + C_1z + D_1) + \lambda_2(A_2x + B_2y + C_2z + D_2) \equiv$$
$$m[\lambda_3(A_3x + B_3y + C_3z + D_3) + \lambda_4(A_4x + B_4y + C_4z + D_4)]$$

其中 $m \neq 0$。化简整理得

$$(\lambda_1A_1 + \lambda_2A_2 - m\lambda_3A_3 - m\lambda_4A_4)x + (\lambda_1B_1 + \lambda_2B_2 - m\lambda_3B_3 - m\lambda_4B_4)y +$$
$$(\lambda_1C_1 + \lambda_2C_2 - m\lambda_3C_3 - m\lambda_4C_4)z + (\lambda_1D_1 + \lambda_2D_2 - m\lambda_3D_3 - m\lambda_4D_4) \equiv 0$$

所以有

$$\begin{cases} \lambda_1A_1 + \lambda_2A_2 - m\lambda_3A_3 - m\lambda_4A_4 = 0 \\ \lambda_1B_1 + \lambda_2B_2 - m\lambda_3B_3 - m\lambda_4B_4 = 0 \\ \lambda_1C_1 + \lambda_2C_2 - m\lambda_3C_3 - m\lambda_4C_4 = 0 \\ \lambda_1D_1 + \lambda_2D_2 - m\lambda_3D_3 - m\lambda_4D_4 = 0 \end{cases}$$

因为 $\lambda_1, \lambda_2, \lambda_3, \lambda_4$ 不全为零，所以有

$$\begin{vmatrix} A_1 & A_2 & -mA_3 & -mA_4 \\ B_1 & B_2 & -mB_3 & -mB_4 \\ C_1 & C_2 & -mC_3 & -mC_4 \\ D_1 & D_2 & -mD_3 & -mD_4 \end{vmatrix} = 0$$

而 $m \neq 0$。因此两直线 l_1, l_2 共面的充要条件是

$$\begin{vmatrix} A_1 & B_1 & C_1 & D_1 \\ A_2 & B_2 & C_2 & D_2 \\ A_3 & B_3 & C_3 & D_3 \\ A_4 & B_4 & C_4 & D_4 \end{vmatrix} = 0$$

习　题

1. 判断下列各对平面的相关位置。

(1) $2x-y+z-7=0, x+y+2z-11=0$;

(2) $x-2y+3z-1=0, 2x-4y+6z+1=0$;

(3) $x-2y+4z+1=0, 2x-4y+8z+2=0$。

2. 分别在下列条件下确定 l, m, n 的值。

(1) 使 $(l-3)x+(m+1)y+(n-3)z+8=0$ 和 $(m+3)x+(n-9)y+(l-3)z-16=0$ 表示同一平面;

(2) 使 $2x+my+3z-5=0$ 与 $lx-6y-6z+2=0$ 表示二平行平面;

(3) 使 $lx+y-3z+1=0$ 与 $7x-2y-z=0$ 表示二互相垂直的平面。

3. 判断下列直线与平面的相关位置;若直线与平面相交,求出交点坐标。

(1) 直线 $\frac{x-12}{4}=\frac{y-9}{3}=\frac{z-1}{1}$,平面 $3x+5y-z-2=0$;

(2) 直线 $\frac{x-13}{8}=\frac{y-1}{2}=\frac{z-4}{3}$,平面 $x+2y-4z+1=0$;

(3) 直线 $\begin{cases}2x+3y+6z-10=0\\x+y+z+5=0\end{cases}$,平面 $y+4z+17=0$。

4. 确定直线 $\begin{cases}A_1x+B_1y+C_1z=0\\A_2x+B_2y+C_2z=0\end{cases}$ 和平面 $(A_1+A_2)x+(B_1+B_2)y+(C_1+C_2)z=0$ 的相互位置。

5. 直线方程 $\begin{cases}A_1x+B_1y+C_1z+D_1=0\\A_2x+B_2y+C_2z+D_2=0\end{cases}$ 的系数满足什么条件才能满足:(1) 直线与 x 轴相交;(2) 直线与 x 轴平行;(3) 直线与 x 轴重合。

6. 判断下列各对直线的相互位置。

(1) $\frac{x+1}{3}=\frac{y-1}{3}=\frac{z-2}{1}$ 与 $\frac{x}{-1}=\frac{y-6}{2}=\frac{z+5}{3}$;

(2) $\begin{cases}x-2y+2z=0\\3x+2y-6=0\end{cases}$ 与 $\begin{cases}x+2y-z-11=0\\2x+z-14=0\end{cases}$;

(3) $\begin{cases}x=t\\y=2t+1\\z=-t-2\end{cases}$ 与 $\frac{x-1}{4}=\frac{y-4}{7}=\frac{z+2}{-5}$。

7. 求通过直线 $\frac{x-1}{2}=\frac{y}{1}=\frac{z}{-1}$,且平行于直线 $\frac{x}{2}=\frac{y}{1}=\frac{z+1}{-2}$ 的平面。

8. 求过直线 $\begin{cases}2x-y-2z+1=0\\x+y+4z-2=0\end{cases}$,并在 y 轴和 z 轴上有相同的非零截距的平面方程。

9.求通过点 $P(1,0,-2)$ 而与平面 $3x-y+2z-1=0$ 平行，且与直线 $\frac{x-1}{4}=\frac{y-3}{-2}=\frac{z}{1}$ 相交的直线方程。

10.求通过点 $P(4,0,-1)$，且与两直线

$$\begin{cases}x+y+z=1\\2x-y-z=2\end{cases}与\begin{cases}x-y-z=3\\2x+4y-z=4\end{cases}$$

都相交的直线。

11.求与直线 $\frac{x+2}{8}=\frac{y-1}{7}=\frac{z-3}{1}$ 平行且和下列两直线相交的直线。

(1) $\begin{cases}z=5x-6\\z=4x+3\end{cases}$ 与 $\begin{cases}z=2x-4\\z=3y+5\end{cases}$；

(2) $\begin{cases}x=2t-3\\y=3t+5\\z=t\end{cases}$ 与 $\begin{cases}x=5t+10\\y=4t-7\\z=t\end{cases}$。

12.求过点 $(2,-1,3)$，且与直线 $\frac{x-1}{-1}=\frac{y}{0}=\frac{z-2}{2}$ 垂直相交的直线方程。

13.若直线 l 过点 $P_0(1,2,3)$，且与直线 $l_1: x=y=\frac{z}{3}$ 相交，又与直线 $l_2: \frac{x-1}{2}=\frac{y-3}{1}=\frac{z-3}{4}$ 垂直，求直线 l 的方程。

14.设一平面与平面 $x+3y+2z=0$ 平行，且与三坐标平面围成的四面体体积为 6，求这个平面的方程。

15.直线方程

$$\begin{cases}A_1x+B_1y+C_1z+D_1=0\\A_2x+B_2y+C_2z+D_2=0\end{cases}$$

的系数应满足什么条件才能使该直线在坐标平面 xOz 内。

2.4 度量关系

度量关系在这里是指图形间的距离和角度，本节主要讨论的是点到平面和点到直线、直线与直线间的距离，及直线与直线、直线与平面、平面与平面的夹角。

2.4.1　距离

1. 点到平面的距离

在空间中点与平面的相关位置有两种，一种是点在平面上，另一种是点不在平面上，点在平面上的条件是点的坐标满足平面方程，下面我们在直角坐标系下讨论点不在平面上的情况。

在求点到平面的距离之前，我们先引进点关于平面的离差的概念。

【定义1】　如果自点 M_0 向平面 π 引垂线，其垂足为 Q，那么向量 $\overrightarrow{QM_0}$ 在平面 π 的单位法向量 $\boldsymbol{n}^0$ 上的射影叫做点 M_0 与平面 π 间的离差，记作

$$\delta = \mathrm{Pr}_{j\boldsymbol{n}^0}\overrightarrow{QM_0} \tag{2.4.1}$$

容易看出，空间点与平面间的离差，当且仅当点 M_0 位于平面 π 的单位法向量 $\boldsymbol{n}^0$ 所指向的一侧，$\overrightarrow{QM_0}$ 与 $\boldsymbol{n}^0$ 同向，离差 $\delta > 0$；在平面 π 的另一侧，$\overrightarrow{QM_0}$ 与 $\boldsymbol{n}^0$ 方向相反(图2.9)，离差 $\delta < 0$；当且仅当 M_0 在平面 π 上时，离差 $\delta = 0$。

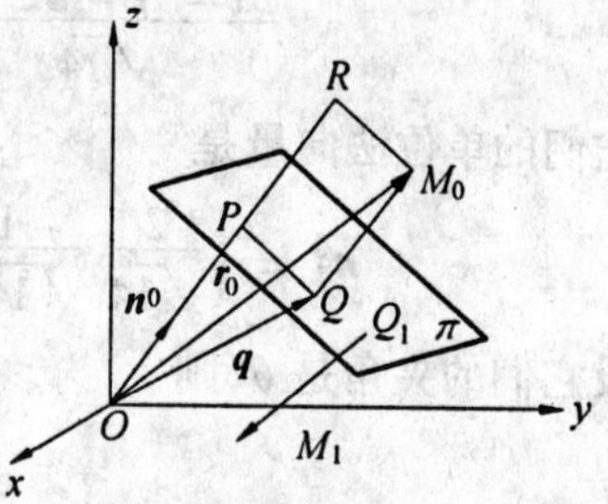

图 2.9

显然，离差的绝对值 $|\delta|$ 就是点 M_0 与平面 π 之间的距离。

【定理1】　点 M_0 与平面(2.1.10)间的离差为

$$\delta = \boldsymbol{n}^0 \cdot \boldsymbol{r}_0 - p \tag{2.4.2}$$

其中 $\boldsymbol{r}_0 = \overrightarrow{OM_0}$。

证明　依定义1，有

$$\delta = \mathrm{Pr}_{j\boldsymbol{n}^0}\overrightarrow{QM_0} = \boldsymbol{n}^0 \cdot (\overrightarrow{OM_0} - \overrightarrow{OQ}) = \boldsymbol{n}^0 \cdot (\boldsymbol{r}_0 - \boldsymbol{q}) = \boldsymbol{n}^0 \cdot \boldsymbol{r}_0 - \boldsymbol{n}^0\boldsymbol{q}$$

而点 Q 在平面(2.1.10)上，故 $\boldsymbol{n}^0\boldsymbol{q} = p$，所以

$$\delta = \boldsymbol{n}^0\boldsymbol{r}_0 - p$$

【推论1】　点 $M_0(x_0, y_0, z_0)$ 与平面(2.1.11)间的离差是

$$\delta = x_0\cos\alpha + y_0\cos\beta + z_0\cos\gamma - p \tag{2.4.3}$$

【推论2】　点 $M_0(x_0, y_0, z_0)$ 与平面 $Ax + By + Cz + D = 0$ 间的距离为

$$d = \frac{|Ax_0 + By_0 + Cz_0 + D|}{\sqrt{A^2 + B^2 + C^2}} \tag{2.4.4}$$

平面 $\pi: Ax + By + Cz + D = 0$ 把空间中的所有不在平面 π 上的点分成两部分，位于平面 π 的同侧的所有点，离差的符号相同；位于平面 π 两侧的点，δ 有不同的符号。于是坐标满足不等式 $Ax + By + Cz + D > 0$ 的所有点都在平面 π 的

同一侧，而坐标满足不等式 $Ax+By+Cz+D<0$ 的所有点都在平面 π 的另一侧。

【例 1】　已知两个相交平面 $2x-y+3z-5=0$ 和 $3x+2y-z-3=0$，问：

(1) 含原点的二面角是锐角还是钝角？

(2) 点 $(2,-1,3)$ 及原点在这两个平面所成的同一二面角内，还是在相邻二面角内？还是在对顶二面角内？

解　(1) 首先将已知平面方程化成法式方程，得

$$\frac{2x-y+3z-5}{\sqrt{14}}=0 \text{ 和 } \frac{3x+2y-z-3}{\sqrt{14}}=0$$

它们的单位法向量是

$$\boldsymbol{n}_1^0=\left\{\frac{2}{\sqrt{14}},\frac{-1}{\sqrt{14}},\frac{3}{\sqrt{14}}\right\} \text{ 和 } \boldsymbol{n}_2^0=\left\{\frac{3}{\sqrt{14}},\frac{2}{\sqrt{14}},\frac{-1}{\sqrt{14}}\right\}$$

设它们的夹角是 θ，则

$$\cos\theta=\boldsymbol{n}_1^0\cdot\boldsymbol{n}_2^0=\frac{1}{14}$$

即两个法向量的夹角是锐角，故含原点的二面角是钝角。

(2) 点 $(2,-1,3)$ 到两平面的离差分别是

$$\delta_1=\frac{9}{\sqrt{14}},\ \delta_2=-\frac{2}{\sqrt{14}}$$

它们与原点到两平面的距离 $p_1=\dfrac{5}{\sqrt{14}},p_2=\dfrac{3}{\sqrt{14}}$ 不具有相同的符号，因此这点及原点在相邻的二面角内。

【例 2】　试求由平面 $\pi_1:2x-y+2z-3=0$ 与 $\pi_2:3x+2y-6z-1=0$ 所构成的二面角的角平分面方程，在此二面角内有点 $M_1(1,2,-3)$。

解　设角平分面上的任意一点 $M(x,y,z)$，则它到平面 π_1,π_2 的距离相等，于是有

$$\frac{|2x-y+2z-3|}{\sqrt{2^2+(-1)^2+2^2}}=\frac{|3x+2y-6z-1|}{\sqrt{3^2+2^2+(-6)^2}}$$

即

$$\pi_3:5x-13y+32z-18=0$$

$$\pi_4:23x-y-4z-24=0$$

在 π_4 上任取一点 $N(0,0,-6)$，由于 $\delta_1(M_1)=-9<0,\delta_1(N)=-15<0$；$\delta_2(M_1)=24>0,\delta_2(N)=7>0$；这说明 M_1,N 既在 π_1 的同侧，又在 π_2 的同侧，

从而它们在同一个由 π_1,π_2 所构成的二面角内，因而 π_4 为所求的角平分面方程。

2. **点到直线的距离**

空间直线与点的相关位置有两种，即点在直线上与点不在直线上，点在直线上的条件是点的坐标满足直线的方程，当点不在直线上时，我们来求点到直线的距离。

在空间直角坐标系下，给定空间一点 $M_0(x_0,y_0,z_0)$ 与直线

$$l:\frac{x-x_1}{X}=\frac{y-y_1}{Y}=\frac{z-z_1}{Z}$$

这里 $M_1(x_1,y_1,z_1)$ 为直线 l 上的一点，$\boldsymbol{v}=\{X,Y,Z\}$ 为直线的方向向量，由图2.10可以看出，不在 l 上的点 M_0 到直线 l 的距离 d 是以 $\overrightarrow{M_1M_0},\boldsymbol{v}$ 为邻边的平行四边形的底边 $\boldsymbol{v}$ 上的高，因此有

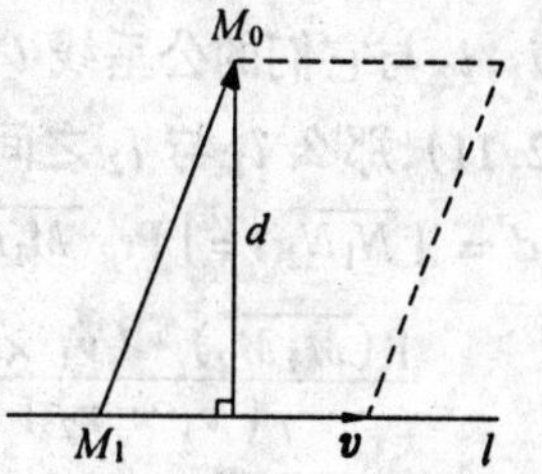

图2.10

$$d=\frac{|\overrightarrow{M_1M_0}\times\boldsymbol{v}|}{|\boldsymbol{v}|}=\frac{\sqrt{\begin{vmatrix}y_0-y_1 & z_0-z_1\\ Y & Z\end{vmatrix}^2+\begin{vmatrix}z_0-z_1 & x_0-x_1\\ Z & X\end{vmatrix}^2+\begin{vmatrix}x_0-x_1 & y_0-y_1\\ X & Y\end{vmatrix}^2}}{\sqrt{X^2+Y^2+Z^2}}\tag{2.4.5}$$

3. **两条直线之间的距离**

【定义2】　空间两条直线上的点之间的最短距离叫做两条直线之间的距离。

如果两直线相交或重合，则直线间的距离等于零。

如果两条直线平行，那么两平行线间的距离等于其中一直线上任一点到另一直线的距离。

【定义3】　分别与两条异面直线都垂直相交的直线叫做两异面直线的公垂线，两垂足的连线段称为公垂线段。

思考题：

两条异面直线的公垂线是否存在而且唯一？

两异面直线间的距离就等于它们的公垂线段的长。

命题1　设两条异面直线 l_1,l_2 分别过点 M_1,M_2，方向向量分别为 $\boldsymbol{v}_1,\boldsymbol{v}_2$，则 l_1 与 l_2 之间的距离

$$d=\frac{|(\overrightarrow{M_1M_2},\boldsymbol{v}_1,\boldsymbol{v}_2)|}{|\boldsymbol{v}_1\times\boldsymbol{v}_2|} \tag{2.4.6}$$

证明 设两异面直线 l_1 与 l_2 的方程为

$$l_1:\frac{x-x_1}{X_1}=\frac{y-y_1}{Y_1}=\frac{z-z_1}{Z_1} \tag{1}$$

$$l_2:\frac{x-x_2}{X_2}=\frac{y-y_2}{Y_2}=\frac{z-z_2}{Z_2} \tag{2}$$

l_1,l_2 与它们的公垂线 l 的交点分别为 N_1,N_2(图 2.11),那么 l_1 与 l_2 之间的距离

$$d=|\overrightarrow{N_1N_2}|=|\mathrm{Pr}_{jl}\ \overrightarrow{M_1M_2}|=|\mathrm{Pr}_{j\boldsymbol{v}_1\times\boldsymbol{v}_2}\ \overrightarrow{M_1M_2}|=\frac{|(\overrightarrow{M_1M_2})\cdot(\boldsymbol{v}_1\times\boldsymbol{v}_2)|}{|\boldsymbol{v}_1\times\boldsymbol{v}_2|}=\frac{|(\overrightarrow{M_1M_2},\boldsymbol{v}_1,\boldsymbol{v}_2)|}{|\boldsymbol{v}_1\times\boldsymbol{v}_2|}$$

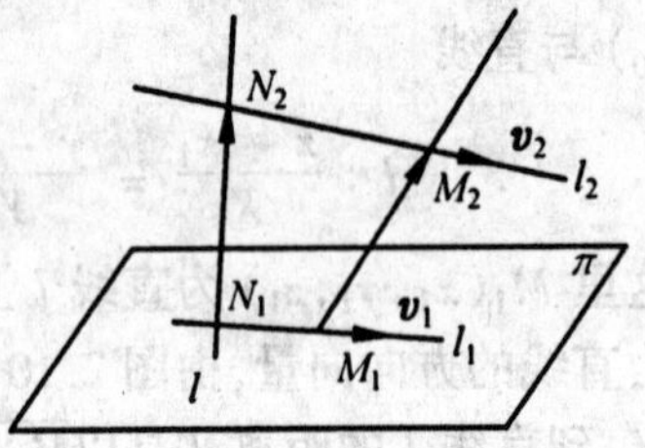

图 2.11

现在来求两异面直线(1),(2) 的公垂线方程。如图 2.12 所示,由于公垂线 l 的方向向量可以取作 $\boldsymbol{v}_1\times\boldsymbol{v}_2$,而公垂线 l 可以看做由过 l_1 上的点 M_1,以 $\boldsymbol{v}_1,\boldsymbol{v}_1\times\boldsymbol{v}_2$ 为方向向量的平面 π_1 与过 l_2 的点 M_2,以 $\boldsymbol{v}_2,\boldsymbol{v}_1\times\boldsymbol{v}_2$ 为方向向量的平面 π_2 的交线,于是由式(2.1.6) 得公垂线 l 的方程为

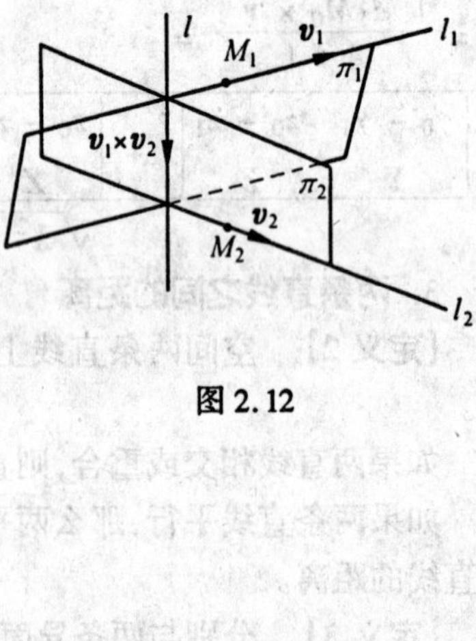

图 2.12

$$\begin{cases}\begin{vmatrix}x-x_1 & y-y_1 & z-z_1\\ X_1 & Y_1 & Z_1\\ X & Y & Z\end{vmatrix}=0\\ \begin{vmatrix}x-x_2 & y-y_2 & z-z_2\\ X_2 & Y_2 & Z_2\\ X & Y & Z\end{vmatrix}=0\end{cases} \tag{2.4.7}$$

其中,X,Y,Z 为 $\boldsymbol{v}_1\times\boldsymbol{v}_2$ 的三个分量,即是 l 的方向数。

【例 3】 已知两直线

$$l_1:\frac{x-1}{1}=\frac{y}{-3}=\frac{z}{3},l_2:\frac{x}{2}=\frac{y}{1}=\frac{z}{-2}$$

试证明两直线 l_1 与 l_2 为异面直线,并求 l_1 与 l_2 间的距离及它们公垂线的方程。

证明 因为直线 l_1 过点 $M_1(1,0,0)$,方向向量 $\boldsymbol{v}_1=\{1,-3,3\}$,$l_2$ 过点 $M_2(0,0,0)$,方向向量 $\boldsymbol{v}_2=\{2,1,-2\}$,从而有

$$\Delta=(\overrightarrow{M_1M_2},\boldsymbol{v}_1,\boldsymbol{v}_2)=\begin{vmatrix}-1&0&0\\1&-3&3\\2&1&-2\end{vmatrix}=-3\neq 0$$

所以 l_1 与 l_2 为两异面直线。

又因为 l_1,l_2 的公垂线 l 的方向向量可取为 $\boldsymbol{v}=\boldsymbol{v}_1\times\boldsymbol{v}_2=\{3,8,7\}$,所以 l_1 与 l_2 之间的距离为

$$d=\frac{|(\overrightarrow{M_1M_2},\boldsymbol{v}_1,\boldsymbol{v}_2)|}{|\boldsymbol{v}_1\times\boldsymbol{v}_2|}=\frac{3}{\sqrt{122}}=\frac{3}{122}\sqrt{122}$$

根据式(2.4.7)得公垂线 l 的方程为

$$\begin{cases}\begin{vmatrix}x-1&y&z\\1&-3&3\\3&8&7\end{vmatrix}=0\\ \begin{vmatrix}x&y&z\\2&1&-2\\3&8&7\end{vmatrix}=0\end{cases}$$

即

$$\begin{cases}45x-27y-17z-45=0\\23x-20y+13z=0\end{cases}$$

【例4】 求点 $M(1,0,1)$ 到直线 $l:x=\dfrac{y-2}{2}=-z$ 的距离。

解 直线的方向向量为 $\boldsymbol{v}=\{1,2,-1\}$,点 $M(1,0,1)$ 与直线上点 $M_1(0,2,0)$ 构成的向量 $\overrightarrow{M_1M}=\{1,-2,1\}$,则由式(2.4.5)得点 M 到直线 l 的距离

$$d=\frac{|\overrightarrow{M_1M}\times\boldsymbol{v}|}{|\boldsymbol{v}|}=\frac{|(0,-2,-4)|}{\sqrt{1^2+2^2+(-1)^2}}=\frac{\sqrt{20}}{\sqrt{6}}=\frac{\sqrt{30}}{3}$$

2.4.2 角度

两平面相交,直线与平面相交,两直线相交都涉及角度问题,我们可以利用向量的数性积与夹角的关系求这些角。

1.平面与平面的夹角

平面与平面的夹角,是指两平面交成两个相邻二面角中的任何一个。由中学知识已经知道,两个二面角中的一个等于两个平面的法向量之间的夹角(图2.13)。

设两个平面的方程为

$$\pi_1: A_1x + B_1y + C_1z + D_1 = 0$$

$$\pi_2: A_2x + B_2y + C_2z + D_2 = 0$$

平面 π_1,π_2 间的夹角为 $\angle(\pi_1,\pi_2)$，两平面的法向量 $\boldsymbol{n}_1,\boldsymbol{n}_2$ 的夹角为 $\theta = \angle(\boldsymbol{n}_1,\boldsymbol{n}_2)$。那么有 $\angle(\pi_1,\pi_2) = \theta$ 或 $\angle(\pi_1,\pi_2) = \pi - \theta$。因此我们有

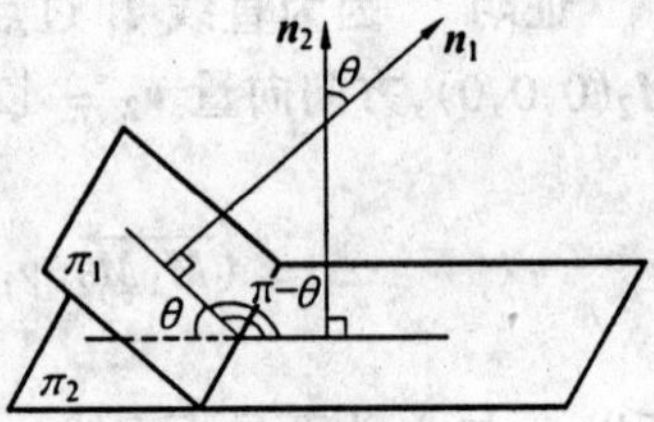

图 2.13

$$\cos\angle(\pi_1,\pi_2) = \pm\cos\theta = \pm\frac{\boldsymbol{n}_1\cdot\boldsymbol{n}_2}{|\boldsymbol{n}_1|\cdot|\boldsymbol{n}_2|} = \pm\frac{A_1A_2 + B_1B_2 + C_1C_2}{\sqrt{A_1^2 + B_1^2 + C_1^2}\sqrt{A_2^2 + B_2^2 + C_2^2}} \tag{2.4.8}$$

【推论 1】　两平面 π_1 与 π_2 互相垂直的充要条件是

$$A_1A_2 + B_1B_2 + C_1C_2 = 0$$

2. 直线与平面的夹角

直线与平面的夹角是这条直线与它在这平面上的射影所成的锐角(包括直角情况)(图 2.14)。

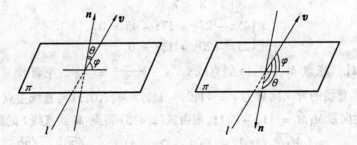

图 2.14

已知平面 π 和直线 l 相交，且它们的方程分别是

$$\pi: Ax + By + Cz + D = 0$$

$$l: \frac{x - x_0}{X} = \frac{y - y_0}{Y} = \frac{z - z_0}{Z}$$

则 $\boldsymbol{n} = \{A,B,C\}$ 为平面 π 的法向量，$\boldsymbol{v} = \{X,Y,Z\}$ 为直线 l 的方向向量。

直线 l 与平面 π 的夹角 φ，可以由直线 l 的方向向量 $\boldsymbol{v}$ 与平面 π 的法向量 $\boldsymbol{n}$ 的夹角 $\theta(0 \leqslant \theta \leqslant \pi)$ 来决定，并且有

$$\varphi = \left| \frac{\pi}{2} - \theta \right|$$

因此有

$$\sin\varphi = |\cos\theta| = \frac{|\boldsymbol{n}\cdot\boldsymbol{v}|}{|\boldsymbol{n}||\boldsymbol{v}|} = \frac{|AX + BY + CZ|}{\sqrt{A^2 + B^2 + C^2}\cdot\sqrt{X^2 + Y^2 + Z^2}} \tag{2.4.9}$$

3. **直线与直线的夹角**

直线与直线的夹角是指它们的方向向量的夹角。

设直线 l_i 的方向向量 $\boldsymbol{v}_i = \{X_i, Y_i, Z_i\}(i = 1,2)$，那么 l_1 与 l_2 的夹角就是 $\angle(l_1, l_2) = \angle(\boldsymbol{v}_1, \boldsymbol{v}_2)$ 或 $\angle(l_1, l_2) = \pi - \angle(\boldsymbol{v}_1, \boldsymbol{v}_2)$，因此有

$$\cos\angle(l_1, l_2) = \pm\cos\angle(\boldsymbol{v}_1, \boldsymbol{v}_2) = \pm\frac{\boldsymbol{v}_1\cdot\boldsymbol{v}_2}{|\boldsymbol{v}_1|\cdot|\boldsymbol{v}_2|} = \pm\frac{X_1X_2 + Y_1Y_2 + Z_1Z_2}{\sqrt{X_1^2 + Y_1^2 + Z_1^2}\cdot\sqrt{X_2^2 + Y_2^2 + Z_2^2}} \tag{2.4.10}$$

【推论 2】 直线 l_1 与 l_2 垂直的充要条件是

$$X_1X_2 + Y_1Y_2 + Z_1Z_2 = 0$$

思考题：

本节各度量关系的计算公式在仿射坐标系中是否成立？为什么？

【例 5】 求直线 $l:\dfrac{x}{2} = \dfrac{y + 12}{3} = \dfrac{z - 4}{6}$ 和平面 $\pi: 6x + 2\sqrt{2}y - 10z = 0$ 的夹角。

解 直线 l 的方向向量为 $\boldsymbol{v} = \{2,3,6\}$，平面 π 的法向量 $\boldsymbol{n} = \{6, 2\sqrt{2}, -10\}$，则

$$\sin\varphi = |\cos(\boldsymbol{n}, \boldsymbol{v})| = \frac{|\boldsymbol{n}\cdot\boldsymbol{v}|}{|\boldsymbol{n}||\boldsymbol{v}|} = \frac{|AX + BY + CZ|}{\sqrt{A^2 + B^2 + C^2}\cdot\sqrt{X^2 + Y^2 + Z^2}} = \frac{|6\sqrt{2} - 48|}{84} = \frac{8 - \sqrt{2}}{14}$$

那么有

$$\varphi = \arcsin\frac{8 - \sqrt{2}}{14}$$

【例 6】 求通过 Oz 轴且与平面 $2x + y - \sqrt{5}z + 7 = 0$ 的夹角为 $\dfrac{\pi}{3}$ 的平面方程。

解 设过 Oz 轴的平面方程为 $Ax + By = 0$，它与已知平面成 $\dfrac{\pi}{3}$ 角，由式

(2.4.8) 有

$$\cos\frac{\pi}{3}=\pm\frac{2A+B}{\sqrt{A^2+B^2}\sqrt{2^2+1^2+5}}$$

即

$$3A^2+8AB-3B^2=0$$

解得

$$A=-3B\text{ 或 }A=\frac{1}{3}B$$

故所求平面方程为

$$3x-y=0\text{ 或 }x+3y=0$$

习　题

1. 计算下列点和平面间的离差和距离。

(1) $M(2,-1,-1)$, $16x-12y+15z-4=0$;

(2) $M(-2,-4,3)$, $2x-y+2z+3=0$。

2. 计算下列各对平行平面间的距离,并求到二平行平面距离相等的点的轨迹。

(1) $x-2y-2z-12=0$, $x-2y-2z-6=0$;

(2) $2x-3y+6z-14=0$, $4x-6y+12z+21=0$。

3. 求下列各点的坐标。

(1) 在 y 轴上且到平面 $x+2y-2z-2=0$ 距离等于 4 个单位的点;

(2) 在 z 轴上且到点 $M(1,-2,0)$ 与到平面 $3x-2y+6z-9=0$ 距离相等的点。

4. 导出关于平面 $6x+3y+2z-10=0$ 的离差等于 -3 的点的轨迹方程。

5. 已知四面体的四个顶点为 $S(0,6,4)$, $A(3,5,3)$, $B(-2,11,-5)$, $C(1,-1,4)$。计算从顶点 S 向底面 ABC 所引的高。

6. 已知平面 $\pi: x+2y-3z+4=0$,点 $O(0,0,0)$, $A(1,1,4)$, $B(1,0,-2)$, $C(2,0,2)$, $D(0,0,4)$, $E(1,3,0)$, $F(-1,0,1)$,试区分上述各点哪些在平面 π 的某一侧,哪些在平面 π 的另一侧,哪些点在平面 π 上?

7. 判断点 $M(2,-1,3)$ 与坐标原点在由两个相交平面所构成的同一二面角内,或在相邻二面角内,或在对顶二面角内?

(1) $2x-y+3z-5=0$, $3x+2y-z+3=0$;

(2) $2x+3y-5z-15=0$, $5x-y-3z-7=0$;

(3) $x+5y-z+1=0$, $2x+17y+z+2=0$。

8.求由两个平面 $2x-14y+6z-1=0$，$3x+5y-5z+3=0$ 所构成的二面角的角平分面方程，在这二面角内有坐标原点。

9.求点 $(2,3,-1)$ 到直线 $\begin{cases}2x-2y+z+3=0\\3x-2y+2z+17=0\end{cases}$ 的距离。

10.求到两个平面的距离成定比的点的轨迹。

11.已知三个平行平面 $\pi_i: Ax+By+Cz+D_i=0(i=1,2,3)$，$L,M,N$ 分别属于平面 π_1,π_2,π_3 的任意点，求 $\triangle LMN$ 的重心的轨迹。

12.下列二直线是否是异面直线？如果是异面直线求出它们的距离及公垂线方程。

(1) $l_1: \dfrac{x}{1}=\dfrac{y-1}{-1}=\dfrac{z+1}{0}$，$l_2: \dfrac{x+1}{2}=\dfrac{y-1}{-1}=\dfrac{z}{2}$；

(2) $l_1: \dfrac{x-3}{2}=\dfrac{y}{1}=\dfrac{z-1}{0}$，$l_2: \dfrac{x+1}{1}=\dfrac{y-2}{0}=\dfrac{z}{1}$。

13.求下列各组平面所成的角。

(1) $x-y+\sqrt{2}z-8=0$ 与 $x=0$；

(2) $2x-3y+6z-12=0$，$x+2y+2z-7=0$。

14.求直线 $l: \dfrac{x}{-1}=\dfrac{y-1}{1}=\dfrac{z-1}{2}$ 与平面 $\pi: 2x+y-z-3=0$ 的交点和交角。

15.求两直线 $\dfrac{x-3}{1}=\dfrac{y-2}{-1}=\dfrac{z}{\sqrt{2}}$ 与 $\dfrac{x+2}{1}=\dfrac{y-3}{1}=\dfrac{z+5}{\sqrt{2}}$ 之间的锐角。

16.求两直线 $\begin{cases}x=3t-2\\y=0\\z=-t+3\end{cases}$ 与 $\begin{cases}x=2t-1\\y=0\\z=t-3\end{cases}$ 之间的钝角。

17.求下列平面方程。

(1) 通过点 $M_1(0,0,1)$ 和 $M_2(3,0,0)$ 与坐标面 xOy 成 $60°$ 角的平面；

(2) 过直线 $\dfrac{x+1}{0}=\dfrac{y+2}{2}=\dfrac{z-2}{-3}$ 且与点 $P(4,1,2)$ 的距离等于3的平面；

(3) 过直线 $\begin{cases}x+5y+z=0\\x-z+4=0\end{cases}$ 且与平面 $x-4y-8z+12=0$ 成 $\dfrac{\pi}{4}$ 角的平面。

18.设直线与三个坐标面的交角为 λ,μ,υ。证明：$\cos^2\lambda+\cos^2\mu+\cos^2\upsilon=2$。

19.设 d 和 d' 分别是坐标原点到点 $M(a,b,c)$ 和 $M'(a',b',c')$ 的距离。证明：当 $aa'+bb'+cc'=dd'$ 时直线 MM' 通过原点。

20.求证：$x^2-y^2-z^2+2yz=0$ 表示一对相交平面，并求其所成的夹角。

第3章　特殊曲面

在第2章里,我们以向量为工具,讨论了空间中最简单的几何图形——平面和直线,在空间仿射坐标系或直角坐标系下,它们分别可以用 x,y,z 的一个或两个线性方程来表示,含 x,y,z 的二次方程所表示的曲面称为二次曲面。二次曲面在曲面中占有重要的地位。一方面这些曲面是常见的和常用的曲面;另一方面我们常常用二次曲面来近似地表示一些比较复杂的曲面。

本章引进两种建立曲面的思想:一种是由点产生曲面,另一种是由曲线产生曲面。然后根据几何特征建立几种特殊类型的曲面方程,如柱面、锥面、旋轴曲面,并研究它们的一些性质。

3.1　空间曲面和曲线的方程

空间曲面方程的意义和平面曲线的方程是一样的,可以看做是具有某些特征的点的集合,也可以说适合某种条件的点的轨迹。例如球面就是空间中到定点的距离等于定长的点的轨迹。当选定坐标系后,用点的坐标 x,y 与 z 之间的关系式来表达,一般由方程

$$F(x,y,z)=0 \tag{3.1.1}$$

来表达;反过来,每一个形如式(3.1.1)的方程通常表示空间的一个曲面。例如在空间取定一个坐标系后,假定 $F(x,y,z)=0$,可得到 $z=f(x,y)$,这里 $f(x,y)$ 表示 x,y 的函数,于是 xOy 平面上给定一点 $N_1(x_1,y_1,0)$,一般对应一值 $z_1=f(x_1,y_1)$,点 $M_1(x_1,y_1,z_1)$ 为轨迹上的一点,当我们取点密布于 xOy 平面上一个区域时,则对应轨迹上的点形成一个曲面。

【定义1】　如果方程(3.1.1)与一个曲面之间有下面的关系:

(1) 曲面 S 上所有点的坐标都适合于这个方程;

(2) 坐标适合于这个方程的所有点,都在这个曲面 S 上。

则这样的方程就叫做曲面 S 的方程,反过来这个曲面 S 也叫做这个方程的曲面。

曲面的方程有时没有实点满足它,这时方程不表示任何实图形,我们称它为

虚曲面,如 $x^2+y^2+z^2+1=0$;有时只有一个实点满足它,例如方程 $x^2+y^2+z^2=0$,只有(0,0,0)满足它,因此它只表示坐标原点;也有时代表一条曲线,例如方程 $x^2+y^2=0$,只有当 $x=0,y=0$ 的点 $(0,0,z)$ 能满足它,因而它表示 z 轴,是一条直线。

如果曲面 S 上的坐标表示成两个参数 (u,v) 的函数,由它们给出的方程组

$$\begin{cases} x=x(u,v) \\ y=y(u,v) \\ z=z(u,v) \end{cases} \quad a\leqslant u\leqslant b, c\leqslant v\leqslant d \tag{3.1.2}$$

称为曲面 S 的参数方程,其中对于 (u,v) 的每一对值,由式(3.1.2)确定的点 (x,y,z) 在 S 上;而 S 上任一点的坐标都可以由 (u,v) 的某一对值通过式(3.1.2)表示。于是通过曲面的参数方程(3.1.2),曲面上的点(可能要除去个别点)是可由数对 (u,v) 确定的。

我们知道直线可以看做是两个平面的交线,也就是说它由两个三元一次方程合起来表示。一般地说,空间曲线可以看做两个曲面的交线,于是曲线的方程可以写作

$$\begin{cases} F(x,y,z)=0 \\ G(x,y,z)=0 \end{cases} \tag{3.1.3}$$

【定义2】 设空间一条曲线 Γ,如果曲线 Γ 上每一个点的坐标都满足式(3.1.3)。反之,任何满足式(3.1.3)的数组 (x,y,z) 都是曲线 Γ 上某个点的坐标,那么称式(3.1.3)为曲线 Γ 的一般方程,曲线 Γ 称为方程组(3.1.3)对应的曲线。

如果曲线 Γ 上点的坐标是某个参数 t 的函数,由它们给出的方程组

$$\begin{cases} x=x(t) \\ y=y(t) \\ z=z(t) \end{cases} \quad a\leqslant t\leqslant b \tag{3.1.4}$$

称为曲线 Γ 的参数方程。其中对于 t 的每一个值,由式(3.1.4)确定的点 (x,y,z) 在 Γ 上,而 Γ 上任一点的坐标都可由 t 的某个值通过式(3.1.4)表示。

【例1】 以原点为球心,半径为 R 的球面的直角坐标方程为

$$x^2+y^2+z^2=R^2$$

下面建立球面的参数方程。

设球面的球心在原点,半径为 R。在该球面上任取一点 $P(x,y,z)$,它在 xOy 平面上的射影为 M,连 OP,OM。将 x 轴到 $\overrightarrow{OM}$ 的角度(逆时针方向为正)记作 θ,OM 到 OP 的角度记作 φ(点 P 在 xOy 面上方时,φ 为正,反之为负),则有

$$\begin{cases} x = R\cos\varphi\cos\theta \\ y = R\cos\varphi\sin\theta \quad -\dfrac{\pi}{2} \leqslant \varphi \leqslant \dfrac{\pi}{2}, -\pi \leqslant \theta \leqslant \pi \\ z = R\sin\varphi \end{cases} \tag{3.1.5}$$

式(3.1.5)就是球心在原点，半径为 R 的球面的参数方程，其中参数 φ,θ 分别称为经度和纬度(图3.1)。如果将地球表面近似地看做一个球面，那么地球表面上点的位置就由它的经度和纬度完全决定，因此，经度和纬度又称为地理坐标。

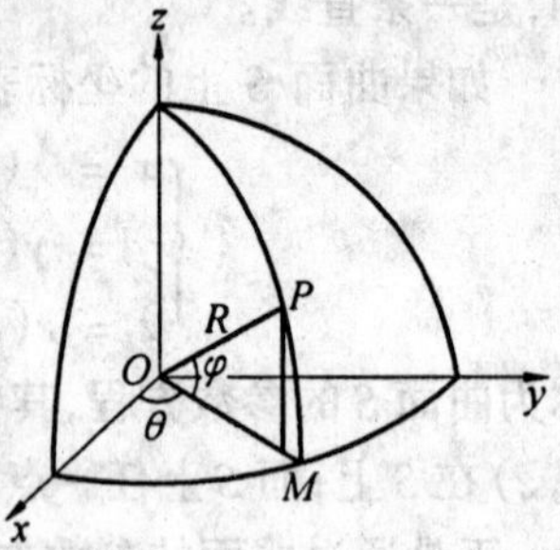

图 3.1

因为空间任一点 $P(x,y,z)$ 必在以原点为球心，以 $R = |\overrightarrow{OP}|$ 为半径的球面上，而球面上的点(除去它与 z 轴的交点外)又由参数 (φ,θ) 唯一确定，因此，除去 z 轴外，空间中的点 P 由有序实数组 (R,φ,θ) 唯一确定，我们把 (R,φ,θ) 称为点 P 的球面坐标。由数组 (R,φ,θ) 建立表示空间点的坐标系为球面坐标系。

点 M 的直角坐标与球面坐标有如下关系

$$\begin{cases} x = R\cos\varphi\cos\theta & 0 \leqslant R < +\infty \\ y = R\cos\varphi\sin\theta & -\dfrac{\pi}{2} \leqslant \varphi \leqslant \dfrac{\pi}{2} \\ z = R\sin\varphi & -\pi < \theta \leqslant \pi \end{cases}$$

三组坐标面分别为：R = 常数，表示以原点 O 为球心的球面；θ = 常数，表示过 z 轴的半平面；φ = 常数，表示以原点 O 为顶点，以 z 轴为中心轴的锥面。

思考题：

求球心在点 (x_0,y_0,z_0)，半径为 R 的球面参数方程。

【例 2】 求以 Oz 为对称轴，到对称轴的距离为 R 的圆柱面方程，其中 R 为圆柱面半径。

解 设点 $M(x,y,z)$ 为柱面上的点，取参数 u,v，其中，$z = v$，u 为过 z 轴及点 M 的平面与 xOz 面所成的角(图3.2)，于是得到

$$\begin{cases} x = R\cos \\ y = R\sin u \quad u0 \leqslant u < 2\pi \\ z = v \quad -\infty < v < +\infty \end{cases} \tag{3.1.6}$$

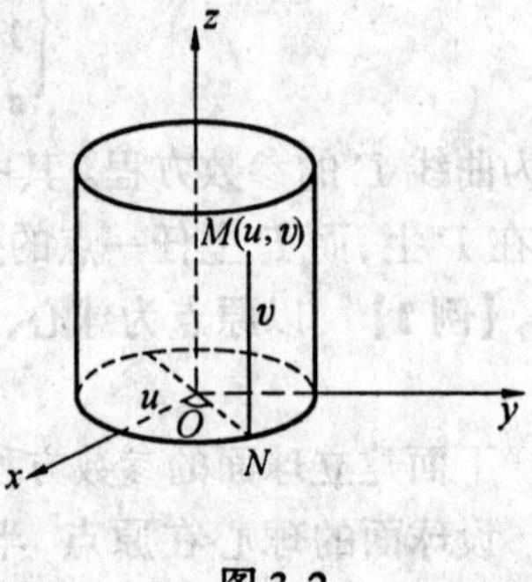

图 3.2

这是柱面的参数方程。

消去参数 u,v，得到圆柱面的一般方程

$$x^2 + y^2 = R^2$$

空间中任一点 $M(x,y,z)$,必在以 $R = \sqrt{x^2 + y^2}$ 为半径,以 z 为对称轴的圆柱面上,由圆柱面的参数方程(3.1.6) 知,圆柱面上的点被有序数对 (u,v) 所确定,从而点 M(z 轴上的点除外) 被有序数组 (R,u,v) 唯一确定。(R,u,v) 称为点 M 的柱面坐标,由有序数组 (R,u,v) 表示空间点的坐标系称为柱面坐标系。显然点 M 的直角坐标与柱面坐标有如下关系

$$\begin{cases} x = R\cos u & 0 \leqslant R < +\infty \\ y = R\sin u & 0 \leqslant u \leqslant 2\pi \\ z = v & -\infty < v < +\infty \end{cases}$$

三组坐标面分别为:

$R =$ 常数,表示以 z 轴为轴的圆柱面;

$u =$ 常数,表示过 z 轴的半平面;

$v =$ 常数,表示与 xOy 平面平行的平面。

【例 3】　讨论方程

$$\begin{cases} x^2 + y^2 + z^2 = 5^2 & (1) \\ z = 4 & (2) \end{cases}$$

所表示的曲线。

解　这条曲线是中心在原点,半径为 5 的球面与平面 $z = 4$ 的交线。

但若将 $z = 4$ 代入式(1),得

$$\begin{cases} x^2 + y^2 = 3^2 \\ z = 4 \end{cases}$$

它和原曲线的方程为等价方程,把原曲线表示为母线平行于 z 轴的圆柱面和平面 $z = 4$ 的交线。(两方程组表示同一个圆)

这个例子告诉我们,表示一条曲线的两个方程可能不只一组。事实上,任何一对相交于这条曲线的两个曲面方程都可作为该曲线的一般方程,而同一曲线的各种不同方程,互为等价方程组。在这些曲线方程中,我们可从式(3.1.3) 中推出一组方程,它是由

$$\begin{cases} \varphi(x,z) = 0 \\ \psi(x,y) = 0 \end{cases}$$

表示。

这两个方程式表示两个柱面(论证见 3.2 节),分别是平行 y 轴和 z 轴,把曲线投影到 zOx 和 xOy 坐标平面上的射影柱面方程,用它们讨论曲线形状比较方便。

习　题

1. 证明:如果 $a^2+b^2+c^2-d^2>0$,那么由方程 $x^2+y^2+z^2+2ax+2by+2cz+d=0$ 给出的曲面是一球面,求出它的球心坐标和半径。

2. 在空间,选取适当的坐标系,求下列点的轨迹方程。

(1) 到两定点的距离之比等于常数的点的轨迹;

(2) 到一定点和一定平面距离之比等于常数的点的轨迹。

3. 求下列各球面方程。

(1) 中心 $(2,-1,3)$,半径 $R=6$;

(2) 一条直径的两个端点是 $(2,-3,5)$ 与 $(4,1,-3)$;

(3) 过原点,中心在 $(4,-4,-2)$。

4. 求由下列各方程所确定的球面的中心和半径。

(1) $x^2+y^2+z^2-4x-2y+2z-19=0$;

(2) $x^2+y^2+z^2-6z=0$;

(3) $36x^2+36y^2+36z^2-36x+24y-72z-95=0$。

3.2 柱面

3.2.1 一般柱面

【定义 1】 在空间中,平行于定方向且与一条定曲线相交的一族平行直线所产生的曲面叫做柱面,定方向叫做柱面的方向,定曲线叫做柱面的准线,那族平行直线中的每一条直线,都叫做柱面的母线。(图 3.3)

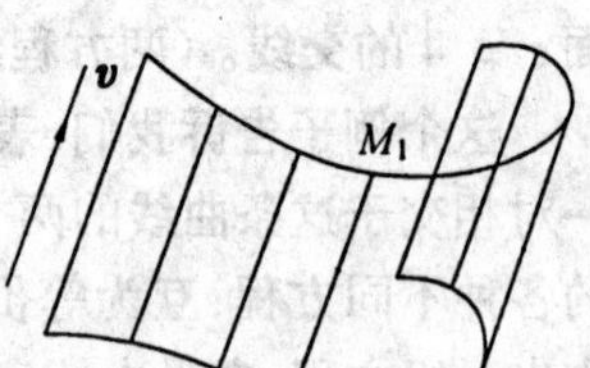

图 3.3

显然,柱面是由它的准线和母线方向完全确定。对于一个柱面,它的准线和母线都不唯一,但母线方向是唯一的,任何一条与所有母线都相交的曲线都可以作为该柱面的准线。我们常用一个和母线垂直的平面(叫做柱面的正截面)去截柱面,以截得的那一条平面曲线(叫做柱面的正截线)作为准线。下面来求柱面方程。

设柱面的准线方程为

$$\begin{cases} F_1(x,y,z)=0 \\ F_2(x,y,z)=0 \end{cases} \tag{1}$$

母线的方向数为 X,Y,Z。如果 $M_1(x_1,y_1,z_1)$ 为准线上的任意一点，那么过点 M_1 的母线方程为

$$\frac{x-x_1}{X}=\frac{y-y_1}{Y}=\frac{z-z_1}{Z} \tag{2}$$

且有

$$F_1(x_1,y_1,z_1)=0,\ F_2(x_1,y_1,z_1)=0 \tag{3}$$

式(2)与(3)两组式子共有四个等式，从这四个等式消去参数 x_1,y_1,z_1 最后得一个三元方程

$$F(x,y,z)=0$$

这就是以式(1)为准线，母线的方向数为 X,Y,Z 的柱面方程。

【例1】 柱面的准线方程为

$$\begin{cases} x^2+y^2+z^2=1 \\ 2x^2+2y^2+z^2=2 \end{cases}$$

而母线的方向数是 $-1,0,1$，求这个柱面的方程。

解 设 $M_1(x_1,y_1,z_1)$ 是准线上的点，那么过 $M_1(x_1,y_1,z_1)$ 的母线为

$$\frac{x-x_1}{-1}=\frac{y-y_1}{0}=\frac{z-z_1}{1}$$

且有

$$x_1^2+y_1^2+z_1^2=1 \tag{4}$$

$$2x_1^2+2y_1^2+z_1^2=2 \tag{5}$$

再设

$$\frac{x-x_1}{-1}=\frac{y-y_1}{0}=\frac{z-z_1}{1}=t$$

那么

$$x_1=x+t,\ y_1=y,\ z_1=z-t \tag{6}$$

式(6)代入式(4)及(5)得

$$(x+t)^2+y^2+(z-t)^2=1 \tag{7}$$

$$2(x+t)^2+2y^2+(z-t)^2=2 \tag{8}$$

以2乘式(7)再减去式(8)，得

$$(z-t)^2=0$$

所以

$$z = t \tag{9}$$

将式(9)代入式(7)或式(8),即得所求的柱面方程为

$$(x+z)^2 + y^2 = 1$$

即

$$x^2 + y^2 + z^2 + 2xz - 1 = 0$$

圆柱面是一种特殊的柱面,由柱面的定义知,柱面可以看做是一条直线按一定规律运动所产生的曲面。若直线在运动中和一条固定直线平行并保持固定距离 R,所产生的曲面就是圆柱面,固定直线是它的轴,固定距离 R 是它的半径。

要求圆柱面的方程,设圆柱面的半径为 R,它的轴 l 过点 $M_0(x_0, y_0, z_0)$,方向向量为 $\boldsymbol{v} = \{X, Y, Z\}$,则 $P(x, y, z)$ 在这一圆柱面上的充要条件是点 P 到轴 l 的距离等于 R。(图 3.4) 即

$$\frac{|\overrightarrow{M_0P} \times \boldsymbol{v}|}{|\boldsymbol{v}|} = R \tag{3.2.1}$$

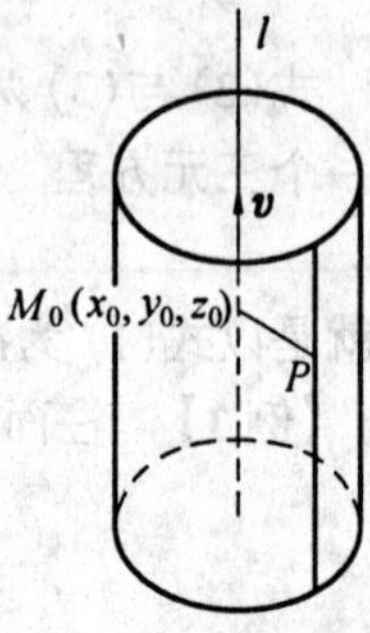

图 3.4

【例 2】 已知圆柱面的轴为 $\frac{x}{1} = \frac{y-1}{-2} = \frac{z+1}{-2}$,点 $(1, -2, 1)$ 在此圆柱面上,求这个圆柱面的方程。

解 因为轴的方向向量为 $\boldsymbol{v} = \{1, -2, -2\}$,轴上的定点为 $M_0(0, 1, -1)$,而圆柱面上的点为 $M_1(1, -2, 1)$,所以 $\overrightarrow{M_0M_1} = \{1, -3, 2\}$,因此点 $M_1(1, -2, 1)$ 到轴的距离为

$$d = \frac{|\overrightarrow{M_0M_1} \times \boldsymbol{v}|}{|\boldsymbol{v}|} = \frac{\sqrt{\begin{vmatrix} -3 & 2 \\ -2 & -2 \end{vmatrix}^2 + \begin{vmatrix} 2 & 1 \\ -2 & 1 \end{vmatrix}^2 + \begin{vmatrix} 1 & -3 \\ 1 & -2 \end{vmatrix}^2}}{\sqrt{1 + (-2)^2 + (-2)^2}} = \frac{\sqrt{117}}{3}$$

再设 $M(x, y, z)$ 为圆柱面上的任意点,那么有

$$\frac{|\overrightarrow{M_0M} \times \boldsymbol{v}|}{|\boldsymbol{v}|} = \frac{\sqrt{117}}{3}$$

即

$$\frac{\sqrt{\begin{vmatrix} y-1 & z+1 \\ -2 & -2 \end{vmatrix}^2 + \begin{vmatrix} z+1 & x \\ -2 & 1 \end{vmatrix}^2 + \begin{vmatrix} x & y-1 \\ 1 & -2 \end{vmatrix}^2}}{\sqrt{1 + (-2)^2 + (-2)^2}} = \frac{\sqrt{117}}{3}$$

化简得圆柱面方程为

$$8x^2 + 5y^2 + 5z^2 + 4xy + 4xz - 8yz - 18y + 19z - 99 = 0$$

3.2.2　母线平行于坐标轴的柱面

方程 $x^2 + y^2 = 5^2$ 在空间中表示一圆柱面,母线平行于所缺变量的坐标轴,即平行 z 轴。

这一结论具有普遍性,它是判断柱面的一种方法。就是说在空间直角坐标系中缺一变量的方程表示一个柱面,它的母线平行于所缺变量的坐标轴。

【定理 1】　给定直角坐标系,不含变量 z 的方程

$$F(x, y) = 0 \tag{3.2.2}$$

表示一个柱面,该柱面母线平行于 z 轴,且以 xOy 平面上曲线

$$\Gamma: \begin{cases} F(x, y) = 0 \\ z = 0 \end{cases} \tag{3.2.3}$$

为准线。反过来,任何一个母线平行于 z 轴的柱面,其方程均可表示成式(3.2.2)的形式。

证明　设 $P_0(x_0, y_0, z_0)$ 是柱面上一点,则过 P_0 与 z 轴平行的直线必在该柱面上。但直线的方程是 $x = x_0, y = y_0$,它和 xOy 面的交点是 $P'(x_0, y_0, 0)$,所以 $F(x_0, y_0) = 0$,这就是说,柱面上的点 $P_0(x_0, y_0, z_0)$ 的坐标满足方程(3.2.2)。

反过来,若点 $P_0(x_0, y_0, z_0)$ 的坐标满足方程(3.2.2),即 $F(x_0, y_0) = 0$,则点$(x_0, y_0, 0)$ 在准线(3.2.3) 上。因此,$P_0(x_0, y_0, z_0)$ 就是平行于 z 轴,并且和 xOy 面交于 $P_0'(x_0, y_0, 0)$ 的直线上的点,也就是说 $P_0(x_0, y_0, z_0)$ 在一个以式(3.2.3) 为准线,母线平行于 z 轴的柱面上(图 3.5)。

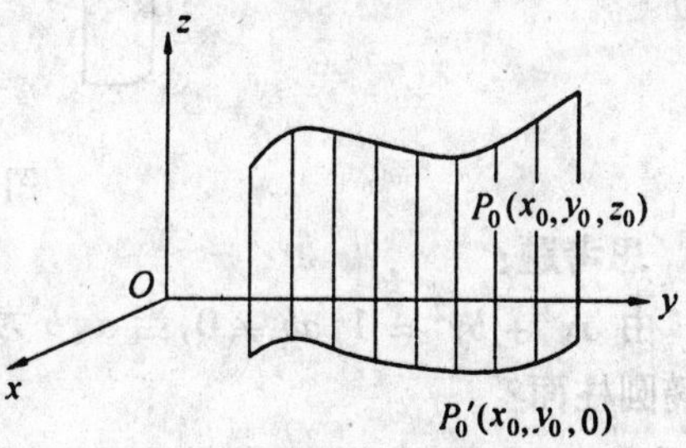

图 3.5

同理,$F(y, z) = 0$ 与 $F(x, z) = 0$ 都表示柱面,它们的母线分别平行于 x 轴与 y 轴。

例如方程

$$\frac{x^2}{a^2} + \frac{y^2}{b^2} = 1$$

$$\frac{x^2}{a^2} - \frac{y^2}{b^2} = 1$$

$$y^2 = 2px$$

分别表示一个柱面,母线都平行于 z 轴,它们在 xOy 平面上的准线分别是椭圆,

双曲线和抛物线，所以分别叫做椭圆柱面(图 3.6)，双曲柱面(图 3.7) 与抛物柱面(图 3.8)。它们都是二次的，所以都叫做二次柱面。

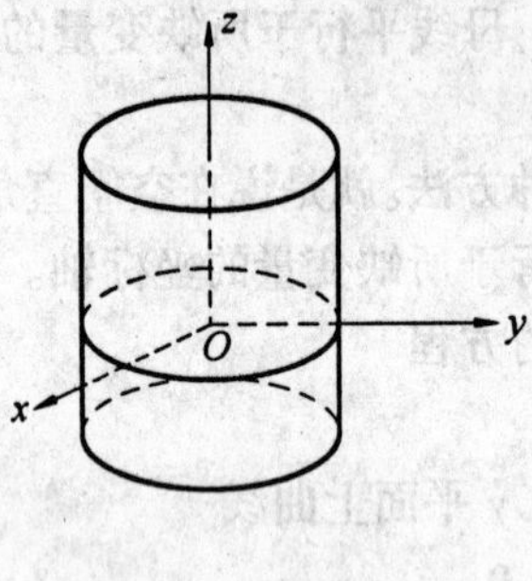

图 3.6

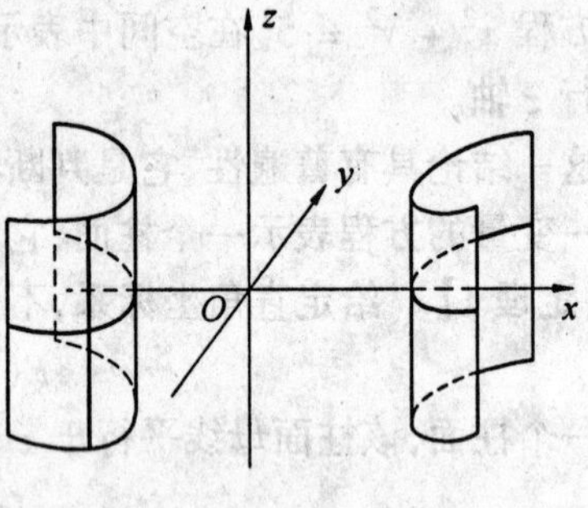

图 3.7

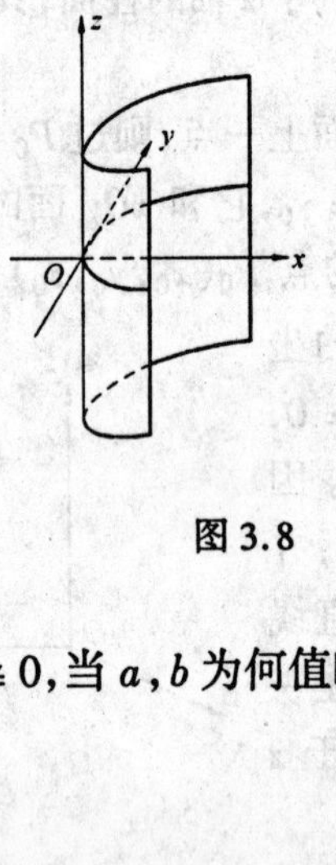

图 3.8

思考题：

由 $ax^2 + by^2 = 1, ab \neq 0$，当 a, b 为何值时，该方程是椭圆柱面，双曲柱面和虚椭圆柱面？

3.2.3 射影柱面

为了正确地作出一条空间曲线的图形，常常用到所谓的射影柱面。如果一个柱面的母线与定曲线完全相交且与一个定平面垂直，则此柱面叫做定曲线在定平面上的射影柱面。也就是说，曲线

$$\Gamma : \begin{cases} F(x, y, z) = 0 \\ G(x, y, z) = 0 \end{cases}$$

对于平面 $\pi : Ax + By + Cz + D = 0$ 的射影柱面指的是以 Γ 为准线，以 $\boldsymbol{v} = \{A, B, C\}$ 为母线方向的柱面。通常取定平面为坐标面。利用空间曲线在坐标面上的射影柱面的方程就得出它在该坐标面上的射影所产生的曲线的方程。

【定理 2】 已知空间曲线

$$\Gamma:\begin{cases}F(x,y,z)=0\\G(x,y,z)=0\end{cases}$$

则从这两方程中消去 z,即得到曲线 Γ 在 xOy 面上的射影柱面的方程。

证明 设(x_0,y_0,z_0)是已知空间曲线 Γ 上一点,则

$$\begin{cases}F(x_0,y_0,z_0)=0\\G(x_0,y_0,z_0)=0\end{cases}\tag{1}$$

过此点的母线方程是

$$\frac{x-x_0}{0}=\frac{y-y_0}{0}=\frac{z-z_0}{1}$$

或

$$x=x_0,\ y=y_0\tag{2}$$

将式(2) 代入式(1) 得

$$\begin{cases}F(x,y,z_0)=0\\G(x,y,z_0)=0\end{cases}$$

从这两方程消去 z_0 亦即从已知两方程消去 z_0 即得到射影柱面的方程。

我们知道,从空间曲线的方程可以推求它在两个坐标面上的射影柱面方程,由此可以取这两个射影柱面的方程作为这条曲线的方程。故欲描绘某曲线,即可描绘两柱面的交线,此两柱面的母线各平行于一个坐标轴。(图 3.9)

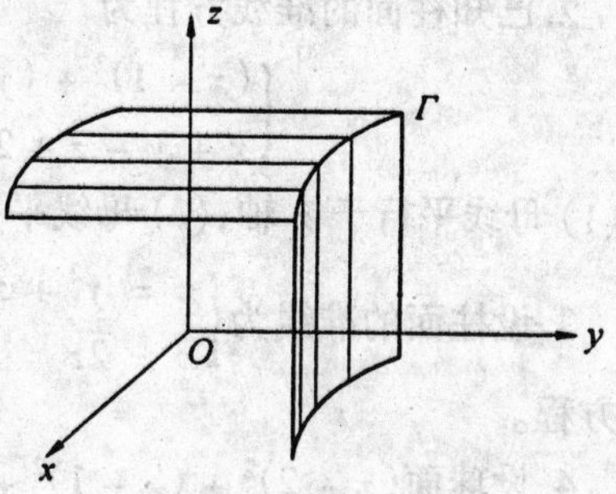

图 3.9

【例 3】 求曲线

$$\begin{cases}2x^2+z^2+4y=4z\\x^2+3z^2-8y=12z\end{cases}$$

对 xOy 面和 zOx 面的射影柱面,并作此曲线。

解 从已知方程组中分别消去 y,z,得

$$\begin{cases}x^2+z^2=4z\\x^2+4y=0\end{cases}$$

即

$$\begin{cases}x^2+(z-2)^2=2^2\\x^2=-4y\end{cases}$$

前一个射影柱面是一个准线在 xOz 坐标面上的圆，母线平行于 y 轴的圆柱面，而后一个射影柱面是一条准线在 xOy 坐标面上的抛物线 $x^2 = -4y$，母线平行于 z 轴的抛物柱面。因此曲线可看做是这两个柱面的交线。(图 3.10)

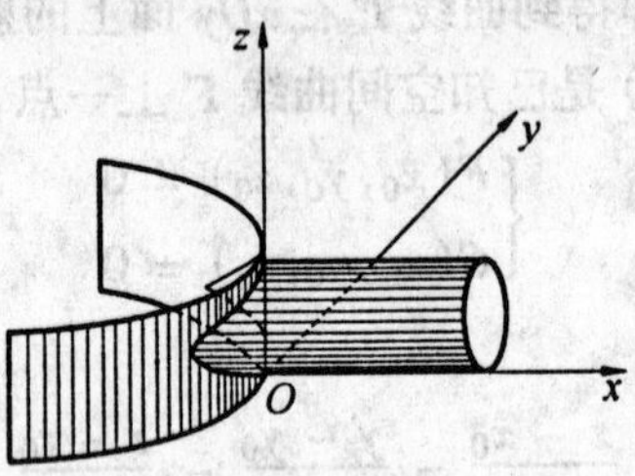

图 3.10

习　　题

1. 求准线为 $\begin{cases} x^2 + y^2 = 25 \\ z = 0 \end{cases}$，且母线平行于 $\boldsymbol{v} = \{5,3,2\}$ 的柱面方程。

2. 已知柱面的准线方程为

$$\begin{cases} (x-1)^2 + (y+3)^2 + (z-2)^2 = 25 \\ x + y - z + 2 = 0 \end{cases}$$

且(1) 母线平行于 x 轴；(2) 母线平行于直线 $x = y, z = 0$，试求这些柱面方程。

3. 设柱面的准线为 $\begin{cases} x = y^2 + z^2 \\ x = 2z \end{cases}$，母线垂直于准线所在的平面，求这个柱面的方程。

4. 设球面 $(x-2)^2 + (y-1)^2 + z^2 = 25$ 和 $x^2 + y^2 + z^2 = 25$ 在一圆柱面内部，且分别与这个圆柱面相切，求这个圆柱面的方程。

5. 求以 $\dfrac{x-2}{2} = \dfrac{y}{1} = \dfrac{z+1}{3}$ 为轴，且过点 $(0,2,1)$ 的圆柱面方程。

6. 求过三条平行直线 $x = y = z$，$x + 1 = y = z - 1$ 与 $x - 1 = y + 1 = z - 2$ 的圆柱面的方程。

7. 画出下列方程所表示的曲面的图形。

(1) $4x^2 + 9y^2 = 36$;

(2) $y^2 - z^2 = 4$;

(3) $x^2 = 4z$;

(4) $x^2 - 2x + y = 0$。

8. 用射影柱面的方法绘出下列曲线。

(1) $\begin{cases} x^2 + y^2 = 4a^2 \\ x^2 + 2y^2 + z^2 = 5a^2 \end{cases}$;

(2) $\begin{cases} x^2 + y^2 + z^2 = 4 \\ x^2 + (y - 3)^2 + z^2 = 4 \end{cases}$。

9. 把曲线方程 $\begin{cases} 2y^2 + z^2 + 4x = 4z \\ y^2 + 3z^2 - 8x = 12z \end{cases}$ 换成母线分别平行于 Ox 轴和 Oz 轴的射影柱面的交线方程，并画出图形。

10. 求曲线

$$\begin{cases} -9y^2 + 6xy - 2xz + 24x - 9y + 3z - 63 = 0 \\ 2x - 3y + z - 9 = 0 \end{cases}$$

在 xOy 平面上的射影曲线。

11. 已知柱面的准线为 $\boldsymbol{r}(u) = \{x(u), y(u), z(u)\}$，母线的方向平行于向量 $\boldsymbol{s} = \{X, Y, Z\}$，试证明柱面的向量式参数方程与坐标式参数方程分别为

$$\boldsymbol{r} = \boldsymbol{r}(u) + v\boldsymbol{s}$$

与

$$\begin{cases} x = x(u) + Xv \\ y = y(u) + Yv \\ z = z(u) + Zv \end{cases}$$

3.3　锥面

【定义 1】　在空间，通过一定点且与定曲线相交的一族直线所产生的曲面叫做锥面，这些直线都叫做锥面的母线，那个定点叫做锥面的顶点，定曲线叫做锥面的准线。

实际上锥面就是一条动直线经过一固定点且沿一给定曲线移动所构成的曲面。(图 3.11)

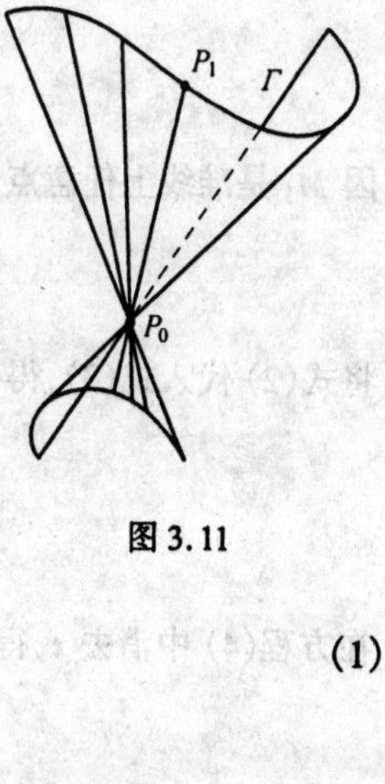

图 3.11

显然锥面由顶点与准线唯一确定，但反过来，对于一个锥面，它的准线并不是唯一的。任何一条与它的每一条母线都相交的曲线都可以作为它的准线。

设锥面的准线为

$$\begin{cases} F_1(x, y, z) = 0 \\ F_2(x, y, z) = 0 \end{cases} \tag{1}$$

顶点 $P_0(x_0,y_0,z_0)$,如果 $P_1(x_1,y_1,z_1)$ 为准线上任意一点,那么锥面过点 P_1 的母线为

$$\frac{x-x_0}{x_1-x_0}=\frac{y-y_0}{y_1-y_0}=\frac{z-z_0}{z_1-z_0} \tag{2}$$

且有

$$\begin{cases} F_1(x_1,y_1,z_1)=0 \\ F_2(x_1,y_1,z_1)=0 \end{cases} \tag{3}$$

从式(2),(3) 四个等式消去参数 x_1,y_1,z_1,最后可得一个关于 x,y,z 的方程

$$F(x,y,z)=0$$

这就是以式(1) 为准线,以 P_0 为顶点的锥面方程。

【例 1】　已知顶点为 $N(0,0,8)$,且准线为

$$\begin{cases} y^2=4x \\ z=0 \end{cases}$$

求锥面方程。

解　设 $M_1(x_1,y_1,z_1)$ 为准线上任意一点,那么过 M_1 的母线为

$$\frac{x}{x_1}=\frac{y}{y_1}=\frac{z-8}{z_1-8} \tag{1}$$

把式(1) 的比值记为 t,得

$$\begin{cases} x_1=\dfrac{x}{t} \\ y_1=\dfrac{y}{t} \\ z_1=\dfrac{z-8+8t}{t} \end{cases} \tag{2}$$

因 M_1 是准线上任意点,所以有

$$\begin{cases} y_1^2=4x_1 \\ z_1=0 \end{cases} \tag{3}$$

将式(2) 代入式(3),得

$$\begin{cases} \left(\dfrac{y}{t}\right)^2=4\left(\dfrac{x}{t}\right) \\ \dfrac{z-8+8t}{t}=0 \end{cases} \tag{4}$$

在方程(4) 中消去 t,得

$$2y^2+xz-8x=0$$

就是锥面方程。

思考题：

锥面方程是否一定是齐次方程？

如果锥面有一条对称轴 l，它的每一条母线与对称轴所夹的锐角都相等，则此锥面为圆锥面，母线与对称轴夹的锐角称为圆锥面的半顶角。与轴 l 垂直的平面截圆锥面所得交线为圆(图 3.12)。

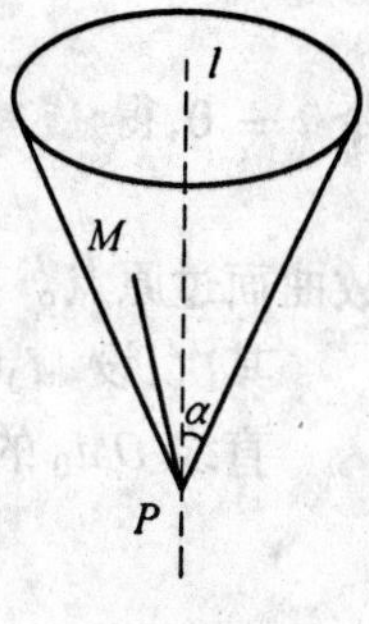

图 3.12

设圆锥的顶点为 $P(x_0,y_0,z_0)$，轴的方向向量为 $\boldsymbol{v}(X,Y,Z)$，半顶角为 α，则点 $M(x,y,z)$ 在圆锥面上的充要条件是向量 $\overrightarrow{PM}$ 与 $\boldsymbol{v}$ 的夹角等于 α 或 $\pi-\alpha$，因而有

$$|\cos\angle(\overrightarrow{PM},\boldsymbol{v})| = \cos\alpha$$

由此可得圆锥面的方程。

【例 2】　求顶点为(1,2,4)，轴与平面 $2x+2y+z=0$ 垂直，且经过点(3,2,1)的圆锥面方程。

解　过顶点 $P(1,2,4)$ 和圆锥面上点 $M_1(3,2,1)$ 的母线的方向向量 $\overrightarrow{PM_1}=\{2,0,-3\}$，轴的方向向量 $\boldsymbol{v}=\{2,2,1\}$，半顶角为两方向的夹角 α(锐角)为

$$\cos\alpha = \frac{|\overrightarrow{PM_1}\cdot\boldsymbol{v}|}{|\overrightarrow{PM_1}||\boldsymbol{v}|} = \frac{1}{3\sqrt{13}}$$

在所求锥面上任意取一点 $M(x,y,z)$，则

$$\frac{|\overrightarrow{PM}\cdot\boldsymbol{v}|}{|\overrightarrow{PM}||\boldsymbol{v}|} = \frac{1}{3\sqrt{13}}$$

于是所求方程为

$$\frac{|2x+2y+z-10|}{\sqrt{(x-1)^2+(y-2)^2+(z-4)^2}\cdot 3} = \frac{1}{3\sqrt{13}}$$

化简得

$$51x^2+51y^2+12z^2+104xy+52xz+52yz-518x-516y-252z+1\,279=0$$

一个函数 $f(x,y,z)$ 称为 k 次齐次函数，如果以 tx,ty,tz 代替 x,y,z 时，有

$$f(tx,ty,tz)=t^kf(x,y,z)$$

其中 t 的取值应使 t^k 有意义，此时，方程 $f(x,y,z)=0$ 称为 x,y,z 的 k 次齐次方程。

由此定义，我们来证明一个关于锥面的定理。

【定理 1】　一个关于 x,y,z 的齐次方程总表示顶点在坐标原点的锥面。

证明　设关于 x,y,z 的齐次方程为

$$F(x,y,z)=0$$

那么根据齐次方程的定义有

$$F(tx,ty,tz)=t^k\cdot F(x,y,z)$$

令 $t=0$,得

$$F(0,0,0)=0^kF(x,y,z)=0$$

故曲面过原点。

其次,设 $M_0(x_0,y_0,z_0)$ 为曲面上任一点,即满足 $F(x_0,y_0,z_0)=0$。

直线 OM_0 的参数方程为

$$\begin{cases}x=x_0t\\y=y_0t\\z=z_0t\end{cases}$$

代入 $F(x,y,z)=0$,得

$$F(x_0t,y_0t,z_0t)=t^kF(x_0,y_0,z_0)=0$$

故整条直线都在这个曲面上,因此该曲面是由这种通过坐标原点的直线组成,即它是以原点为顶点的锥面。

在特殊情况下,齐次方程所表示的锥面有时可能是过原点的平面,或只有一个点的轨迹。

【推论】 关于 $x-x_0,y-y_0,z-z_0$ 的齐次方程表示顶点在 (x_0,y_0,z_0) 的锥面。

习　题

1. 锥面的顶点在原点,且准线为

$$\begin{cases}\dfrac{x^2}{a^2}+\dfrac{y^2}{b^2}=1\\z=c\end{cases}$$

求锥面的方程。

2. 已知锥面的顶点为 $(3,-1,-2)$,准线为 $x^2+y^2-z^2=1,x-y+z=0$,试求它的方程。

3. 求以直线 $x=y=z$ 为轴,且通过直线 $2x=3y=-5z$ 的圆锥面方程。

4. 已知圆锥面的顶点为 $(1,2,3)$,轴垂直于平面 $2x+2y-z+1=0$,母线与轴成 $30°$ 角,试求这个圆锥的方程。

5. 求以三坐标轴为母线的圆锥面的方程。

6. 已知锥面的准线为 $\boldsymbol{r}(u)=\{x(u),y(u),z(u)\}$,顶点 A 决定的向径 $\boldsymbol{r}_0=\{x_0,y_0,z_0\}$,试证明锥面的向量式参数方程与坐标式参数方程分别为

$$\boldsymbol{r}=v\boldsymbol{r}(u)+(1-v)\boldsymbol{r}_0$$

与

$$\begin{cases}x=vx(u)+(1-v)x_0\\ y=vy(u)+(1-v)y_0\\ z=vz(u)+(1-v)z_0\end{cases}$$

其中的 u,v 为参数。

3.4 旋转曲面

【定义1】 在空间中,一条曲线 Γ 绕一条定直线 l 旋转一周所成的曲面叫做旋转曲面,或称回旋曲面。曲线 Γ 叫做旋转曲面的母线,这条定直线 l 叫做旋转曲面的旋转轴,简称轴(图3.13)。

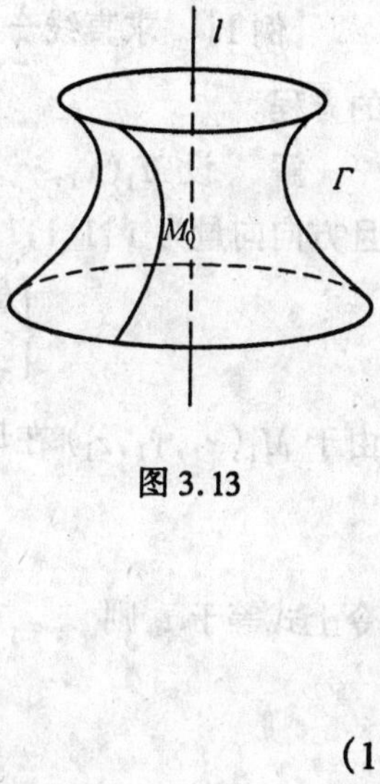

图3.13

通过旋转轴的半平面和旋转曲面的交线叫做经线(子午线),显然这些经线在旋转中都彼此重合。可以取一条经线作为旋转曲面的母线,在旋转中,母线上每一点产生一个圆,叫做纬圆,这些纬圆就生成了旋转曲面。

现在来求旋转曲面的方程。

在空间直角坐标系下,设旋转曲面的母线为

$$\Gamma:\begin{cases}F_1(x,y,z)=0\\ F_2(x,y,z)=0\end{cases} \tag{1}$$

旋转轴

$$l:\frac{x-x_0}{X}=\frac{y-y_0}{Y}=\frac{z-z_0}{Z} \tag{2}$$

其中,$M_0(x_0,y_0,z_0)$ 为轴 l 上一定点,X,Y,Z 为旋转轴 l 的方向数。

设 $M_1(x_1,y_1,z_1)$ 是母线 Γ 上任意一点,那么过 M_1 的纬圆总可以看成是过 M_1 且垂直于旋转轴 l 的平面与以 $M_0(x_0,y_0,z_0)$ 为中心,$|\overrightarrow{M_0M_1}|$ 为半径的球面的交线,所以过 $M_1(x_1,y_1,z_1)$ 的纬圆方程为

$$\begin{cases} X(x-x_1)+Y(y-y_1)+Z(z-z_1)=0 \\ (x-x_0)^2+(y-y_0)^2+(z-z_0)^2=(x_1-x_0)^2+(y_1-y_0)^2+(z_1-z_0)^2 \end{cases} \tag{3}$$

由于 $M_1(x_1,y_1,z_1)$ 在母线 Γ 上,所以又有

$$\Gamma:\begin{cases} F_1(x_1,y_1,z_1)=0 \\ F_2(x_1,y_1,z_1)=0 \end{cases} \tag{4}$$

从式(3),(4) 四个等式中消去参数 x_1,y_1,z_1 最后得到一个关于 x,y,z 的方程

$$F(x,y,z)=0$$

这就是以(1) 为母线,(2) 为旋转轴的旋转曲面的方程。

【例1】 求直线$\frac{x}{2}=\frac{y}{1}=\frac{z-1}{-2}$绕直线$\frac{x}{1}=\frac{y}{1}=\frac{z}{1}$旋转所得的旋转曲面的方程。

解 设 $M_1(x_1,y_1,z_1)$ 是母线上的任意一点,因为旋转轴通过原点(0,0,0),且方向向量为 $\boldsymbol{v}\{1,1,1\}$,所以过点 M_1 的纬圆方程为

$$\begin{cases} (x-x_1)+(y-y_1)+(z-z_1)=0 \\ x^2+y^2+z^2=x_1^2+y_1^2+z_1^2 \end{cases} \tag{5}$$

由于 $M_1(x_1,y_1,z_1)$ 在母线上,所以又有

$$\frac{x_1}{2}=\frac{y_1}{1}=\frac{z_1-1}{-2}$$

令上式等于 t,则

$$\begin{cases} x_1=2t \\ y_1=t \\ z_1=1-2t \end{cases} \tag{6}$$

将式(6) 代入式(5) 得

$$\begin{cases} (x-2t)+(y-t)+(z-1+2t)=0 \\ x^2+y^2+z^2=(2t)^2+t^2+(1-2t)^2 \end{cases}$$

消去参数 t,化简得旋转曲面方程

$$4x^2+4y^2+4z^2+9xy+9xz+9yz-11x-11y-11z+7=0$$

为求旋转曲面的方程,我们又常把母线所在的平面取做坐标面,而旋转轴取做坐标轴,这时旋转曲面的方程具有特殊的形式。

若取旋转轴为坐标系 y 轴,母线 Γ 是旋转曲面在 yOz 上的经线(图 3.14),其

方程为

$$\Gamma:\begin{cases}F(y,z)=0\\ x=0\end{cases}\qquad(7)$$

设 $M_1(0,y_1,z_1)$ 为母线 Γ 上任意一点，那么过 M_1 的纬圆为

$$\begin{cases}y-y_1=0\\ x^2+y^2+z^2=y_1^2+z_1^2\end{cases}\qquad(8)$$

且有

$$F(y_1,z_1)=0\qquad(9)$$

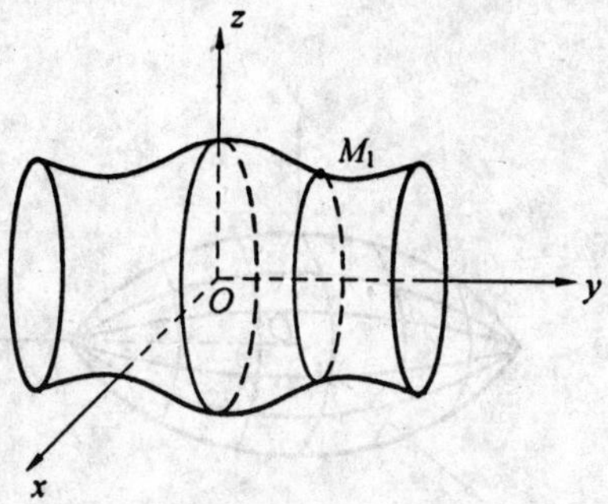

图 3.14

从式(8)，(9) 中消去 y_1,z_1，得旋转曲面方程

$$F(y,\pm\sqrt{x^2+z^2})=0$$

同理，曲线 Γ 绕 z 轴旋转所成的旋转曲面的方程为

$$F(\pm\sqrt{x^2+y^2},z)=0$$

同理可推出在其他坐标平面上的曲线，绕所在平面上一坐标轴所产生的曲面方程，其规律如下：

当坐标平面上的曲线 Γ 绕此坐标平面里的一个坐标轴旋转时，其旋转曲面的方程可按下列方式写出：对于曲线 Γ 在坐标面里的方程，保留和旋转轴同名的坐标，而以其他两个坐标平方和的平方根来代替方程中的另一坐标。

【例 2】 将椭圆

$$\Gamma:\begin{cases}\dfrac{x^2}{a^2}+\dfrac{y^2}{b^2}=1\\ z=0\end{cases}\quad(a>b)$$

绕长轴(即 x 轴) 旋转所得的旋转曲面的方程为

$$\frac{x^2}{a^2}+\frac{y^2}{b^2}+\frac{z^2}{b^2}=1\qquad(3.4.1)$$

称式(3.4.1) 为长形旋转椭球面(图 3.15)。

曲线 Γ 绕短轴(即 y 轴) 旋转所得的旋转曲面的方程为

$$\frac{x^2}{a^2}+\frac{y^2}{b^2}+\frac{z^2}{a^2}=1\qquad(3.4.2)$$

称式(3.4.2) 为扁形旋转椭球面(图 3.16)。

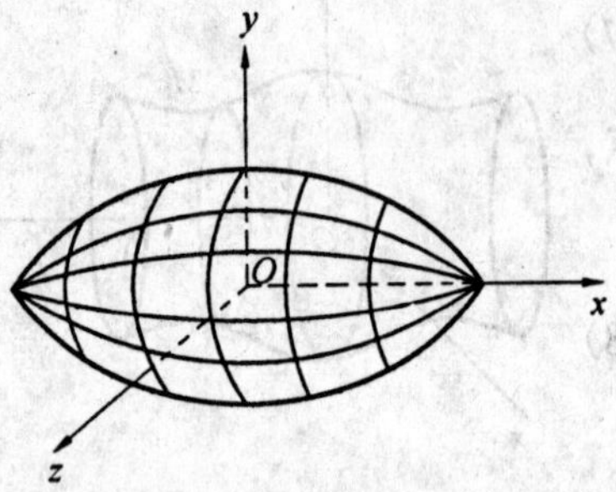

图 3.15

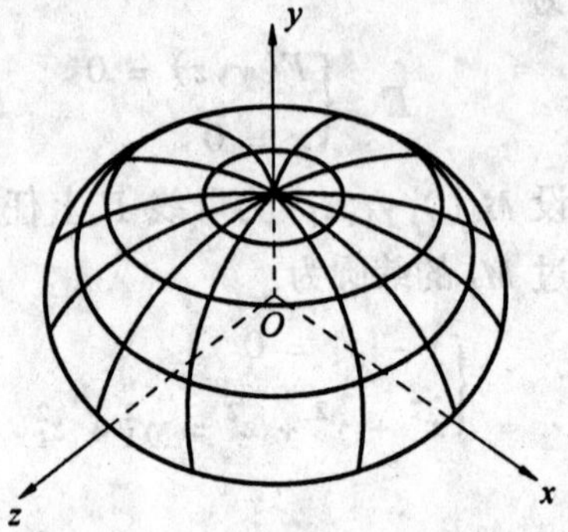

图 3.16

【例 3】 将双曲线 $\Gamma:\begin{cases}\dfrac{y^2}{b^2}-\dfrac{z^2}{c^2}=1\\ x=0\end{cases}$，绕 z 轴（虚轴）旋转所得的旋转曲面的方程为

$$\frac{x^2}{b^2}+\frac{y^2}{b^2}-\frac{z^2}{c^2}=1 \tag{3.4.3}$$

称式(3.4.3)为旋转单叶双曲面(图 3.17)。

曲线 Γ 绕 y 轴（即实轴）旋转所得的旋转曲面的方程为

$$-\frac{x^2}{c^2}+\frac{y^2}{b^2}-\frac{z^2}{c^2}=1 \tag{3.4.4}$$

称式(3.4.4)为旋转双叶双曲面(图 3.18)。

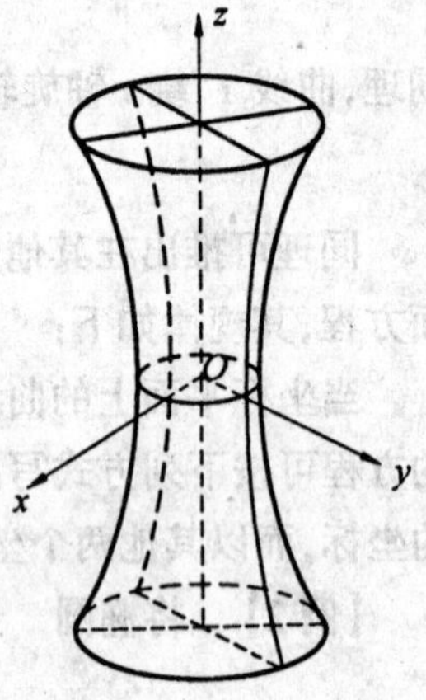

图 3.17

【例4】 将抛物线 $\Gamma:\begin{cases}y^2=2pz\\ x=0\end{cases}$，绕 z 轴（对称轴）旋转所得的旋转曲面的方程为

$$x^2+y^2=2pz \tag{3.4.5}$$

称式(3.4.5)为旋转抛物面(图 3.19)。

【例5】 求将圆 $\Gamma:\begin{cases}(y-b)^2+z^2=a^2 \quad (b>a>0)\\ x=0\end{cases}$，绕 z 轴旋转所得旋转曲面方程。

解 因为 Γ 是 yOz 平面上的圆，将方程 $(y-b)^2+z^2=a^2$ 中的 z 保持不变，而用 $\pm\sqrt{x^2+y^2}$ 代替 y，则得圆环面的方程为

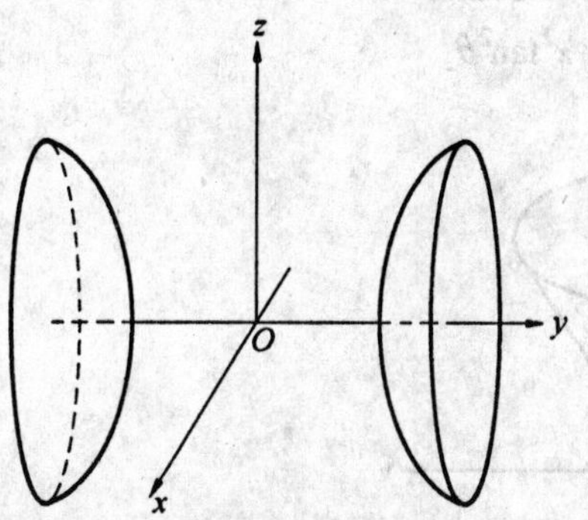

图 3.18

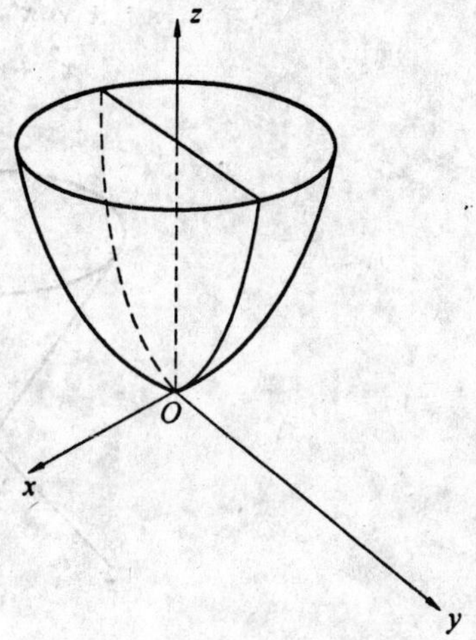

图 3.19

$$(\pm\sqrt{x^2+y^2}-b)^2+z^2=a^2$$

即

$$(x^2+y^2+z^2+b^2-a^2)^2=4b^2(x^2+y^2)$$

圆环面的形状像汽车轮胎或救生圈(图 3.20)。

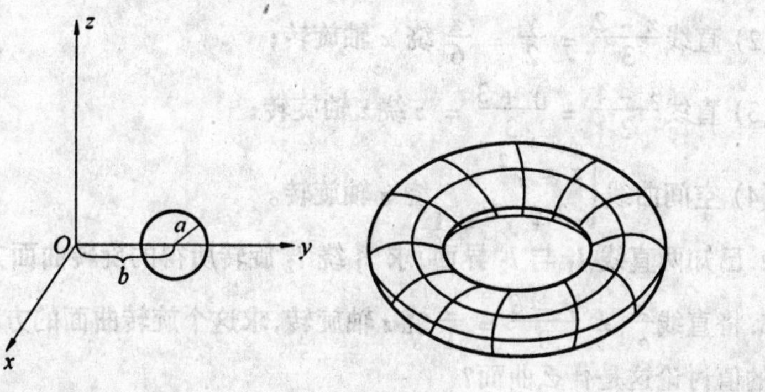

图 3.20

【例 6】 已知两条相交直线,求以其一条直线为轴旋转而得到的旋转曲面(直圆锥面)的方程。

解 若以 z 轴为旋转轴,其母线在 yOz 平面上,其方程为$\begin{cases} y = z\tan\theta \\ x = 0 \end{cases}$,其中 θ 为锥面的半顶角(图 3.21),则直圆锥面的方程为

$$\pm\sqrt{x^2+y^2}=z\tan\theta$$

即

$$x^2+y^2=z^2\tan^2\theta$$

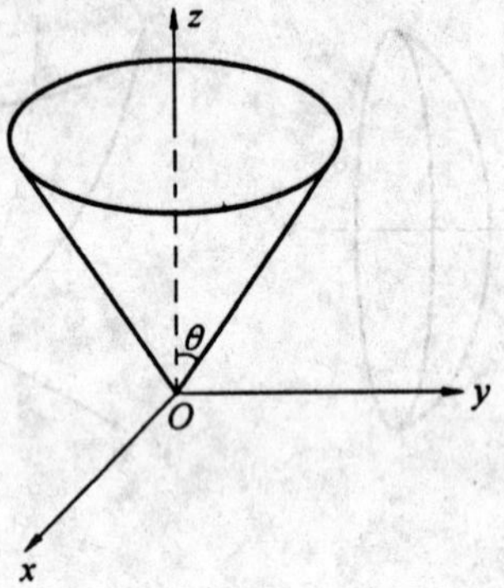

图 3.21

习　　题

1. 求下面旋转曲面。

(1) 直线 $x=1+t, y=2t, z=2t$ 绕直线 $x=y=z$ 旋转；

(2) 直线 $\frac{x-2}{3}=\frac{y}{2}=\frac{z}{6}$ 绕 x 轴旋转；

(3) 直线 $\frac{x-1}{2}=\frac{y+3}{3}=z$ 绕 z 轴旋转；

(4) 空间曲线 $\begin{cases} z=x^2 \\ x^2+y^2=1 \end{cases}$ 绕 z 轴旋转。

2. 已知两直线 l_1 与 l_2 异面，求 l_1 绕 l_2 旋转所得的旋转曲面方程。

3. 将直线 $\frac{x}{\alpha}=\frac{y-\beta}{0}=\frac{z}{1}$ 绕 z 轴旋转，求这个旋转曲面的方程，并就 α 和 β 可能的值讨论这是什么曲面？

4. 试证曲面 $S:(y^2+z^2)(1+x^2)^2=1$ 是旋转曲面，并指出它的母线及旋转轴。

5. 已知曲线 C 的参数方程为 $x=x(u), y=y(u), z=z(u)$。将曲线 C 绕 z 轴旋转，求旋转曲面的参数方程。

第4章　二次曲面

一个含有 x,y,z 的方程所表示的曲面叫做二次曲面。在前面介绍的椭圆柱面，双曲柱面，抛物柱面等三种二次柱面，二次锥面和二次旋转曲面都是二次曲面。在这一章里，我们将介绍五种典型的二次曲面。这些曲面，用它们的几何特征来刻画是比较复杂的，但是如果我们适当的选取坐标系，如在直角坐标系下，它们的方程具有很简单的形式。在这一章里，我们将从这五种二次曲面的标准方程出发来讨论它们的几何性质，描述它们的曲面形状。

在空间中要认识方程代表的曲面形状，首先要对曲面的方程进行讨论，初步了解曲面的特征，然后用一族平行平面来截割曲面，考虑所截得的一族曲线的变化趋势，这种利用平行平面的截口来研究曲面图形的方法简称为平行截割法。利用这种方法可推想出曲面的大致形状。

对方程的讨论一般采用如下几个步骤：

(1) 曲面的对称性；

(2) 曲面与坐标轴的交点；

(3) 曲面的存在范围；

(4) 被坐标面所截得的曲线；

(5) 被坐标面的平行平面所截得的曲线。

4.1　椭球面

【定义1】　在直角坐标系下，由方程

$$\frac{x^2}{a^2}+\frac{y^2}{b^2}+\frac{z^2}{c^2}=1 \tag{4.1.1}$$

所表示的曲面叫做椭球面或椭圆面。方程(4.1.1)叫做椭球面的标准方程，其中 a,b,c 是任意的正常数，通常假定($a\geqslant b\geqslant c$)。

现在我们从椭球面的方程出发来讨论它的几何性质与曲面的形状。

(1) 对称性。在方程(4.1.1)中，以 $-z$ 代替 z，方程(4.1.1)不变，这说明若点 (x,y,z) 在曲面上，则关于坐标平面 xOy 与它对称的点 $(x,y,-z)$ 也在曲面上，

也就是曲面关于坐标平面 xOy 对称。同理曲面关于 yOz 面及 zOx 面也对称。因此这三个坐标平面是椭球面的对称平面，也叫椭球面的主平面。

曲面关于三个坐标轴和原点也都是对称的。例如，关于 x 轴对称就是以 $(-y)$，$(-z)$ 代替 y 和 z，方程(4.1.1) 不变。关于原点对称是以 $(-x)$，$(-y)$，$(-z)$ 代替 x,y,z，方程(4.1.1) 不变，因而原点是对称中心，三个坐标轴是对称轴。椭球面的对称轴和对称中心依次叫做椭球面的主轴与中心。

(2) 曲面与坐标轴的交点。在式(4.1.1) 中，令 $y=z=0$，得 $x=\pm a$。所以椭球面(4.1.1) 与 x 轴交于点 $(\pm a,0,0)$；同理得椭球面(4.1.1) 与 y 轴，z 轴的交点分别为 $(0,\pm b,0)$ 与 $(0,0,\pm c)$。椭球面与三个坐标轴的交点 $(\pm a,0,0)$，$(0,\pm b,0)$，$(0,0,\pm c)$ 这六个点叫做椭球面(4.1.1) 的顶点。同一条对称轴上的两个顶点之间的线段以及它们的长度 $2a$，$2b$ 与 $2c$ 叫做椭球面(4.1.1) 的轴，它们的一半叫做半轴；当 $a>b>c$ 时，$2a$，$2b$，$2c$ 分别叫做椭球面(4.1.1) 的长轴，中轴，短轴，而 a，b，c，分别叫做椭球面(4.1.1) 的长半轴，中半轴，短半轴。

(3) 曲面存在范围。由方程(4.1.1) 可以看出，曲面上任意一点 (x,y,z) 总有

$$\frac{x^2}{a^2}\leqslant 1,\ \frac{y^2}{b^2}\leqslant 1,\ \frac{z^2}{c^2}\leqslant 1$$

或

$$|x|\leqslant a,\ |y|\leqslant b,\ |z|\leqslant c$$

这说明椭球面(4.1.1) 完全被封闭在由六个平面 $x=\pm a$，$y=\pm b$，$z=\pm c$ 所围成的长方体内。

(4) 被坐标面所截得的曲线。用坐标面 $z=0$，$y=0$，$x=0$ 依次截椭球面(4.1.1)，那么所得的截线都是椭圆(图 4.1)，它们的方程分别是

$$\begin{cases}\dfrac{x^2}{a^2}+\dfrac{y^2}{b^2}=1\\ z=0\end{cases}\tag{1}$$

$$\begin{cases}\dfrac{x^2}{a^2}+\dfrac{z^2}{c^2}=1\\ y=0\end{cases}\tag{2}$$

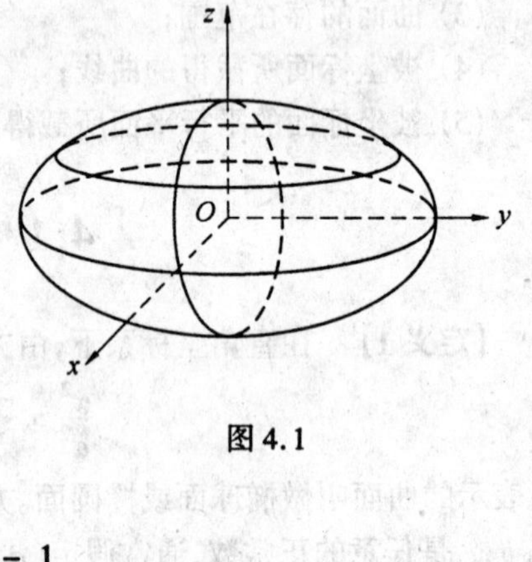

图 4.1

$$\begin{cases}\dfrac{y^2}{b^2}+\dfrac{z^2}{c^2}=1\\ x=0\end{cases}\tag{3}$$

椭圆(1)，(2)，(3) 叫做椭球面(4.1.1) 的主截线(或主截椭圆)。

(5) 被坐标面平行的平面所截得的曲线。用平行于 xOy 坐标面的平面 $z=h$，去截割椭球面(4.1.1)，所得截线方程为

$$\begin{cases}\dfrac{x^2}{a^2}+\dfrac{y^2}{b^2}=1-\dfrac{h^2}{c^2}\\ z=h\end{cases}\tag{4}$$

1) 当 $|h|<c$ 时，截线(4)为平面 $z=h$ 上的椭圆。中心为 $(0,0,h)$，它的两个半轴分别是

$$a\sqrt{1-\frac{h^2}{c^2}},\ b\sqrt{1-\frac{h^2}{c^2}}$$

并且这两个半轴随 $|h|$ 的增大而减小，也就是椭圆随 $|h|$ 逐渐增大而减小；它的两个轴的端点分别是 $(\pm a\sqrt{1-\frac{h^2}{c^2}},0,h)$，$(0,\pm b\sqrt{1-\frac{h^2}{c^2}},h)$，这两个端点分别在椭圆(2)与(3)上。

这样，椭球面(4.1.1)可以看成是由一个椭圆的变动(大小位置都改变)而产生的，这个椭圆在变动中保持所在平面与 xOy 面平行，且两轴的端点分别在另外两个定椭圆(2)与(3)上滑动。

2) 当 $|h|=c$ 时，即 $h=\pm c$ 时，则截线变为两个点 $(0,0,c)$ 和 $(0,0,-c)$。

3) $|h|>c$ 时无实轨迹。

思考题：

讨论椭球面(4.1.1)，有几种特殊情况。

椭球面除了用标准方程(4.1.1)表示外，有时也可用参数方程

$$\begin{cases}x=a\cos\varphi\cos\theta\\ y=b\cos\varphi\sin\theta\\ z=c\sin\varphi\end{cases}$$

来表达，其中 $\theta(0\leqslant\theta<2\pi)$，$\varphi(-\frac{\pi}{2}\leqslant\varphi\leqslant\frac{\pi}{2})$ 为参数。

【例1】 已知椭球面的轴与坐标轴重合，且通过椭圆 $\frac{x^2}{9}+\frac{y^2}{16}=1,z=0$ 与点 $M(1,2,\sqrt{23})$，求这个椭球面的方程。

解　因为所求椭球面的主轴与坐标轴重合，所以设所求椭球面的方程为

$$\frac{x^2}{a^2}+\frac{y^2}{b^2}+\frac{z^2}{c^2}=1$$

因椭球面通过已知椭圆，而它与 xOy 面的交线为 $\begin{cases}\frac{x^2}{a^2}+\frac{y^2}{b^2}=1\\ z=0\end{cases}$。由此可知 $a=3$，

$b=4$,又椭球面通过点 $M(1,2,\sqrt{23})$,所以有$\frac{1}{9}+\frac{4}{16}+\frac{23}{c^2}=1$,所以

$$c^2=36$$

因此所求椭球面的方程为$\frac{x^2}{9}+\frac{y^2}{16}+\frac{z^2}{36}=1$。

【例 2】 已知椭球面$\frac{x^2}{a^2}+\frac{y^2}{b^2}+\frac{z^2}{c^2}=1\ (c<a<b)$,试求过 x 轴并与曲面的交线是圆的平面。

解 设所求平面为 $z=ky$,要使它与曲面的交线

$$\begin{cases}\frac{x^2}{a^2}+\frac{y^2}{b^2}+\frac{z^2}{c^2}=1\\ z=ky\end{cases} \tag{1}$$

为圆,则其圆心为(0, 0, 0),半径为 a,故该圆的方程还可改写成

$$\begin{cases}x^2+y^2+z^2=a^2\\ z=ky\end{cases} \tag{2}$$

即

$$\begin{cases}\frac{x^2}{a^2}+\frac{1+k^2}{a^2}y^2=1\\ z=ky\end{cases} \tag{3}$$

比较式(1),(3) 得

$$\frac{1+k^2}{a^2}=\frac{c^2+b^2k^2}{b^2c^2}$$

解得

$$k^2=\frac{c^2(b^2-a^2)}{b^2(a^2-c^2)}$$

故所求平面为

$$c\sqrt{b^2-a^2}\,y\pm b\sqrt{a^2-c^2}\,z=0$$

习　题

1. 已知椭球面的轴与坐标轴重合,且通过椭圆$\begin{cases}\frac{x^2}{9}+\frac{y^2}{16}=1\\ z=0\end{cases}$和点 $A(\sqrt{3},2,-\frac{\sqrt{15}}{3})$,求椭球面的方程。

2. 试证平面 $x-2=0$ 与椭球面$\frac{x^2}{16}+\frac{y^2}{9}+\frac{z^2}{4}=1$ 相交成一椭圆,并求这个

椭圆的半主轴的长及顶点。

3. 设动点与点(1,0,0)的距离等于从这个点到平面 $x=4$ 的距离的一半,试求这个动点的轨迹。

4. 求椭球面 $\frac{x^2}{16}+\frac{y^2}{4}+z^2=1$ 与平面 $x+4y-4=0$ 的交线在 xOy 平面上的射影曲线。

5. 已知椭球面方程

$$\frac{x^2}{a^2}+\frac{y^2}{b^2}+\frac{z^2}{c^2}=1 \quad (a>b>c)$$

试求过 y 轴且与椭球面交线是圆的平面。

6. 已知椭球面 $\frac{x^2}{a^2}+\frac{y^2}{b^2}+\frac{z^2}{c^2}=1$。

(1) 由它的中心(即原点),沿某一定方向到曲面上一点的距离是 r,设定方向的方向余弦分别为 λ,μ,υ,试证

$$\frac{1}{r^2}=\frac{\lambda^2}{a^2}+\frac{\mu^2}{b^2}+\frac{\upsilon^2}{c^2}$$

(2) 由它的中心,引三条两两相互垂直的射线,分别交曲面于点 P_1, P_2, P_3,设 $OP_1=r_1$, $OP_2=r_2$, $OP_3=r_3$,试证

$$\frac{1}{r_1^2}+\frac{1}{r_2^2}+\frac{1}{r_3^2}=\frac{1}{a^2}+\frac{1}{b^2}+\frac{1}{c^2}$$

7. 试证明方程

$$\frac{x^2}{a^2}+\frac{y^2}{b^2}+\frac{z^2}{c^2}-1+\lambda(Ax+By+Cz+D)=0$$

λ 是参数,表示经过椭球面 $\frac{x^2}{a^2}+\frac{y^2}{b^2}+\frac{z^2}{c^2}=1$ 与平面 $Ax+By+Cz+D=0$ 交线的椭球面族,并求此族曲面中心的轨迹方程。

4.2 双曲面

4.2.1 单叶双曲面

【定义1】 在直角坐标系下,由方程

$$\frac{x^2}{a^2}+\frac{y^2}{b^2}-\frac{z^2}{c^2}=1 \tag{4.2.1}$$

确定的曲面称为单叶双曲面，方程(4.2.1) 叫做单叶双曲面的标准方程，其中 a，b，c 是任意的正常数。

思考题：

在什么情况下，方程(4.2.1) 表示单叶旋转双曲面？

对于单叶双曲面的几何性质及曲面形状的讨论完全类似于椭球面。

(1) 曲面的对称性。单叶双曲面与椭球面一样，关于三坐标平面，三坐标轴以及坐标原点对称，单叶双曲面的对称面，对称轴与对称中心，依次叫做它的主平面，主轴与中心。

(2) 曲面与坐标轴的交点。双曲面(4.2.1) 与 z 轴不相交，与 x 轴交于点 $(\pm a,0,0)$；与 y 轴交于点 $(0,\pm b,0)$。这四个点叫做单叶双曲面(4.2.1) 的顶点。

(3) 被坐标平面所截得的曲线。如果用三个坐标平面 $z=0$，$y=0$，$x=0$ 分别截割曲面(4.2.1)，那么所得的截线方程依次为

$$\begin{cases}\dfrac{x^2}{a^2}+\dfrac{y^2}{b^2}=1\\ z=0\end{cases}\tag{1}$$

$$\begin{cases}\dfrac{x^2}{a^2}-\dfrac{z^2}{c^2}=1\\ y=0\end{cases}\tag{2}$$

$$\begin{cases}\dfrac{y^2}{b^2}-\dfrac{z^2}{c^2}=1\\ x=0\end{cases}\tag{3}$$

方程(1) 为 xOy 坐标面上的椭圆，叫做单叶双曲面的腰椭圆；方程(2)，(3) 分别为 xOz，yOz 坐标面上的双曲线，这两条双曲线的虚轴都是 z 轴，虚轴的长都等于 $2c$。(图 4.2)

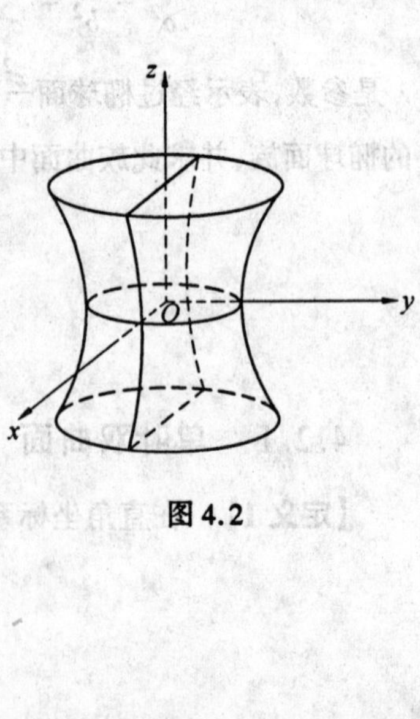

图 4.2

(4) 被坐标面平行的平面所截得的曲线。用平行于 xOy 坐标面的平面 $z=h$（h 为任意实数）去截割单叶双曲面(4.2.1)，所得截线是椭圆

$$\begin{cases}\dfrac{x^2}{a^2}+\dfrac{y^2}{b^2}=1+\dfrac{h^2}{c^2}\\ z=h\end{cases}\tag{4}$$

它的两个半轴分别为 $a\sqrt{1+\frac{h^2}{c^2}}$，$b\sqrt{1+\frac{h^2}{c^2}}$，两个轴的端点分别是

$$\left(\pm a\sqrt{1+\frac{h^2}{c^2}},0,h\right) \text{与} \left(0,\pm b\sqrt{1+\frac{h^2}{c^2}},h\right)$$

这两个端点分别在双曲线(2)与(3)上。这样，单叶双曲面可以看成是由一个椭圆的变动(大小位置都改变)而产生的，这个椭圆在变动中保持所在平面与 xOy 面平行，且两对顶点分别沿着两个定双曲线(2)与(3)滑动。

如果用平行于 zOx 的平面 $y=k$ 去截单叶双曲面(4.2.1)，那么截线方程为

$$\begin{cases}\frac{x^2}{a^2}-\frac{z^2}{c^2}=1-\frac{k^2}{b^2}\\ y=k\end{cases} \tag{5}$$

1）当 $|k|<b$ 时，截线(5)是双曲线，它的实轴平行于 x 轴，虚轴平行于 z 轴，它的顶点 $\left(\pm\frac{a}{b}\sqrt{b^2-k^2},k,0\right)$ 在腰椭圆(1)上。(图 4.3)

2）当 $|k|>b$ 时，截线(5)是双曲线，它的实轴平行于 z 轴，虚轴平行于 x 轴，它的顶点 $\left(0,k,\pm\frac{c}{b}\sqrt{k^2-b^2}\right)$ 在双曲线(3)上。(图 4.4)

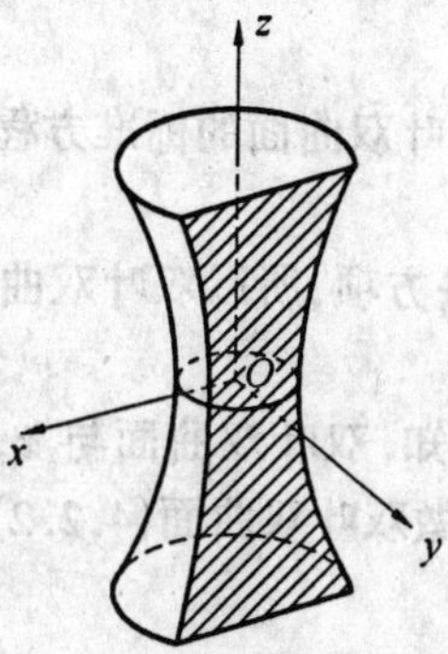

图 4.3

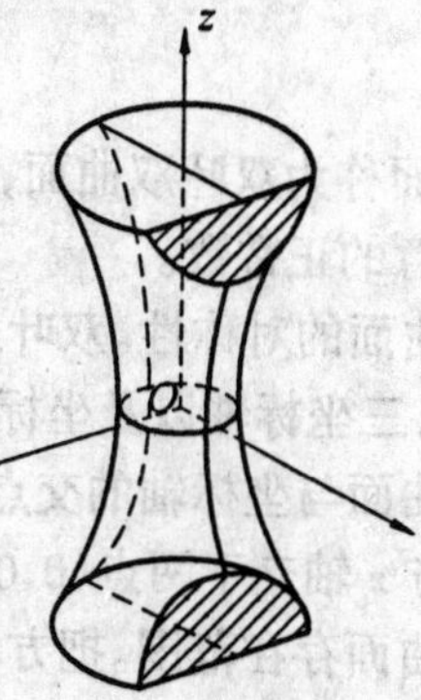

图 4.4

3）当 $k=\pm b$ 时，方程(5)变为

$$\begin{cases}\frac{x^2}{a^2}-\frac{z^2}{c^2}=0\\ y=b\end{cases}$$

或
$$\begin{cases}\dfrac{x^2}{a^2}-\dfrac{z^2}{c^2}=0\\ y=-b\end{cases}$$

即
$$\begin{cases}\dfrac{x}{a}\pm\dfrac{z}{c}=0\\ y=b\end{cases},\quad\begin{cases}\dfrac{x}{a}\pm\dfrac{z}{c}=0\\ y=-b\end{cases}$$

这是平面 $y=b, y=-b$ 上的两条相交直线。当截面为 $y=b$ 时，两条直线的交点为 $(0,b,0)$；当截面为 $y=-b$ 时，两条直线的交点为 $(0,-b,0)$。(图 4.5)

类似地，可讨论平面 $x=k$ 与单叶双曲面的截线。

方程 $\dfrac{x^2}{a^2}-\dfrac{y^2}{b^2}+\dfrac{z^2}{c^2}=1$ 与 $-\dfrac{x^2}{a^2}+\dfrac{y^2}{b^2}+\dfrac{z^2}{c^2}=1$ 也都表示单叶双曲面。

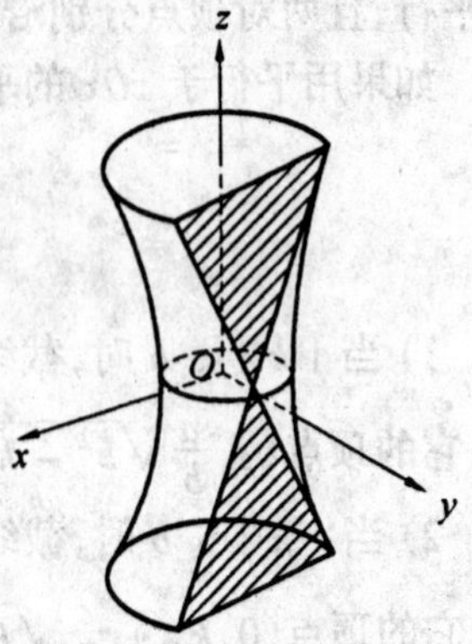

图 4.5

4.2.2 双叶双曲面

【定义 2】 在直角坐标系下，由方程

$$\frac{x^2}{a^2}+\frac{y^2}{b^2}-\frac{z^2}{c^2}=-1 \tag{4.2.2}$$

确定的曲面称为双叶双曲面，方程(4.2.2) 叫做双叶双曲面的标准方程，其中 a, b, c 是任意的正常数。

(1) 曲面的对称性。双叶双曲面只含坐标的平方项，所以双叶双曲面关于三坐标平面，三坐标轴以及坐标原点对称。

(2) 曲面与坐标轴的交点。由方程(4.2.2) 可知，双叶双曲面与 x, y 轴都不相交，只与 z 轴交于两点 $(0,0,\pm c)$。这两个点叫做双叶双曲面(4.2.2) 的顶点。

(3) 曲面存在范围。把方程(4.2.2) 改写成

$$\frac{x^2}{a^2}+\frac{y^2}{b^2}=\frac{z^2}{c^2}-1$$

曲面上的点恒有 $z^2\geqslant c^2$，因此曲面分成两叶 $z\geqslant c$ 与 $z\leqslant -c$。

(4) 被坐标平面所截得的曲线。坐标平面 $z=0$ 与曲面(4.2.2) 不相交，而坐标面 $y=0$ 与 $x=0$ 分别截曲面得截线为双曲线(图 4.6)

$$\begin{cases}\dfrac{z^2}{c^2}-\dfrac{x^2}{a^2}=1\\ y=0\end{cases} \tag{6}$$

与
$$\begin{cases}\dfrac{z^2}{c^2}-\dfrac{y^2}{b^2}=1\\ x=0\end{cases} \tag{7}$$

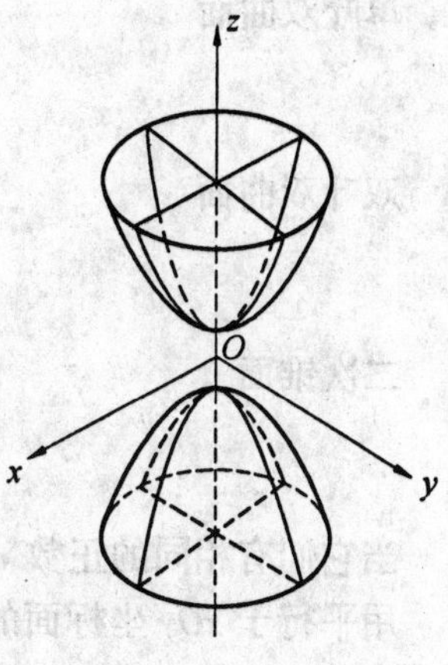

图 4.6

(5) 被与坐标面平行的平面所截得的曲线。用平行于 xOy 坐标面的平面 $z=h(|h|\geqslant c)$ 去截割曲面(4.2.2)，得截线方程为

$$\begin{cases}\dfrac{x^2}{a^2}+\dfrac{y^2}{b^2}=\dfrac{h^2}{c^2}-1\\ z=h\end{cases} \tag{8}$$

1) 当 $|h|=c$ 时，截得的图形为一点；

2) 当 $|h|>c$ 时，截线为椭圆，椭圆(8)两轴的端点 $\left(\pm a\sqrt{\dfrac{h^2}{c^2}-1},0,h\right)$ 与 $\left(0,\pm b\sqrt{\dfrac{h^2}{c^2}-1},h\right)$ 分别在双曲线(6)与(7)上。因此，双叶双曲面可以看成是由一个椭圆的变动(大小位置都改变)而产生的，这个椭圆在变动中保持所在平面与 xOy 面平行，且两对顶点分别沿着两个定双曲线(6)与(7)滑动。

思考题：

在什么情况下，方程(4.2.2)表示旋转双叶双曲面？

方程 $\dfrac{x^2}{a^2}-\dfrac{y^2}{b^2}+\dfrac{z^2}{c^2}=-1$ 与 $-\dfrac{x^2}{a^2}+\dfrac{y^2}{b^2}+\dfrac{z^2}{c^2}=-1$ 也都表示双叶双曲面。

单叶双曲面与双叶双曲面统称为双曲面。

和椭球面的参数方程类似的，双曲面(4.2.1)和(4.2.2)的参数方程依次为

$$\begin{cases}x=a\sec\varphi\cos\theta\\ y=b\sec\varphi\sin\theta\\ z=c\tan\varphi\end{cases}$$

和
$$\begin{cases}x=a\tan\varphi\cos\theta\\ y=b\tan\varphi\sin\theta\\ z=c\sec\varphi\end{cases}$$

其中，θ,φ 为参数。

4.2.3　双曲面的渐近锥面

在平面几何中，双曲线有渐近线，相类似地，双曲面也有渐近锥面。

现在我们来考虑单叶双曲面(4.2.1)和双叶双曲面(4.2.2)与二次锥面(4.2.3)。

单叶双曲面

$$\frac{x^2}{a^2}+\frac{y^2}{b^2}-\frac{z^2}{c^2}=1$$

双叶双曲面

$$\frac{x^2}{a^2}+\frac{y^2}{b^2}-\frac{z^2}{c^2}=-1$$

二次锥面

$$\frac{x^2}{a^2}+\frac{y^2}{b^2}-\frac{z^2}{c^2}=0 \tag{4.2.3}$$

当它们有相同的正数 a,b,c 时,则它们有密切的关系。

用平行于 xOy 坐标面的平面 $z=h(|h|>c)$ 去截三个曲面,所得截线方程为

$$\begin{cases}\dfrac{x^2}{a^2\left(1+\dfrac{h^2}{c^2}\right)}+\dfrac{y^2}{b^2\left(1+\dfrac{h^2}{c^2}\right)}=1\\ z=h\end{cases}$$

$$\begin{cases}\dfrac{x^2}{a^2\left(\dfrac{h^2}{c^2}-1\right)}+\dfrac{y^2}{b^2\left(\dfrac{h^2}{c^2}-1\right)}=1\\ z=h\end{cases}$$

和

$$\begin{cases}\dfrac{x^2}{a^2\dfrac{h^2}{c^2}}+\dfrac{y^2}{b^2\dfrac{h^2}{c^2}}=1\\ z=h\end{cases}$$

它们都是椭圆,具有相同的中心和对称轴,并且曲面对应的半轴分别为

$$a_1=\frac{a}{c}\sqrt{c^2+h^2},\ b_1=\frac{b}{c}\sqrt{c^2+h^2}$$

$$a_2=\frac{a}{c}\sqrt{h^2-c^2},\ b_2=\frac{b}{c}\sqrt{h^2-c^2}$$

和

$$a_3=\frac{a}{c}|h|,\ b_3=\frac{b}{c}|h|$$

但它们的半轴的比相等

$$\frac{b_1}{a_1}=\frac{b_2}{a_2}=\frac{b_3}{a_3}=\frac{b}{a}$$

所以在平面 $z=h$ 上截线椭圆的形状相似,很明显有 $a_2<a_3<a_1$, $b_2<b_3<b_1$。但当 $|h|$ 无限增大时,差 a_1-a_2,b_1-b_2 趋于零。事实上

$$\lim_{|h|\to\infty}(a_1 - a_2) = \lim_{|h|\to\infty}\left(\frac{a}{c}\sqrt{c^2+h^2} - \frac{a}{c}\sqrt{h^2-c^2}\right) =$$

$$\lim_{|h|\to\infty}\frac{a}{c}\frac{2c^2}{\sqrt{h^2+c^2}+\sqrt{h^2-c^2}} =$$

$$\lim_{|h|\to\infty}\frac{2ac}{\sqrt{h^2+c^2}+\sqrt{h^2-c^2}} = 0$$

同理得

$$\lim_{|h|\to\infty}(b_1 - b_2) = 0$$

可见,当 $|h|$ 无限增大时,三个曲面无限接近。即单叶双曲面和双叶双曲面都与二次锥面(4.2.3) 无限接近,我们称二次锥面(4.2.3) 是双曲面(4.2.1) 和(4.2.2) 的渐近锥面(图 4.7)。

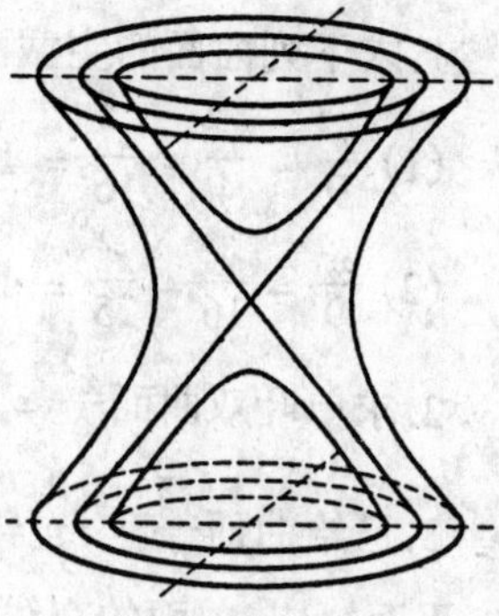

图 4.7

【例 1】 用一族平行平面 $z = h$(h 为参数) 截割单叶双曲面 $\frac{x^2}{a^2} + \frac{y^2}{b^2} - \frac{z^2}{c^2} = 1(a > b)$ 得一族椭圆,求这些椭圆焦点的轨迹。

解 所截得的椭圆族方程为

$$\begin{cases}\frac{x^2}{a^2} + \frac{y^2}{b^2} = 1 + \frac{h^2}{c^2}\\ z = h\end{cases}$$

即

$$\begin{cases}\frac{x^2}{a^2\left(1+\frac{h^2}{c^2}\right)} + \frac{y^2}{b^2\left(1+\frac{h^2}{c^2}\right)} = 1\\ z = h\end{cases}$$

因为 $a > b$,所以椭圆的长半轴为 $a\sqrt{1+\frac{h^2}{c^2}}$,短半轴为 $b\sqrt{1+\frac{h^2}{c^2}}$,从而椭圆焦点的坐标为

$$\begin{cases}x = \pm\sqrt{(a^2-b^2)\left(1+\frac{h^2}{c^2}\right)}\\ y = 0\\ z = h\end{cases}$$

消去参数 h 得

$$\begin{cases} \dfrac{x^2}{a^2 - b^2} - \dfrac{z^2}{c^2} = 1 \\ y = 0 \end{cases}$$

显然这族椭圆焦点的轨迹是一条在坐标面 xOz 上的双曲线。双曲线的实轴为 x 轴,虚轴为 z 轴。

习　题

1. 求下列曲面的主截面,半径与顶点,并作出图形。

(1) $\dfrac{x^2}{9} - \dfrac{y^2}{4} + \dfrac{z^2}{16} = 1$;

(2) $\dfrac{x^2}{9} - \dfrac{y^2}{16} - \dfrac{z^2}{25} = 1$。

2. 求单叶双曲面 $\dfrac{x^2}{9} + \dfrac{y^2}{4} - z^2 = 1$ 与平面 $4x - 3y - 12z - 6 = 0$ 的交线。

3. 已给曲面 $\dfrac{x^2}{4} + \dfrac{y^2}{9} - \dfrac{z^2}{4} = 1$,求两个平面,使它们分别平行于 yOz 平面和 zOx 平面,且与曲面的交线都是一对直线。

4. 给定方程 $\dfrac{x^2}{A-\lambda} + \dfrac{y^2}{B-\lambda} + \dfrac{z^2}{C-\lambda} = 1\ (A > B > C > 0)$, 试问当 λ 取异于 A, B, C 的各种数值时, 它表示怎样的曲面?

5. 平面 $x - mz = 0$ 与单叶双曲面 $x^2 + y^2 - z^2 = 1$ 相交,问 m 取何值时交线为椭圆?何值时交线为双曲线?

6. 设动点到 $(4, 0, 0)$ 的距离等于这点到平面 $x = 1$ 的距离的两倍,求这个动点的轨迹。

7. 设直线 l 与 m 为互不垂直的两条异面直线,C 是 l 与 m 公垂线的中点, A, B 两点分别在直线 l, m 上滑动, 且 $\angle ACB = 90°$, 试证直线 AB 的轨迹是一个单叶双曲面。

8. 已知两个双曲线 $\begin{cases} \dfrac{x^2}{a^2} - \dfrac{z^2}{c^2} = 1 \\ y = 0 \end{cases}$ 及 $\begin{cases} \dfrac{y^2}{b^2} - \dfrac{z^2}{c^2} = 1 \\ x = 0 \end{cases}$,又知一个椭圆的中心在 z 轴上,其主轴分别与 x, y 轴平行,并与两个双曲线相交,求证当椭圆变动时,所产生的曲面是单叶双曲面。

4.3　抛物面

4.3.1　椭圆抛物面

【定义 1】　在直角坐标系下,由方程

$$\frac{x^2}{a^2}+\frac{y^2}{b^2}=2z \tag{4.3.1}$$

确定的曲面称为椭圆抛物面,方程(4.3.1)叫做椭圆抛物面的标准方程,其中 a, b 是任意的正常数。

(1) 曲面的对称性:椭圆抛物面关于 yOz,zOx 坐标面以及 z 轴对称,但它没有对称中心,它与对称轴交于点(0, 0, 0),这点叫做椭圆抛物面的顶点。

(2) 曲面与坐标轴的交点:椭圆抛物面通过坐标原点,且除原点外,曲面与三坐标轴没有别的交点。

(3) 曲面的存在范围:椭圆抛物面全部在 xOy 坐标面的一侧,即在 $z\geqslant 0$ 的一侧。

(4) 被坐标面截得的曲线:用坐标面 $y=0$,$x=0$ 截割曲面(4.3.1),分别得抛物线

$$\begin{cases}x^2=2a^2z\\ y=0\end{cases} \tag{1}$$

$$\begin{cases}y^2=2b^2z\\ x=0\end{cases} \tag{2}$$

这两个抛物线叫做椭圆抛物面(4.3.1) 的主抛物线。它们有着相同的顶点和相同的对称轴即 z 轴，开口都向着 z 轴的正向。

(5) 被坐标平面的平行平面所截得的曲线。

首先,用平行于 xOy 坐标平面内的一系列平面 $z=h(h\geqslant 0)$ 去截割椭圆抛物面(4.3.1),所得截痕曲线为椭圆,方程为

$$\begin{cases}\dfrac{x^2}{a^2}+\dfrac{y^2}{b^2}=2h\\ z=h\end{cases} \tag{3}$$

当 $h=0$ 时,截线退化为一点(0,0,0);当 $h>0$ 时截线是椭圆,两顶点分别为

$$(\pm a\sqrt{2h},0,h),(0,\pm b\sqrt{2h},h)$$

它们分别在抛物面(4.3.1) 的主抛物线(1) 与(2) 上(图4.8),因此,椭圆抛物面(4.3.1) 可看成是由一个椭圆的变动(大小位置都改变) 而产生的,这个椭圆在变动中保持所在平面与 xOy 面平行,且两对顶点分别在抛物线(1) 与(2) 上滑动。

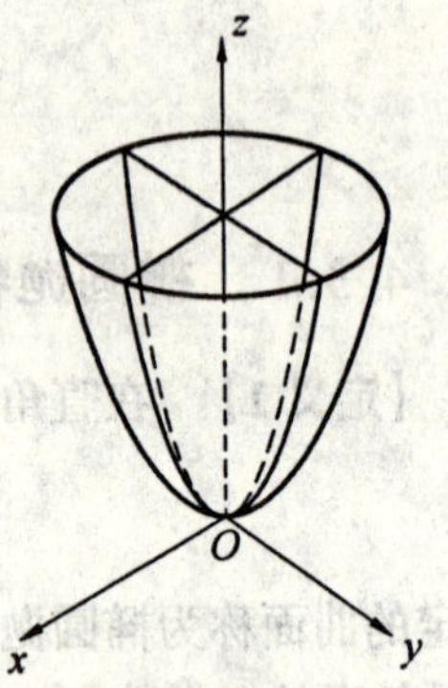

图 4.8

如果用平行于 xOz 坐标面的平面 $y = t$ 来截割椭圆抛物面(4.3.1),所截得的曲线为抛物线

$$\begin{cases} x^2 = 2a^2\left(z - \dfrac{t^2}{2b^2}\right) \\ y = t \end{cases} \tag{4}$$

显然抛物线(4) 所在平面与主抛物线(1) 所在平面平行,并且有相同的开口方向。抛物线(4) 的顶点 $\left(0, t, \dfrac{t^2}{2b^2}\right)$ 位于抛物线(2) 上。(图 4.9)

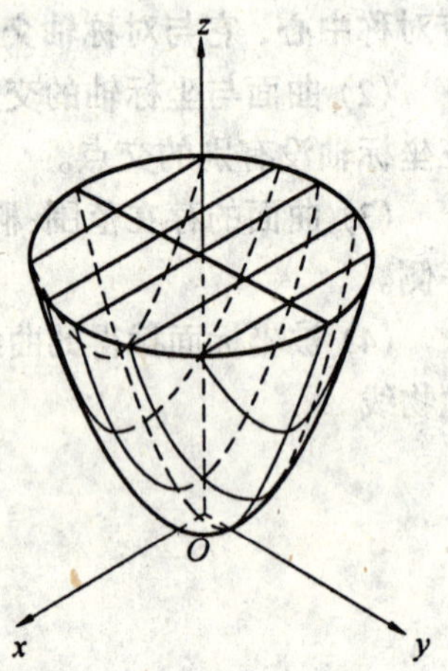

图 4.9

思考题:

椭圆抛物面(4.3.1) 可以看做由抛物线(4) 怎样运动而得到的?

在方程(4.3.1) 中,如果 $a = b$,那么方程变为(3.4.5)。即

$$x^2 + y^2 = 2a^2 z$$

则曲面就成为旋转抛物面。

下面的方程

$$\frac{x^2}{a^2} + \frac{y^2}{b^2} = -2z,\ \frac{x^2}{a^2} + \frac{z^2}{c^2} = \pm 2y,\ \frac{y^2}{b^2} + \frac{z^2}{c^2} = \pm 2x$$

的图形也都是椭圆抛物面,并且这些方程也都叫做椭圆抛物面的标准方程。

4.3.2 双曲抛物面

【定义 2】 在直角坐标系下,由方程

$$\frac{x^2}{a^2} - \frac{y^2}{b^2} = 2z \tag{4.3.2}$$

所表示的曲面叫做双曲抛物面或马鞍面,方程(4.3.2) 叫做双曲抛物面的标准方程,其中 a, b 为任意正常数。

双曲抛物面的图形。

(1) 曲面的对称性:由方程(4.3.2) 可知双曲抛物面关于 xOz 坐标面,yOz 坐

标面以及 z 轴都对称，但它没有对称中心。

(2) 曲面与坐标轴的交点：双曲抛物面(4.3.2) 通过原点，且除原点外与三坐标轴没有其他交点。原点(0,0,0) 也叫做双曲抛物面的鞍点。

(3) 曲面的存在范围：方程所表示的曲面是无界的。

(4) 被坐标面所截得的曲线：双曲抛物面被 xOy 坐标面截得的曲线方程为

$$\begin{cases}\dfrac{x^2}{a^2}-\dfrac{y^2}{b^2}=0\\ z=0\end{cases}\tag{5}$$

这是一对相交于原点的直线

$$\begin{cases}\dfrac{x}{a}-\dfrac{y}{b}=0\\ z=0\end{cases},\quad\begin{cases}\dfrac{x}{a}+\dfrac{y}{b}=0\\ z=0\end{cases}\tag{5$'$}$$

其次，被 xOz 与 yOz 坐标面截得的曲线方程分别为

$$\begin{cases}x^2=2a^2z\\ y=0\end{cases}\tag{6}$$

$$\begin{cases}y^2=-2b^2z\\ x=0\end{cases}\tag{7}$$

这两个抛物线叫做双曲抛物面(4.3.2) 的主抛物线，它们所在的平面互相垂直，有着相同的顶点与对称轴，即 z 轴，但开口方向相反。

(5) 被坐标面的平行平面所截得的曲线：用平行于 xOy 坐标面的平面 $z=h$ 来截割双曲抛物面，得截线方程为

$$\begin{cases}\dfrac{x^2}{2a^2h}-\dfrac{y^2}{2b^2h}=1\\ z=h\end{cases}\tag{8}$$

当 $h>0$ 时，截线是双曲线，它的实轴与 x 轴平行，虚轴与 y 轴平行，顶点在主抛物线(6) 上；当 $h<0$ 时，截线是双曲线，它的实轴与 y 轴平行，虚轴与 x 轴平行，顶点在主抛物线(7) 上(图 4.10)。

用平面 $x=t$ 来截曲面，其截线为抛物线，即

$$\begin{cases}y^2=-2b^2\left(z-\dfrac{t^2}{2a^2}\right)\\ x=t\end{cases}\tag{9}$$

它与抛物线(7) 全等(因有相同的焦参数)，且顶点 $\left(t,0,\dfrac{t^2}{2a^2}\right)$ 在抛物线(6) 上。

因此，双曲抛物面可看成是一族具有相同形状的抛物线(7)，顶点保持在抛

物线(6) 上平行移动的轨迹(图 4.11)。

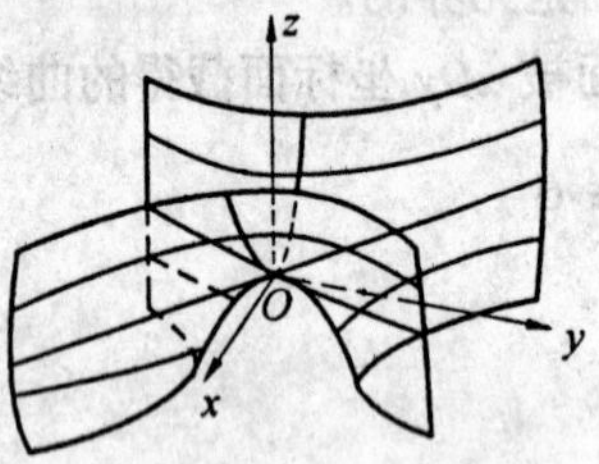

图 4.10

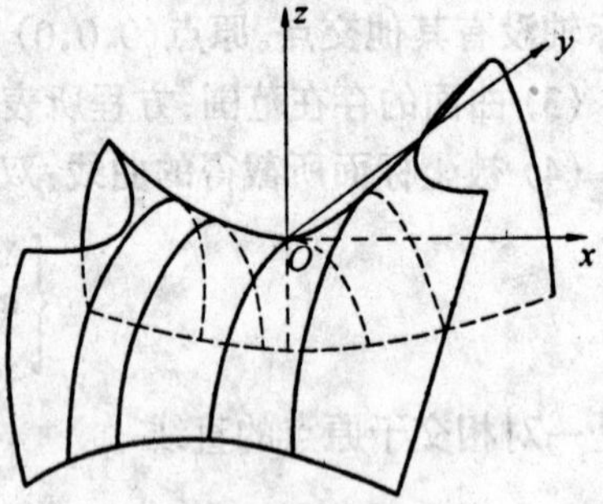

图 4.11

思考题:

若用平行于坐标面 zOx 的平面来截曲面,其情况又如何?

可以验证,椭圆抛物面(4.3.1) 和双曲抛物面(4.3.2) 的参数方程依次为

$$\begin{cases} x = au\cos v \\ y = bu\sin v \\ z = \dfrac{1}{2}u^2 \end{cases} \quad -\infty < u < +\infty, 0 \leqslant v < 2\pi$$

和

$$\begin{cases} x = a(u+v) \\ y = b(u-v) \\ z = 2uv \end{cases} \quad -\infty < u, v < +\infty$$

u, v 为参数。

下面的方程

$$\frac{x^2}{a^2} - \frac{y^2}{b^2} = -2z, \quad \frac{x^2}{a^2} - \frac{z^2}{c^2} = \pm 2y, \quad \frac{y^2}{b^2} - \frac{z^2}{c^2} = \pm 2x$$

的图形也都是双曲抛物面,而且这些方程也都叫做双曲抛物面的标准方程。

椭圆抛物面与双曲抛物面统称为抛物面,它们都没有对称中心,所以又都叫做无心二次曲面。

习 题

1. 说明下列曲面的形状。

(1) $x^2 - y^2 = 2z$;

(2) $y^2 + z^2 = 2x$;

(3) $z^2 - 4y^2 = -2x$。

2. 已知无心二次曲面 $Px^2 + Qy^2 = 2z$,试确定这个曲面,满足:

(1) 过点(1,0,1)和点(0,2,-1);

(2) 过曲线 $\begin{cases} 2x^2 + y^2 = 4 \\ z = 2 \end{cases}$。

3. 在空间直角坐标系中,求与直线

$$l_1: \frac{x-2}{1} = \frac{y}{-1} = \frac{z-4}{4} \text{ 和 } l_2: \frac{x-1}{1} = \frac{y+1}{-1} = \frac{z}{0}$$

共面且与平面 $\pi: x - y - 5 = 0$ 平行的直线所组成的轨迹。

4. 已知两个抛物线,它们有共同的顶点和对称轴(同向),但参数不同,且所在平面互相垂直,当一个抛物线平行移动且顶点在另一个抛物线上时,求动抛物线所产生的曲面。

5. 适当选取坐标系,求下列轨迹的方程。

(1) 到一定点和一定平面距离之比等于常数的点的轨迹;

(2) 与两给定异面直线等距离的点的轨迹,已知两异面直线之间的距离为 $2a$,夹角为 2α。

4.4 直纹曲面

我们知道,柱面和锥面都是由直线构成的。这种由直线构成的曲面(或由直线的运动所产生的曲面)称为直纹面,这些直线都称为曲面的直母线。本章所引入的五种二次曲面中,哪些是直纹面呢?我们从上面的讨论中知道单叶双曲面和双曲抛物面上都包含直线。下面我们来证明这两种曲面不仅含有直线,而且是由直母线生成的,因而它们也都是直纹面,而椭圆面,双叶双曲面及椭圆抛物面都不是直纹曲面。

4.4.1 单叶双曲面的直母线

【定理 1】 单叶双曲面是直纹曲面。

证明　设单叶双曲面的方程为

$$\frac{x^2}{a^2} + \frac{y^2}{b^2} - \frac{z^2}{c^2} = 1 \tag{1}$$

把它改写为

$$\frac{x^2}{a^2}-\frac{z^2}{c^2}=1-\frac{y^2}{b^2}$$

或

$$\left(\frac{x}{a}+\frac{z}{c}\right)\left(\frac{x}{a}-\frac{z}{c}\right)=\left(1+\frac{y}{b}\right)\left(1-\frac{y}{b}\right) \tag{2}$$

引进不等于零的参数 u,将上式改写为

$$\begin{cases}\dfrac{x}{a}+\dfrac{z}{c}=u\left(1+\dfrac{y}{b}\right)\\ \dfrac{x}{a}-\dfrac{z}{c}=\dfrac{1}{u}\left(1-\dfrac{y}{b}\right)\end{cases} \tag{3}$$

在式(3) 中当参数 $u\to 0$ 或 $u\to\infty$ 时,则得下列两直线

$$\begin{cases}\dfrac{x}{a}+\dfrac{z}{c}=0\\ 1-\dfrac{y}{b}=0\end{cases}$$

$$\begin{cases}\dfrac{x}{a}-\dfrac{z}{c}=0\\ 1+\dfrac{y}{b}=0\end{cases} \tag{4}$$

可见无论 u 取何值,式(3) 和(4) 都表示直线,我们把式(3),(4) 合起来组成双曲面的一族直母线,称其为 u 族直母线。

现在证明由这 u 族直母线可以构成曲面(1) 从而它是单叶双曲面(1) 的一族直母线。为此需要证明下面两点。

(1) u 族直母线中的任意一条直线都在曲面(1) 上。

当 $u\neq 0$ 时,将式(3) 中两式的两端分别相乘,得式(2)。所以式(3) 所表示的直线上的点都在曲面(1) 上;而满足式(4) 的点显然满足式(2),从而满足式(1),因此直线(4) 上的点也都在曲面(1) 上。

(2) 在曲面(1) 上每一点,必有 u 族直母线中的一条直线经过该点。

设(x_0,y_0,z_0)是曲面(1) 上任意一点,则有

$$\left(\frac{x_0}{a}+\frac{z_0}{c}\right)\left(\frac{x_0}{a}-\frac{z_0}{c}\right)=\left(1+\frac{y_0}{b}\right)\left(1-\frac{y_0}{b}\right) \tag{5}$$

因为 $1+\dfrac{y_0}{b}$ 与 $1-\dfrac{y_0}{b}$ 不能同时为零,假设

$$1+\frac{y_0}{b}\neq 0$$

如果$\frac{x_0}{a}+\frac{z_0}{c}\neq 0$,那么取 u 的值,使

$$\frac{x_0}{a}+\frac{z_0}{c}=u\left(1+\frac{y_0}{b}\right)$$

从而由式(5) 得

$$\frac{x_0}{a}-\frac{z_0}{c}=\frac{1}{u}\left(1-\frac{y_0}{b}\right)$$

所以点(x_0,y_0,z_0)在直线(3) 上。

如果$\frac{x_0}{a}+\frac{z_0}{c}=0$,那么由式(5) 知必有$1-\frac{y_0}{b}=0$,所以点$(x_0,y_0,z_0)$在直线(4) 上。因此曲面(1) 上的任意一点$(x_0,y_0,z_0)$,一定在 u 族直母线中的某一条直线上。

同样可以证明由直线

$$\begin{cases}\frac{x}{a}+\frac{z}{c}=v\left(1-\frac{y}{b}\right)\\ \frac{x}{a}-\frac{z}{c}=\frac{1}{v}\left(1+\frac{y}{b}\right)\end{cases}\tag{6}$$

与另两条直线(相当于 $v\to 0$ 和 $v\to\infty$ 的情况)

$$\begin{cases}\frac{x}{a}+\frac{z}{c}=0\\ 1+\frac{y}{b}=0\end{cases}\quad 与\quad\begin{cases}\frac{x}{a}-\frac{z}{c}=0\\ 1-\frac{y}{b}=0\end{cases}\tag{7}$$

合在一起构成曲面(1) 的另一族直母线,称其为 v 族直母线。

图 4.12 表示了单叶双曲面上两族直母线的大概分布情况。

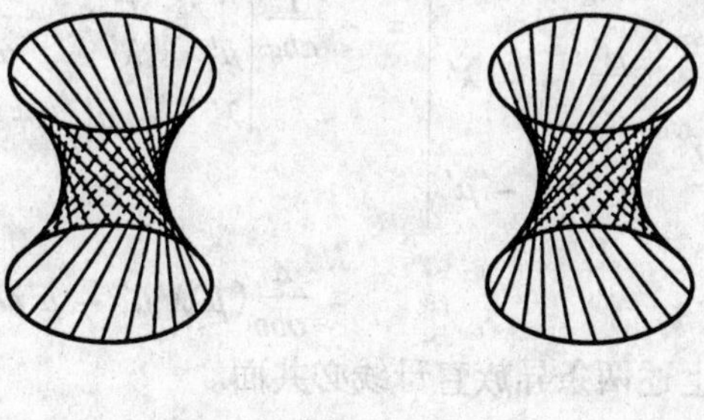

图 4.12

为了避免取极限,我们把单叶双曲面(1) 的 u 族直母线写成

$$\begin{cases}\mu\left(\frac{x}{a}+\frac{z}{c}\right)=\lambda\left(1+\frac{y}{b}\right)\\ \lambda\left(\frac{x}{a}-\frac{z}{c}\right)=\mu\left(1-\frac{y}{b}\right)\end{cases} \tag{4.4.1}$$

其中,λ,μ 不同时为零,称 λ,μ 为“齐次参数”。$\lambda=0,\mu=1$ 和 $\lambda=1,\mu=0$ 分别表示式(4)中的两条直线。

同理,v 族直母线可以写成

$$\begin{cases}\mu'\left(\frac{x}{a}+\frac{z}{c}\right)=\lambda'\left(1-\frac{y}{b}\right)\\ \lambda'\left(\frac{x}{a}-\frac{z}{c}\right)=\mu'\left(1+\frac{y}{b}\right)\end{cases} \tag{4.4.2}$$

其中,λ',μ' 不同时为零。

可见(4.4.1)与(4.4.2)中的直线分别只依赖 $\mu:\lambda$ 与 $\mu':\lambda'$ 的比值。

【定理 2】 单叶双曲面的直母线具有以下性质:

(1) 单叶双曲面上异族的两条直母线共面;

(2) 单叶双曲面上同族的两条直母线是异面直线;

(3) 对于单叶双曲面上任意点,两族直母线中各有唯一的一条直母线通过此点。

证明 由(4.4.1)和(4.4.2)的四个方程的系数和常数项所组成的行列式,有

$$\begin{vmatrix}\frac{\mu}{a} & -\frac{\lambda}{b} & \frac{\mu}{c} & -\lambda\\ \frac{\lambda}{a} & \frac{\mu}{b} & -\frac{\lambda}{c} & -\mu\\ \frac{\mu'}{a} & \frac{\lambda'}{b} & \frac{\mu'}{c} & -\lambda'\\ \frac{\lambda'}{a} & -\frac{\mu'}{b} & -\frac{\lambda'}{c} & -\mu'\end{vmatrix} = -\frac{1}{abc}\begin{vmatrix}\mu & -\lambda & \mu & \lambda\\ \lambda & \mu & -\lambda & \mu\\ \mu' & \lambda' & \mu' & \lambda'\\ \lambda' & -\mu' & -\lambda' & \mu'\end{vmatrix} =$$

$$-\frac{4}{abc}(\mu\lambda\lambda'\mu'-\mu'\lambda\lambda'\mu)=0$$

根据2.3节例4知上述两条异族直母线必共面。

这个定理性质(2),(3)的证明留给读者。

4.4.2 双曲抛物面的直母线

对于双曲抛物面

$$\frac{x^2}{a^2}-\frac{y^2}{b^2}=2z$$

同样的可以证明它也有两族直母线,它们的方程分别是

$$\begin{cases}\frac{x}{a}+\frac{y}{b}=2u\\ u\left(\frac{x}{a}-\frac{y}{b}\right)=z\end{cases}\tag{4.4.3}$$

与

$$\begin{cases}\frac{x}{a}-\frac{y}{b}=2v\\ v\left(\frac{x}{a}+\frac{y}{b}\right)=z\end{cases}\tag{4.4.4}$$

思考题:

对于双曲抛物面的直母线族方程是否可用双参数表示?

【定理 3】 双曲抛物面是直纹曲面。

【定理 4】 双曲抛物面的直母线具有以下性质:

(1) 双曲抛物面上异族的两条直母线相交;

(2) 双曲抛物面上同族的两条直母线异面;

(3) 双曲抛物面上同族的直母线平行于同一平面;

(4) 对于双曲抛物面上任意点,两族直母线中各有一条直母线通过此点。

证明留作习题。

双曲抛物面上两族直母线的大概分布情况如图 4.13 所示。

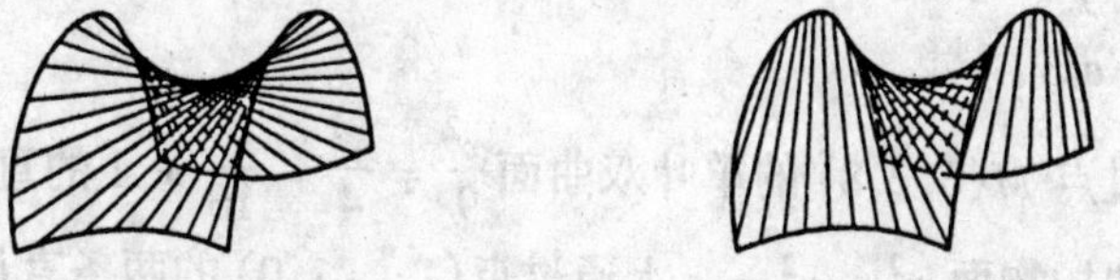

图 4.13

思考题:

除单叶双曲面和双曲抛物面外,椭球面,双叶双曲面,椭圆抛物面是否可能是直纹面?并叙述理由。

【例 1】 求单叶双曲面$\frac{x^2}{4}+\frac{y^2}{9}-\frac{z^2}{1}=1$上通过点 $M(2,-3,1)$ 的直母线。

解 点 M 的坐标满足曲面方程,即点 M 在曲面上。又曲面的两族直母线方

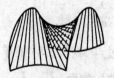

程是

$$\begin{cases}\mu\left(\dfrac{x}{2}+z\right)=\lambda\left(1+\dfrac{y}{3}\right)\\ \lambda\left(\dfrac{x}{2}-z\right)=\mu\left(1-\dfrac{y}{3}\right)\end{cases} \text{与} \begin{cases}\mu'\left(\dfrac{x}{2}+z\right)=\lambda'\left(1-\dfrac{y}{3}\right)\\ \lambda'\left(\dfrac{x}{2}-z\right)=\mu'\left(1+\dfrac{y}{3}\right)\end{cases}$$

把点 $M(2,-3,1)$ 分别代入上面两组方程，求得 $\mu=0$ 与 $\mu':\lambda'=1:1$，代入直母线族方程，得过 $M(2,-3,1)$ 的两条直母线分别为

$$\begin{cases}\dfrac{x}{2}-z=0\\ 1+\dfrac{y}{3}=0\end{cases} \text{与} \begin{cases}\dfrac{x}{2}+\dfrac{y}{3}+z-1=0\\ \dfrac{x}{2}-\dfrac{y}{3}-z-1=0\end{cases}$$

即
$$\begin{cases}x-2z=0\\ y+3=0\end{cases} \text{与} \begin{cases}3x+2y+6z-6=0\\ 3x-2y-6z-6=0\end{cases}$$

柱面，锥面和单叶双曲面，双曲抛物面都是直纹面，但是它们还是有区别的。柱面和锥面当沿直母线剪开后可展成平面，这类曲面叫做可展曲面，而后两种曲面则无此特性。关于直纹面，特别是可展曲面的理论，微分几何中将系统研究。

利用单叶双曲面和双曲抛物面的直纹性，在建筑、机械、冶金、农机、水利各工农业系统中有许多应用。

习　题

1. 求下列直纹曲面的直母线族方程。

(1) $x^2+y^2-z^2=0$;

(2) $z=axy$。

2. 求通过点 $M(6,2,8)$ 的单叶双曲面 $\dfrac{x^2}{9}+\dfrac{y^2}{4}-\dfrac{z^2}{16}=1$ 的直母线。

3. 求双曲抛物面 $x^2-y^2=z$ 上通过点 $(1,-1,0)$ 的两条直母线方程及它们之间的夹角。

4. 求下列直线族所成的曲面（式中的 λ 为参数）。

(1) $\begin{cases}y=4\lambda\\ \lambda y-x=0\end{cases}$;

(2) $\dfrac{x-\lambda^2}{1}=\dfrac{y}{-1}=\dfrac{z-\lambda}{0}$;

(3) $\begin{cases}x+2\lambda y+4z=4\lambda\\ \lambda x-2y-4\lambda z=4\end{cases}$。

5. 求单叶双曲面$\frac{x^2}{4}+\frac{y^2}{9}-\frac{z^2}{16}=1$平行于平面$6x+4y+3z-17=0$的直母线方程。

6. 求与下列三条直线都相交的直线所构成的曲面方程。

$$L_1:\begin{cases}x=1\\y=z\end{cases},\ L_2:\begin{cases}x=-1\\y=-z\end{cases},\ L_3:\frac{x-2}{-3}=\frac{y+1}{4}=\frac{z+2}{5}$$

7. 求与两直线$\frac{x-6}{3}=\frac{y}{2}=\frac{z-1}{1}$与$\frac{x}{3}=\frac{y-8}{2}=\frac{z+4}{-2}$相交，而且与平面$2x+3y-5=0$平行的直线的轨迹。

8. 证明：单叶双曲面$\frac{x^2}{a^2}+\frac{y^2}{b^2}-\frac{z^2}{c^2}=1$的直母线在坐标平面上的正投影直线切于曲面在这个坐标平面上的主截线。

9. 试求单叶双曲面上两条直交母线的交点轨迹。

10. 试求双曲抛物面上两条直交母线的交点轨迹。

4.5 空间区域的简图

在有些实际问题中，常常会遇到由几个空间曲面所围成的区域，这就需要对这个区域作一个简单的图形。本节将通过几个例子给出简单的介绍。

4.5.1 空间曲线在坐标平面上的射影

设给定空间曲线的一般方程是

$$\Gamma:\begin{cases}F(x,y,z)=0\\G(x,y,z)=0\end{cases}\tag{4.5.1}$$

若求空间曲线 Γ 在坐标平面 xOy 上射影柱面的方程，则从上式(4.5.1)中消去 z 而得到方程

$$H(x,y)=0$$

即为所求的射影柱面。从而

$$\begin{cases}H(x,y)=0\\z=0\end{cases}$$

就是空间曲线 Γ 在坐标平面 xOy 上的射影曲线方程。

类似地，消去式(4.5.1)中的 x 或 y，就得曲线关于 yOz 和 zOx 坐标平面的射影柱面方程

$$L(y,z)=0 \text{ 和 } R(x,z)=0$$

以及射影曲线方程

$$\begin{cases}L(y,z)=0\\x=0\end{cases} \text{和} \begin{cases}R(x,z)=0\\y=0\end{cases}$$

【例1】 试求空间曲线 $\Gamma:\begin{cases}2x+y=4\\z=4-x^2\end{cases}$ 分别在三个坐标平面上的射影柱面和射影曲线的方程。

解 空间曲线 Γ 是平面 $2x+y=4$ 与抛物柱面 $z=4-x^2$ 的交线。

空间曲线 Γ 在 xOy 坐标平面上的射影柱面方程为

$$2x+y=4$$

射影曲线方程为

$$\Gamma_1:\begin{cases}2x+y=4\\z=0\end{cases} \quad \text{(直线)}$$

空间曲线 Γ 在 zOx 坐标平面上的射影柱面方程为

$$z=4-x^2$$

射影曲面方程为

$$\Gamma_2:\begin{cases}x^2=-(z-4)\\y=0\end{cases} \quad \text{(抛物线)}$$

空间曲线 Γ 在 yOz 坐标平面上的射影柱面方程为

$$(y-4)^2=-4(z-4)$$

射影曲线方程为

$$\Gamma_3:\begin{cases}(y-4)^2=-4(z-4)\\x=0\end{cases} \quad \text{(抛物线)}$$

4.5.2 两曲面交线的画法

在空间画坐标轴，通常把 y 轴画为水平的，从左向右为正向，把 z 轴画为铅直的，从下向上为正向，把 x 轴画为向左下方且与水平线成45°角。并规定 y 轴和 z 轴上的单位长度相等，x 轴上的单位长度取为 y 轴上单位长度的一半。

对于空间中的任意一点 P，它在三个坐标面上的射影分别为点 P_1,P_2,P_3，这四个点中只要知道两个点，就可以作出另两个点。例如，若知道 P_1,P_2 两个点，则只要分别过点 P_1 和点 P_2 作平行于相应坐标轴（如 z 轴和 x 轴）的直线，它们的交点就是 P，再过点 P 作另一个坐标轴（如 y 轴）的平行线，它与该坐标平面（如 zOx 面）的交点就是 P_3（图 4.14）。

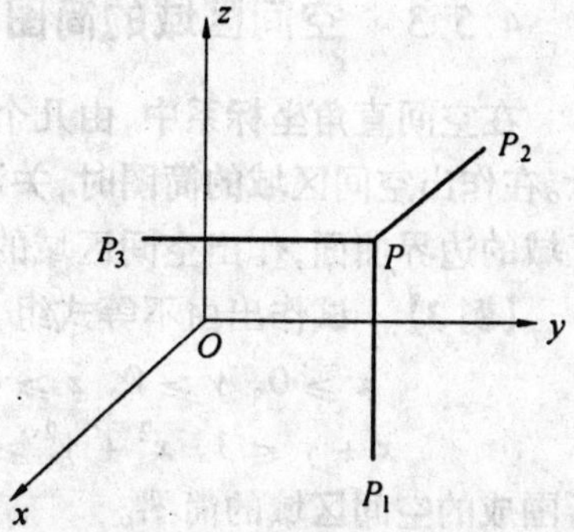

图 4.14

根据以上作法，要作出空间曲线的交线，只要知道它在三个坐标平面上的射影曲线中的两条，就可以画出曲线 Γ，而射影曲线是通过曲线的射影柱面和坐标平面相交得到的。

【例 2】　试作出空间曲线 Γ：$\begin{cases}2x+y=4\\ z=4-x^2\end{cases}$在第一卦限的简图。

解　曲线 Γ 在和坐标平面 xOy，zOx 上的射影曲线方程分别为

$$\Gamma_1:\begin{cases}2x+y=4\\ z=0\end{cases}\quad（直线）$$

$$\Gamma_2:\begin{cases}x^2=-(z-4)\\ y=0\end{cases}\quad（抛物线）$$

射影曲线 Γ_2 是 zOx 坐标平面上，顶点在点(0,0,4)，焦参数 $p=\dfrac{1}{2}$ 的抛物线。在 xOy 和 zOx 坐标平面上分别作出射影曲线 Γ_1 和 Γ_2。

在 x 轴上任取一点 M，过点 M 作 y 轴的平行线交曲线 Γ_1 于点 N，过点 M 作 z 轴的平行线交曲线 Γ_2 于点 L，再过点 L，N 分别作 y 轴 z 轴的平行线交于 P，那么 P 就是曲线 Γ 上的点。(图 4.15)

按这一方法在 x 轴上取若干个点 $M_1,M_2,\cdots$，便可求得 Γ 上的很多点，将这些点连接起来便得到曲线 Γ。

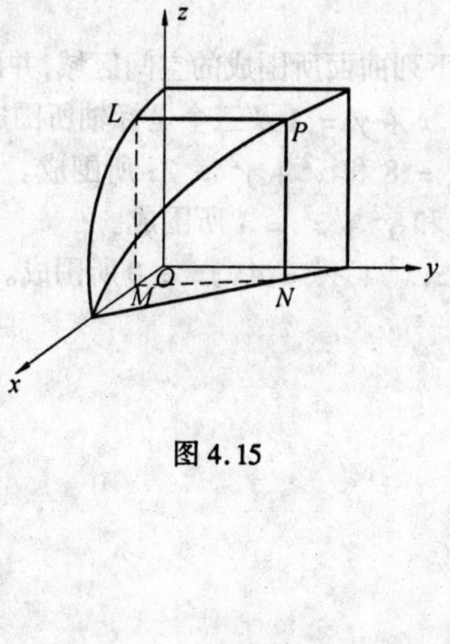

图 4.15

4.5.3 空间区域的简图

在空间直角坐标系中,由几个曲面或平面围成的空间区域,可用不等式组表示。在作出空间区域的简图时,关键是画出相应曲面的交线,这样才能画出空间区域的边界曲面,作出空间区域的简图。

【例 3】 试作出由不等式组

$$x \geqslant 0,\ y \geqslant 0,\ z \geqslant 0,$$
$$x + y \leqslant 1,\ x^2 + y^2 \geqslant 4z$$

所围成的空间区域的简图。

解 根据题意:$x \geqslant 0, y \geqslant 0, z \geqslant 0$ 知该空间区域在第一卦限内,$x^2 + y^2 \geqslant 4z$ 表明该空间区域在椭圆抛物面的下方,$x + y \leqslant 1$ 表示该区域在平面 $x + y = 1$ 的包含坐标原点的一侧。分别画出椭圆抛物面 $x^2 + y^2 = 4z$ 与三个坐标平面 $x = 0, y = 0, z = 0$ 的交线,以及平面 $x + y = 1$ 与三个坐标平面 $x = 0, y = 0, z = 0$ 的交线。平面 $x + y = 1$ 与椭圆抛物面 $x^2 + y^2 = 4z$ 的交线为 $\begin{cases} x + y = 1 \\ x^2 + y^2 = 4z \end{cases}$(图 4.16)。

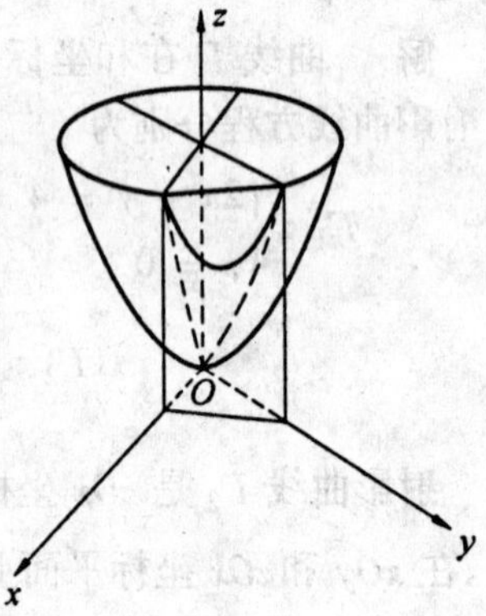

图 4.16

习 题

1. 用不等式组表示下列曲面所围成的空间区域,并画出草图。

(1) 由 $x^2 + y^2 = z, x + y = 1$ 及三个坐标轴所围成。

(2) 由 $x^2 + y^2 + z^2 = 8$ 和 $x^2 + y^2 = 2z$ 所围成。

(3) 由 $x^2 + y^2 = 1$ 和 $y^2 + z^2 = 1$ 所围成。

(4) 由 $x^2 + y^2 = 2z, x^2 + y^2 = 4x, z = 0$ 所围成。

第5章　一般二次曲面的研究

在空间中,由三元二次方程

$$a_{11}x^2 + a_{22}y^2 + a_{33}z^2 + 2a_{12}xy + 2a_{13}xz + 2a_{23}yz + 2a_{14}x + 2a_{24}y + 2a_{34}z + a_{44} = 0 \tag{5.1}$$

所表示的曲面叫做二次曲面。

在这一章,我们将在上一章讨论各种二次曲面的标准方程的基础上,进一步讨论一般二次曲面(5.1)的一些几何性质,中心,主径面等,这些是几何理论,更重要的是研究它的简化问题,这是代数理论。通过三维空间关于一般二次曲面方程的研究方法,很容易推广到 n 维空间一般二次超曲面方程的研究。

为了今后讨论的方便,我们引进一些记号如下

$$F(x,y,z) \equiv a_{11}x^2 + a_{22}y^2 + a_{33}z^2 + 2a_{12}xy + 2a_{13}xz + 2a_{23}yz + 2a_{14}x + 2a_{24}y + 2a_{34}z + a_{44} = 0$$

$$F_1(x,y,z) \equiv a_{11}x + a_{12}y + a_{13}z + a_{14}$$

$$F_2(x,y,z) \equiv a_{12}x + a_{22}y + a_{23}z + a_{24}$$

$$F_3(x,y,z) \equiv a_{13}x + a_{23}y + a_{33}z + a_{34}$$

$$F_4(x,y,z) \equiv a_{14}x + a_{24}y + a_{34}z + a_{44}$$

把 $F(x,y,z)$ 的二次项记为

$$\Phi(x,y,z) \equiv a_{11}x^2 + a_{22}y^2 + a_{33}z^2 + 2a_{12}xy + 2a_{13}xz + 2a_{23}yz$$

记

$$\Phi_1(x,y,z) \equiv a_{11}x + a_{12}y + a_{13}z$$

$$\Phi_2(x,y,z) \equiv a_{12}x + a_{22}y + a_{23}z$$

$$\Phi_3(x,y,z) \equiv a_{13}x + a_{23}y + a_{33}z$$

$$\Phi_4(x,y,z) \equiv a_{14}x + a_{24}y + a_{34}z$$

通过计算有下列恒等式

$$F(x,y,z) \equiv xF_1(x,y,z) + yF_2(x,y,z) + zF_3(x,y,z) + F_4(x,y,z)$$

$$\Phi(x,y,z) \equiv x\Phi_1(x,y,z) + y\Phi_2(x,y,z) + z\Phi_3(x,y,z)$$

为了便于记忆借用偏导数的记号

$$F_1(x,y,z)=\frac{1}{2}F'_x(x,y,z)$$

$$F_2(x,y,z)=\frac{1}{2}F'_y(x,y,z)$$

$$F_3(x,y,z)=\frac{1}{2}F'_z(x,y,z)$$

$$\Phi_1(x,y,z)=\frac{1}{2}\Phi'_x(x,y,z)$$

$$\Phi_2(x,y,z)=\frac{1}{2}\Phi'_y(x,y,z)$$

$$\Phi_3(x,y,z)=\frac{1}{2}\Phi'_z(x,y,z)$$

我们把 $F(x,y,z)$ 的系数排成矩阵。

$$A=\begin{pmatrix} a_{11} & a_{12} & a_{13} & a_{14} \\ a_{12} & a_{22} & a_{23} & a_{24} \\ a_{13} & a_{23} & a_{33} & a_{34} \\ a_{14} & a_{24} & a_{34} & a_{44} \end{pmatrix}$$

叫做二次曲面(5.1)的矩阵(或称 $F(x,y,z)$ 的矩阵),而由 $\Phi(x,y,z)$ 的系数所排成的矩阵

$$A^*=\begin{pmatrix} a_{11} & a_{12} & a_{13} \\ a_{12} & a_{22} & a_{23} \\ a_{13} & a_{23} & a_{33} \end{pmatrix}$$

叫做 $\Phi(x,y,z)$ 的矩阵。

以后还引用以下记号

$$I_1=a_{11}+a_{22}+a_{33}$$

$$I_2=\begin{vmatrix} a_{11} & a_{12} \\ a_{12} & a_{22} \end{vmatrix}+\begin{vmatrix} a_{11} & a_{13} \\ a_{13} & a_{33} \end{vmatrix}+\begin{vmatrix} a_{22} & a_{23} \\ a_{23} & a_{33} \end{vmatrix}$$

$$I_3=\begin{vmatrix} a_{11} & a_{12} & a_{13} \\ a_{12} & a_{22} & a_{23} \\ a_{13} & a_{23} & a_{33} \end{vmatrix}$$

$$I_4 = \begin{vmatrix} a_{11} & a_{12} & a_{13} & a_{14} \\ a_{12} & a_{22} & a_{23} & a_{24} \\ a_{13} & a_{23} & a_{33} & a_{34} \\ a_{14} & a_{24} & a_{34} & a_{44} \end{vmatrix}$$

$$K_1 = \begin{vmatrix} a_{11} & a_{14} \\ a_{14} & a_{44} \end{vmatrix} + \begin{vmatrix} a_{22} & a_{24} \\ a_{24} & a_{44} \end{vmatrix} + \begin{vmatrix} a_{33} & a_{34} \\ a_{34} & a_{44} \end{vmatrix}$$

$$K_2 = \begin{vmatrix} a_{11} & a_{12} & a_{14} \\ a_{12} & a_{22} & a_{24} \\ a_{14} & a_{24} & a_{44} \end{vmatrix} + \begin{vmatrix} a_{11} & a_{13} & a_{14} \\ a_{13} & a_{33} & a_{34} \\ a_{14} & a_{34} & a_{44} \end{vmatrix} + \begin{vmatrix} a_{22} & a_{23} & a_{24} \\ a_{23} & a_{33} & a_{34} \\ a_{24} & a_{34} & a_{44} \end{vmatrix}$$

我们常把二次曲面放在复空间内研究，所以需要简单介绍一下复空间的概念。在已给定的坐标系下，复空间是所有有序三数组(x,y,z)的集合，而复三数组(x,y,z)为复点，x,y,z称为复点的坐标。三个坐标全是实数的点称为实点，否则称为虚点。对应坐标是共轭复数的两个点，叫共轭虚点，以两个点$M_1(x_1,y_1,z_1)$与$M_2(x_2,y_2,z_2)$为端点的向量$\overrightarrow{M_1M_2}=(x_2-x_1,y_2-y_1,z_2-z_1)$称为复向量。分量中至少有一个不是实数的复向量叫做虚向量。以两个虚点为端点的向量可能是实向量（即坐标全为实数的向量）。对应分量是共轭复数的两向量称为共轭向量。分量分别成比例的两个向量称为平行向量或共线向量。虚向量可以和实向量相平行，这时它的三个分量的比值是实数，它有实方向。

本章所研究的是具有实系数的三元二次方程(5.1)所表示的二次曲面。虽然系数是实系数，但是曲面上将含有许多虚点。甚至有的实系数方程所表示的曲面上只有虚点而无实点。例如，$x^2+y^2+z^2=-1$则完全由虚点组成，在直角坐标系下，称它为虚球面。

5.1　空间直角坐标变换

这一节，我们将在直角坐标系下，利用坐标变换，使二次曲面的方程取最简单的形式。

设在空间给出两个由标架$\{O;\boldsymbol{i},\boldsymbol{j},\boldsymbol{k}\}$与$\{O';\boldsymbol{i}',\boldsymbol{j}',\boldsymbol{k}'\}$确定的右手直角坐标系，为了便于叙述，我们把前面的一个叫做旧坐标系，后面的一个叫做新坐标系。

5.1.1 移轴

设标架$\{O;\boldsymbol{i},\boldsymbol{j},\boldsymbol{k}\}$与$\{O';\boldsymbol{i}',\boldsymbol{j}',\boldsymbol{k}'\}$为旧新两个空间右手坐标系，原点$O$与$O'$不同，$O'$在旧坐标系下的坐标为$(x_0,y_0,z_0)$，但是$\boldsymbol{i}'=\boldsymbol{i},\boldsymbol{j}'=\boldsymbol{j},\boldsymbol{k}'=\boldsymbol{k}$时新坐标系可以看成由旧坐标系平移到使$O$与$O'$重合而得到的，我们把这种情况下的坐标变换称为平移变换，简称移轴。(图5.1)

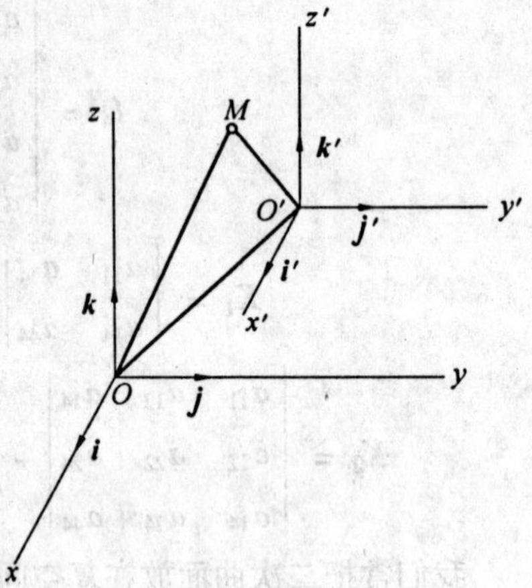

图5.1

设M为空间任意一点，它在$\{O;\boldsymbol{i},\boldsymbol{j},\boldsymbol{k}\}$与$\{O';\boldsymbol{i}',\boldsymbol{j}',\boldsymbol{k}'\}$下的坐标分别为$(x,y,z)$与$(x',y',z')$，那么

$$\overrightarrow{OM}=x\boldsymbol{i}+y\boldsymbol{j}+z\boldsymbol{k}$$

$$\overrightarrow{O'M}=x'\boldsymbol{i}'+y'\boldsymbol{j}'+z'\boldsymbol{k}'=x'\boldsymbol{i}+y'\boldsymbol{j}+z'\boldsymbol{k}$$

$$\overrightarrow{OO'}=x_0\boldsymbol{i}+y_0\boldsymbol{j}+z_0\boldsymbol{k}$$

又因为

$$\overrightarrow{OM}=\overrightarrow{OO'}+\overrightarrow{O'M}$$

所以有

$$x\boldsymbol{i}+y\boldsymbol{j}+z\boldsymbol{k}=(x_0+x')\boldsymbol{i}+(y_0+y')\boldsymbol{j}+(z_0+z')\boldsymbol{k}$$

得

$$\begin{cases}x=x_0+x'\\ y=y_0+y'\\ z=z_0+z'\end{cases}\qquad(5.1.1)$$

这就是空间直角坐标系的平移公式。

从而就得到用旧坐标系表示新坐标的坐标变换公式，即移轴逆变换公式

$$\begin{cases}x'=x-x_0\\ y'=y-y_0\\ z'=z-z_0\end{cases}\qquad(5.1.2)$$

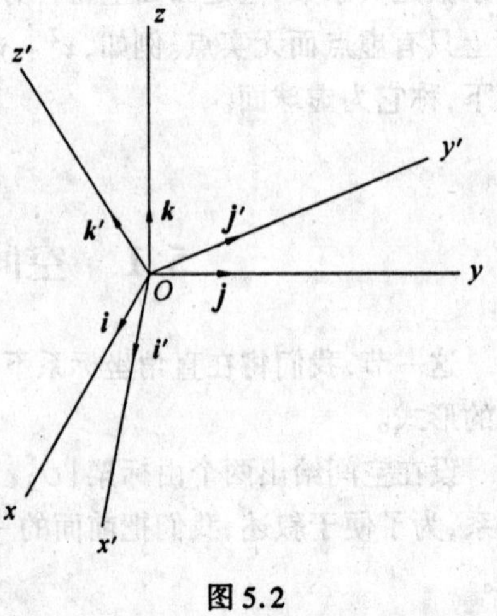

图5.2

5.1.2 转轴

设旧新两右手标架$\{O;\boldsymbol{i},\boldsymbol{j},\boldsymbol{k}\}$与$\{O';\boldsymbol{i}',\boldsymbol{j}',\boldsymbol{k}'\}$的原点相同，但坐标不同(图5.2)，这时新坐标系可以看成是旧坐

标系绕原点 O 旋转，使 $\boldsymbol{i},\boldsymbol{j},\boldsymbol{k}$ 分别与 $\boldsymbol{i}',\boldsymbol{j}',\boldsymbol{k}'$ 重合而得到的，我们把这种坐标变换叫做旋转变换，简称为转轴。

具有相同原点的两个坐标系，它们之间的位置关系完全由新、旧坐标轴之间的交角（也就是坐标向量 $\boldsymbol{i}',\boldsymbol{j}',\boldsymbol{k}'$ 分别与 $\boldsymbol{i},\boldsymbol{j},\boldsymbol{k}$ 之间的交角）来决定。设 $\boldsymbol{i}'$ 在坐标系 $\{O;\boldsymbol{i},\boldsymbol{j},\boldsymbol{k}\}$ 中的方向角为 $\alpha_1,\beta_1,\gamma_1$；$\boldsymbol{j}'$ 的方向角为 $\alpha_2,\beta_2,\gamma_2$；$\boldsymbol{k}'$ 的方向角为 $\alpha_3,\beta_3,\gamma_3$，如表 5.1 所示

表 5.1　新坐标轴与旧坐标轴的交角

旧坐标轴 / 新坐标轴	x 轴 $(\boldsymbol{i})$	y 轴 $(\boldsymbol{j})$	z 轴 $(\boldsymbol{k})$
x' 轴 $(\boldsymbol{i}')$	α_1	β_1	γ_1
y' 轴 $(\boldsymbol{j}')$	α_2	β_2	γ_2
z' 轴 $(\boldsymbol{k}')$	α_3	β_3	γ_3

因为单位向量的坐标就是它的方向余弦，所以有

$$\begin{cases}\boldsymbol{i}' = \boldsymbol{i}\cos\alpha_1 + \boldsymbol{j}\cos\beta_1 + \boldsymbol{k}\cos\gamma_1\\ \boldsymbol{j}' = \boldsymbol{i}\cos\alpha_2 + \boldsymbol{j}\cos\beta_2 + \boldsymbol{k}\cos\gamma_2\\ \boldsymbol{k}' = \boldsymbol{i}\cos\alpha_3 + \boldsymbol{j}\cos\beta_3 + \boldsymbol{k}\cos\gamma_3\end{cases} \tag{1}$$

设 M 为空间任意一点，它在新旧坐标系中的坐标分别为 (x',y',z') 与 (x,y,z)，那么有

$$\overrightarrow{OM} = x\boldsymbol{i} + y\boldsymbol{j} + z\boldsymbol{k}$$

$$\overrightarrow{OM} = x'\boldsymbol{i}' + y'\boldsymbol{j}' + z'\boldsymbol{k}'$$

即

$$x\boldsymbol{i} + y\boldsymbol{j} + z\boldsymbol{k} = x'\boldsymbol{i}' + y'\boldsymbol{j}' + z'\boldsymbol{k}' \tag{2}$$

将式(1) 代入式(2) 得

$$\begin{cases}x = x'\cos\alpha_1 + y'\cos\alpha_2 + z'\cos\alpha_3\\ y = x'\cos\beta_1 + y'\cos\beta_2 + z'\cos\beta_3\\ z = x'\cos\gamma_1 + y'\cos\gamma_2 + z'\cos\gamma_3\end{cases} \tag{5.1.3}$$

这就是空间直角坐标变换的转轴公式。

同样由表 5.1 容易知道

$$\begin{cases}\boldsymbol{i} = \boldsymbol{i}'\cos\alpha_1 + \boldsymbol{j}'\cos\alpha_2 + \boldsymbol{k}'\cos\alpha_3\\ \boldsymbol{j} = \boldsymbol{i}'\cos\beta_1 + \boldsymbol{j}'\cos\beta_2 + \boldsymbol{k}'\cos\beta_3\\ \boldsymbol{k} = \boldsymbol{i}'\cos\gamma_1 + \boldsymbol{j}'\cos\gamma_2 + \boldsymbol{k}'\cos\gamma_3\end{cases} \tag{3}$$

将式(3)代入式(2),得到用旧坐标表示新坐标的公式,也就是转轴的逆变换公式为

$$\begin{cases} x' = x\cos\alpha_1 + y\cos\beta_1 + z\cos\gamma_1 \\ y' = x\cos\alpha_2 + y\cos\beta_2 + z\cos\gamma_2 \\ z' = x\cos\alpha_3 + y\cos\beta_3 + z\cos\gamma_3 \end{cases} \tag{5.1.4}$$

转轴变换公式(5.1.3)及其逆变换公式(5.1.4)都是齐次线性变换。由于 $\boldsymbol{i},\boldsymbol{j},\boldsymbol{k}$ 与 $\boldsymbol{i}',\boldsymbol{j}',\boldsymbol{k}'$ 是两组两两互相垂直的单位向量,所以有

$$|\boldsymbol{i}| = |\boldsymbol{j}| = |\boldsymbol{k}| = 1, \boldsymbol{ij} = \boldsymbol{jk} = \boldsymbol{ki} = 0$$

与

$$|\boldsymbol{i}'| = |\boldsymbol{j}'| = |\boldsymbol{k}'| = 1, \boldsymbol{i}'\boldsymbol{j}' = \boldsymbol{j}'\boldsymbol{k}' = \boldsymbol{k}'\boldsymbol{i}' = 0$$

所以式(5.1.3)与(5.1.4)中的一次项系数分别满足下列条件

$$\begin{cases} \cos^2\alpha_1 + \cos^2\alpha_2 + \cos^2\alpha_3 = 1 \\ \cos^2\beta_1 + \cos^2\beta_2 + \cos^2\beta_3 = 1 \\ \cos^2 r_1 + \cos^2 r_2 + \cos^2 r_3 = 1 \\ \cos\alpha_1\cos\beta_1 + \cos\alpha_2\cos\beta_2 + \cos\alpha_3\cos\beta_3 = 0 \\ \cos\beta_1\cos\gamma_1 + \cos\beta_2\cos\gamma_2 + \cos\beta_3\cos\gamma_3 = 0 \\ \cos\gamma_1\cos\alpha_1 + \cos\gamma_2\cos\alpha_2 + \cos\gamma_3\cos\alpha_3 = 0 \end{cases} \tag{5.1.5}$$

与

$$\begin{cases} \cos^2\alpha_1 + \cos^2\beta_1 + \cos^2\gamma_1 = 1 \\ \cos^2\alpha_2 + \cos^2\beta_2 + \cos^2\gamma_2 = 1 \\ \cos^2\alpha_3 + \cos^2\beta_3 + \cos^2\gamma_3 = 1 \\ \cos\alpha_1\cos\alpha_2 + \cos\beta_1\cos\beta_2 + \cos\gamma_1\cos\gamma_2 = 0 \\ \cos\alpha_2\cos\alpha_3 + \cos\beta_2\cos\beta_3 + \cos\gamma_2\cos\gamma_3 = 0 \\ \cos\alpha_3\cos\alpha_1 + \cos\beta_3\cos\beta_1 + \cos\gamma_3\cos\gamma_1 = 0 \end{cases} \tag{5.1.6}$$

这两组条件叫做正交条件,再从

$$(\boldsymbol{i},\boldsymbol{j},\boldsymbol{k}) = (\boldsymbol{i}',\boldsymbol{j}',\boldsymbol{k}') = 1$$

又可得式(5.1.3)与式(5.1.4)的系数行列式

$$\begin{vmatrix} \cos\alpha_1 & \cos\alpha_2 & \cos\alpha_3 \\ \cos\beta_1 & \cos\beta_2 & \cos\beta_3 \\ \cos\gamma_1 & \cos\gamma_2 & \cos\gamma_3 \end{vmatrix} = \begin{vmatrix} \cos\alpha_1 & \cos\beta_1 & \cos\gamma_1 \\ \cos\alpha_2 & \cos\beta_2 & \cos\gamma_2 \\ \cos\alpha_3 & \cos\beta_3 & \cos\gamma_3 \end{vmatrix} = 1 \tag{5.1.7}$$

5.1.3　一般变换公式

在一般情况下，由旧坐标系变到新坐标系可分为两步完成。例如，可以先移轴，使旧坐标原点 O 与新坐标的原点 O' 重合，变成辅助坐标系 $O'-x''y''z''$。然后再由辅助坐标系转轴变到新坐标系(图 5.3)。

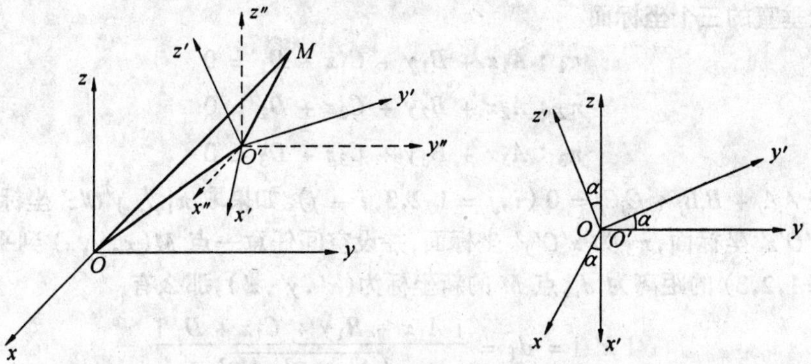

图 5.3

如果设 M 为空间任意一点，它在旧坐标，新坐标与辅助坐标系内的坐标分别为(x,y,z)，(x',y',z') 与(x'',y'',z'')，那么由式(5.1.1) 与(5.1.3)，有

$$\begin{cases}x = x'' + x_0 \\ y = y'' + y_0 \\ z = z'' + z_0\end{cases} \tag{4}$$

与

$$\begin{cases}x'' = x'\cos\alpha_1 + y'\cos\alpha_2 + z'\cos\alpha_3 \\ y'' = x'\cos\beta_1 + y'\cos\beta_2 + z'\cos\beta_3 \\ z'' = x'\cos r_1 + y'\cos r_2 + z'\cos r_3\end{cases} \tag{5}$$

将式(5) 代入式(4) 得空间直角坐标变换的一般公式为

$$\begin{cases}x = x'\cos\alpha_1 + y'\cos\alpha_2 + z'\cos\alpha_3 + x_0 \\ y = x'\cos\beta_1 + y'\cos\beta_2 + z'\cos\beta_3 + y_0 \\ z = x'\cos\gamma_1 + y'\cos\gamma_2 + z'\cos\gamma_3 + z_0\end{cases} \tag{5.1.8}$$

一般坐标变换公式也可以通过先转轴再移轴得到，其结果仍然是式(5.1.8)。

同样地，如果利用式(5.1.2) 与(5.1.4)，我们就得到旧坐标来表示新坐标的

变换公式

$$\begin{cases} x' = (x - x_0)\cos\alpha_1 + (y - y_0)\cos\beta_1 + (z - z_0)\cos\gamma_1 \\ y' = (x - x_0)\cos\alpha_2 + (y - y_0)\cos\beta_2 + (z - z_0)\cos\gamma_2 \\ z' = (x - x_0)\cos\alpha_3 + (y - y_0)\cos\beta_3 + (z - z_0)\cos\gamma_3 \end{cases} \quad (5.1.9)$$

空间一般坐标变换公式,还可以由新坐标系的三个坐标面来确定。设有两两相互垂直的三个坐标面

$$\pi_1: A_1x + B_1y + C_1z + D_1 = 0$$

$$\pi_2: A_2x + B_2y + C_2z + D_2 = 0$$

$$\pi_3: A_3x + B_3y + C_3z + D_3 = 0$$

其中 $A_iA_j + B_iB_j + C_iC_j = 0\ (i,j = 1,2,3, i \neq j)$。如果取 π_1 为 $y'O'z'$ 坐标面,π_2 为 $x'O'z'$ 坐标面,π_3 为 $x'O'y'$ 坐标面,并设空间任意一点 $M(x,y,z)$ 到平面 π_i $(i = 1,2,3)$ 的距离为 d_i,点 M 的新坐标为(x',y',z'),那么有

$$|x'| = d_1 = \frac{|A_1x + B_1y + C_1z + D_1|}{\sqrt{A_1^2 + B_1^2 + C_1^2}}$$

$$|y'| = d_2 = \frac{|A_2x + B_2y + C_2z + D_2|}{\sqrt{A_2^2 + B_2^2 + C_2^2}}$$

$$|z'| = d_3 = \frac{|A_3x + B_3y + C_3z + D_3|}{\sqrt{A_3^2 + B_3^2 + C_3^2}}$$

去掉绝对值号得坐标变换公式为

$$\begin{cases} x' = \pm\dfrac{A_1x + B_1y + C_1z + D_1}{\sqrt{A_1^2 + B_1^2 + C_1^2}} \\ y' = \pm\dfrac{A_2x + B_2y + C_2z + D_2}{\sqrt{A_2^2 + B_2^2 + C_2^2}} \\ z' = \pm\dfrac{A_3x + B_3y + C_3z + D_3}{\sqrt{A_3^2 + B_3^2 + C_3^2}} \end{cases} \quad (5.1.10)$$

显然,式(5.1.10) 符合正交条件,为了使坐标为右手系,式(5.1.10) 中的正负号的选取必须使它的系数行列式的值为 $+1$。

【例 1】 将直角坐标系 $O - xyz$ 绕 z 轴旋转 θ 角得新坐标系 $O' - x'y'z'$,求坐标变换公式。

解　由题意知两坐标系有相同的原点与 z 轴,设空间任意一点在两个坐标系下的坐标分别为(x,y,z) 与(x',y',z'),那么有 $z = z'$。而点的其余两坐标之

间的关系可由平面上转轴公式表示,即

$$\begin{cases} x = x'\cos\alpha - y'\sin\alpha \\ y = x'\sin\alpha + y'\cos\alpha \end{cases}$$

所以所求空间坐标变换公式为

$$\begin{cases} x = x'\cos\alpha - y'\sin\alpha \\ y = x'\sin\alpha + y'\cos\alpha \\ z = z' \end{cases} \tag{5.1.11}$$

或

$$\begin{cases} x' = x\cos\alpha + y\sin\alpha \\ y' = -x\sin\alpha + y\cos\alpha \\ z' = z \end{cases} \tag{5.1.12}$$

【例 2】　利用移轴化简曲面的方程

$$ax^2 + by^2 + cz^2 + 2dx + 2ey + 2fz + g = 0 \quad (abc \neq 0)$$

解　将已知方程配方,得

$$a(x + \frac{d}{a})^2 + b(y + \frac{e}{b})^2 + c(z + \frac{f}{c})^2 = \frac{d^2}{a} + \frac{e^2}{b} + \frac{f^2}{c} - g$$

设 $x' = x + \frac{d}{a}$, $y' = y + \frac{e}{b}$, $z' = z + \frac{f}{c}$,即以$(-\frac{d}{a}, -\frac{e}{b}, -\frac{f}{c})$为新原点作平移,将上式化为

$$ax'^2 + by'^2 + cz'^2 = \frac{d^2}{a} + \frac{e^2}{b} + \frac{f^2}{c} - g$$

即为新坐标系下的曲面方程。

思考题:

在移轴下,一般二次曲面方程的哪些项系数不变?可消去二次曲面哪些项?

【例 3】　试将方程 $2x + 3y + 4z + 5 = 0$ 用适当的坐标变换为新方程 $x' = 0$。

解　取平面 $2x + 3y + 4z + 5 = 0$ 作为新坐标系的 $y'O'z'$ 坐标面,再任取两个互相垂直且又都垂直于已知平面 $2x + 3y + 4z + 5 = 0$ 的平面作为另两个新坐标面,例如可取平面 $x + 2y - 2z = 0$ 与 $-14x + 8y + z = 0$。

作坐标变换

$$\begin{cases} x' = \dfrac{2x+3y+4z+5}{\sqrt{29}} \\ y' = \dfrac{x+2y-2z}{3} \\ z' = \dfrac{-14x+8y+z}{3\sqrt{29}} \end{cases}$$

那么 $2x+3y+4z+5=0$ 将变成 $\sqrt{29}x'=0$，即 $x'=0$。

【例 4】 利用绕轴旋转来判别方程 $z=xy$ 所表示的曲面。

解 将公式(5.1.11)代入方程 $z=xy$，得

$$z' = \cos\theta\sin\theta(x'^2-y'^2)+(\cos^2\theta-\sin^2\theta)x'y' = \frac{1}{2}\sin 2\theta(x'^2-y'^2)+\cos 2\theta x'y'$$

为消去 $x'y'$ 项，取 $\theta=\dfrac{\pi}{4}$，作绕轴旋转

$$\begin{cases} x = \dfrac{1}{\sqrt{2}}(x'-y') \\ y = \dfrac{1}{\sqrt{2}}(x'+y') \\ z = z' \end{cases}$$

这时原方程变为 $z'=\dfrac{x'^2}{2}-\dfrac{y'^2}{2}$，它表示双曲抛物面。

思考题：

利用转轴化简二次曲面，能消去二次曲面的哪些项？

在解析几何里，曲面是由方程来表示的，如果曲面方程是代数方程，方程的次数叫做代数曲面的次数，非代数曲面叫做超越曲面。我们一般研究的代数曲面方程为二次曲面，其方程为(5.1)。由于平移公式(5.1.1)和转轴公式(5.1.3)都是一次代数式，因此不论平移或旋转，在新坐标系下二次曲面方程(5.1)仍为 x',y',z' 的代数方程，所以曲面的代数性在坐标变换下不变。并且代数曲面的次数在坐标变换下也不变。(读者自己证明)

习 题

1. 利用平移化简 $x^2+y^2-4z^2-4x-y-4z-3=0$。

2. 已知点 $A(-1,2,3)$ 平移后在新坐标系的 $x'O'y'$ 坐标平面上，点 $B(3,1,2)$ 在 $y'O'z'$ 坐标平面上，点 $C(4,0,1)$ 在 $z'O'x'$ 平面上，试求满足上述条件的移

轴公式。

3. 已知以三个两两互相垂直的平面 $x-2y-2z+1=0$, $2x-y+2z+1=0$, $2x+2y-z=0$ 为新坐标平面,试求转轴公式和点 $M(-1,1,0)$ 在新坐标系中的坐标。

4. 利用坐标变换将平面

$$ax+by+cz=0,\ a^2+b^2+z^2\neq 0$$

化为 $x=0$ 或 $y=0$ 或 $z=0$。

5. 利用绕轴旋转消去曲面方程 $z=x^2+xy+y^2$ 中的交叉项,并指出它表示的曲面。

5.2　二次曲面的渐近方向与中心

5.2.1　二次曲面与直线的交点

设空间二次曲面的方程与直线的方程分别为

$$F(x,y,z)\equiv a_{11}x^2+a_{22}y^2+a_{33}z^2+2a_{12}xy+2a_{13}xz+2a_{23}yz+2a_{14}x+2a_{24}y+2a_{34}z+a_{44}=0 \tag{5.2.1}$$

与

$$\begin{cases} x=x_0+Xt \\ y=y_0+Yt \\ z=z_0+Zt \end{cases} \tag{5.2.2}$$

为求直线与曲面的交点,把式(5.2.2) 代入式(5.2.1) 经过整理得

$$\Phi(X,Y,Z)t^2+2[XF_1(x_0,y_0,z_0)+YF_2(x_0,y_0,z_0)+ZF_3(x_0,y_0,z_0)]t+F(x_0,y_0,z_0)=0 \tag{5.2.3}$$

现在讨论方程(5.2.3) 中的系数的不同情况,来确定直线(5.2.2) 与二次曲面(5.2.1) 相交的情况。

1. $\Phi(X,Y,Z)\neq 0$。这时方程(5.2.3) 是一个关于 t 的二次方程,它的判别式为

$$\Delta=4[XF_1(x_0,y_0,z_0)+YF_2(x_0,y_0,z_0)+ZF_3(x_0,y_0,z_0)]^2-4\Phi(x,y,z)F(x_0,y_0,z_0)$$

(1) $\Delta>0$。直线(5.2.2) 与二次曲面(5.2.1) 有两个不同的实交点,直线

(5.2.2) 是二次曲面(5.2.1) 的一条割线。

(2) $\Delta = 0$。直线(5.2.2) 与二次曲面(5.2.1) 有两个互相重合的实交点,直线(5.2.2) 是二次曲面(5.2.1) 的一条切线,重合实交点是切点。

(3) $\Delta < 0$。直线(5.2.2) 与二次曲面(5.2.1) 交于一对共轭虚点。

2. $\Phi(X,Y,Z) = 0$,方程(5.2.3) 退化成关于 t 的线性方程。这时也有三种情况:

(1) $XF_1(x_0,y_0,z_0) + YF_2(x_0,y_0,z_0) + ZF_3(x_0,y_0,z_0) \neq 0$,直线(5.2.2) 与二次曲面(5.2.1) 有一个实交点。

(2) $XF_1(x_0,y_0,z_0) + YF_2(x_0,y_0,z_0) + ZF_3(x_0,y_0,z_0) = 0$,而 $F(x_0,y_0,z_0) \neq 0$,直线(5.2.2) 与二次曲面(5.2.1) 无交点。

(3) $xF_1(x_0,y_0,z_0) + yF_2(x_0,y_0,z_0) + zF_3(x_0,y_0,z_0) = F(x_0,y_0,z_0) = 0$,这时整条直线在二次曲面上。

5.2.2 二次曲面的渐近方向

【定义 1】 满足条件 $\Phi(X,Y,Z) = 0$ 的方向 $X:Y:Z$ 叫做二次曲面的渐近方向,否则叫做非渐近方向。

显然,具有非渐近方向的直线(5.2.2) 和二次曲面(5.2.1) 总有两个(实的,虚的或两个重合实的) 交点;具有渐近方向的直线(5.2.2) 和平面(5.2.1) 相交的情况是或者只有一个交点,或者无交点,或者整条在曲面上。

现在我们来考察通过任意给定的点(x_0,y_0,z_0),且以曲面(5.2.1) 的任意渐近方向 $X:Y:Z$ 为方向的直线(5.2.2),因为渐近方向 $X:Y:Z$ 满足条件$\Phi(X,Y,Z) = 0$,所以过点(x_0,y_0,z_0) 且以渐近方向 $X:Y:Z$ 为方向的一切直线上的点的轨迹是曲面

$$\Phi(x - x_0, y - y_0, z - z_0) = 0$$

即

$$a_{11}(x - x_0)^2 + a_{22}(y - y_0)^2 + a_{33}(z - z_0)^2 + 2a_{12}(x - x_0)(y - y_0) + 2a_{13}(x - x_0)(z - z_0) + 2a_{23}(y - y_0)(z - z_0) = 0$$

这是一个关于 $x - x_0, y - y_0, z - z_0$ 的二次齐次方程,所以它是一个以(x_0,y_0,z_0) 为顶点的锥面,锥面上每一条母线的方向都是二次曲面的渐近方向。从而有如下定义和定理。

【定义 2】 过任一定点,以二次曲面的渐近方向为方向的所有直线组成的锥面,称为二次曲面以该点为顶点的渐近方向锥面。

【定理 1】 二次曲面以 $M_0(x_0,y_0,z_0)$ 为顶点的渐近方向锥面方程是

$$\Phi(x-x_0,y-y_0,z-z_0)=0$$

【推论】 二次曲面以原点为顶点的渐近方向锥面方程是 $\Phi(x,y,z)=0$。

例如，单叶双曲面 $\frac{x^2}{a^2}+\frac{y^2}{b^2}-\frac{z^2}{c^2}=1$ 和双叶双曲面 $\frac{x^2}{a^2}+\frac{y^2}{b^2}-\frac{z^2}{c^2}=-1$ 的以点 $(0,1,2)$ 为顶点的渐近方向锥面方程都是 $\frac{x^2}{a^2}+\frac{(y-1)^2}{b^2}-\frac{(z-2)^2}{c^2}=0$，而以原点为顶点的渐近方向锥面方程都是 $\frac{x^2}{a^2}+\frac{y^2}{b^2}-\frac{z^2}{c^2}=0$，它是已给两个双曲面的渐近锥面。

5.2.3　二次曲面的中心

1. 中心

平行于非渐近方向的直线与二次曲面的两个交点所决定的线段叫做二次曲面的弦。

如果过一点 C 的所有弦都以点 C 为中心，那么点 C 叫做二次曲面的中心。

【定理 2】 点 $C(x_0,y_0,z_0)$ 是二次曲面(5.2.1)的中心的充要条件是

$$F_1(x_0,y_0,z_0)=F_2(x_0,y_0,z_0)=F_3(x_0,y_0,z_0)=0 \tag{5.2.4}$$

证明　设过点 $C(x_0,y_0,z_0)$ 具有非渐近方向的直线(5.2.2)与二次曲面(5.2.1)的交点 $M_1(x_1,y_1,z_1)$ 和 $M_2(x_2,y_2,z_2)$，则 M_1,M_2 满足方程

$$\begin{cases}x_1=x_0+Xt_1\\ y_1=y_0+Yt_1\\ z_1=z_0+Zt_1\end{cases} \text{和} \begin{cases}x_2=x_0+Xt_2\\ y_2=y_0+Yt_2\\ z_2=z_0+Zt_2\end{cases}$$

这里 t_1,t_2 应该是二次方程

$$\Phi(X,Y,Z)t^2+2[XF_1(x_0,y_0,z_0)+YF_2(x_0,y_0,z_0)+ZF_3(x_0,y_0,z_0)]t+F(x_0,y_0,z_0)=0$$

的两个根，另一方面弦 M_1M_2 的中点坐标是

$$\frac{x_1+x_2}{2}=x_0+\frac{1}{2}X(t_1+t_2)$$

$$\frac{y_1+y_2}{2}=y_0+\frac{1}{2}Y(t_1+t_2)$$

$$\frac{z_1+z_2}{2}=z_0+\frac{1}{2}Z(t_1+t_2)$$

由于 X,Y,Z 不同时为零，因此有 $C(x_0,y_0,z_0)$ 是弦 M_1M_2 中点的充要条件是 $t_1+t_2=0$。

因为 $\{X,Y,Z\}$ 为非渐近方向，所以 $\Phi(X,Y,Z)\neq 0$，根据一元二次方程的根与系数关系得

$$XF_1(x_0,y_0,z_0)+YF_2(x_0,y_0,z_0)+ZF_3(x_0,y_0,z_0)=0 \qquad (5.2.5)$$

因为上式对二次曲面(5.2.1)的任意非渐近方向皆成立，故有

$$F_1(x_0,y_0,z_0)=F_2(x_0,y_0,z_0)=F_3(x_0,y_0,z_0)=0$$

反过来，适合上面三式的点(x_0,y_0,z_0)，显然是二次曲面的中心。

【推论】 坐标原点是二次曲面中心的充要条件是曲面方程不含 x,y 与 z 的一次项。

2. 二次曲面按中心分类

由定理2知二次曲面的中心的坐标是下列方程组

$$\begin{cases} F_1(x,y,z)\equiv a_{11}x+a_{12}y+a_{13}z+a_{14}=0 \\ F_2(x,y,z)\equiv a_{12}x+a_{22}y+a_{23}z+a_{24}=0 \\ F_3(x,y,z)\equiv a_{13}x+a_{23}y+a_{33}z+a_{34}=0 \end{cases} \qquad (5.2.6)$$

的解。方程组(5.2.6)叫做二次曲面(5.2.1)的中心方程组。

根据线性方程组(5.2.6)的系数矩阵 $\boldsymbol{A}$ 与增广矩阵 $\boldsymbol{B}$

$$\boldsymbol{A}=\begin{pmatrix} a_{11} & a_{12} & a_{13} \\ a_{12} & a_{22} & a_{23} \\ a_{13} & a_{23} & a_{33} \end{pmatrix},\ \boldsymbol{B}=\begin{pmatrix} a_{11} & a_{12} & a_{13} & a_{14} \\ a_{12} & a_{22} & a_{23} & a_{24} \\ a_{13} & a_{23} & a_{33} & a_{34} \end{pmatrix}$$

的秩 r 与 R。(见附录线性方程组)

(1) $r=R=3$，这时方程组的系数行列式

$$I_3=\begin{vmatrix} a_{11} & a_{12} & a_{13} \\ a_{12} & a_{22} & a_{23} \\ a_{13} & a_{23} & a_{33} \end{vmatrix}\neq 0$$

方程组有唯一解，二次曲面(5.2.1)有唯一中心，称为中心二次曲面。

(2) $r=R=2$，方程组(5.2.6)有无数多解，这些解可以用一个参数来线性表示，这时二次曲面(5.2.1)有无数多中心，这些中心构成一条直线，称为线心二次曲面。

(3) $r=R=1$，方程组(5.2.6)有无数多解，这些解可以用两个参数来线性表示，所以这时二次曲面(5.2.1)有无数多中心，这些中心构成一个平面，称为面心二次曲面。

(4) $r \neq R$，方程组(5.2.6)无解，这时二次曲面(5.2.1)无中心，称为无心二次曲面。

二次曲面中的无心曲面，线心曲面与面心曲面统称为非中心二次曲面。

【推论】 二次曲面(5.2.1)是中心二次曲面的充要条件是 $I_3 \neq 0$，是非中心二次曲面的充要条件是 $I_3 = 0$。

【例 1】 求下列曲面的中心。

(1) $\frac{x^2}{a^2} + \frac{y^2}{b^2} - \frac{z^2}{c^2} = \pm 1$；

(2) $ax^2 + by^2 = 1$；

(3) $\frac{x^2}{a^2} \pm \frac{y^2}{b^2} = 2z$；

(4) $x^2 = a^2$。

解 (1) 对于双曲面 $\frac{x^2}{a^2} + \frac{y^2}{b^2} - \frac{z^2}{c^2} = \pm 1$，有

$$I_3 = \begin{vmatrix} \frac{1}{a^2} & 0 & 0 \\ 0 & \frac{1}{b^2} & 0 \\ 0 & 0 & -\frac{1}{c^2} \end{vmatrix} = -\frac{1}{a^2b^2c^2} \neq 0$$

所以双曲面是中心曲面，它的中心方程为

$$\begin{cases} F_1(x,y,z) \equiv \frac{x}{a^2} = 0 \\ F_2(x,y,z) \equiv \frac{y}{b^2} = 0 \\ F_3(x,y,z) \equiv -\frac{z}{c^2} = 0 \end{cases}$$

故它的中心是坐标原点(0,0,0)。

(2) 对于曲面 $ax^2 + by^2 = 1$，有

$$I_3 = \begin{vmatrix} a & 0 & 0 \\ 0 & b & 0 \\ 0 & 0 & 0 \end{vmatrix} = 0$$

所以它是非中心二次曲面，它的中心方程组为

$$\begin{cases} F_1(x,y,z) \equiv ax = 0 \\ F_2(x,y,z) \equiv by = 0 \\ F_3(x,y,z) \equiv 0 \end{cases}$$

故曲面有一条中心直线,其方程为$\begin{cases} x = 0 \\ y = 0 \end{cases}$,所给曲面为线心曲面。实际上曲面是椭圆柱面,中心直线就是它的对称轴。

(3) 抛物面$\frac{x^2}{a^2} \pm \frac{y^2}{b^2} = 2z$,有

$$I_3 = \begin{vmatrix} \frac{1}{a^2} & 0 & 0 \\ 0 & \pm\frac{1}{b^2} & 0 \\ 0 & 0 & 0 \end{vmatrix} = 0$$

所以抛物面是非中心二次曲面,它的中心方程组

$$\begin{cases} F_1(x,y,z) \equiv \frac{x}{a^2} = 0 \\ F_2(x,y,z) \equiv \pm\frac{y}{b^2} = 0 \\ F_3(x,y,z) \equiv -1 \neq 0 \end{cases}$$

故曲面没有中心,因此抛物面为无心二次曲面。

(4) 对于二次曲面 $x^2 = a^2$,有

$$I_3 = \begin{vmatrix} 1 & 0 & 0 \\ 0 & 0 & 0 \\ 0 & 0 & 0 \end{vmatrix} = 0$$

所以它是非中心二次曲面,而 $F_1(x,y,z) \equiv x = 0, F_2(x,y,z) \equiv 0, F_3(x,y,z) \equiv 0$,故曲面有一平面的中心,这个中心平面就是 $x = 0$。

习　　题

1. 求下列二次曲面的中心。

(1) $2x^2 + 2y^2 + z^2 - 2xz - 2yz - 2x + 2y = 0$;

(2) $x^2 + y^2 + z^2 + 2xy + 6xz - 2yz + 2x - 6y - 2z = 0$;

(3) $2x^2 + 18y^2 + 8z^2 - 12xy - 8xz + 24yz - 5x + 15y + 10z + 2 = 0$;

(4) $5x^2 + 9y^2 + 9z^2 - 12xy - 6xz + 12x - 36z = 0$;

(5) $2x^2+5y^2+2z^2-2xy+4xz-2yz+14x-16y+14z+25=0$。

2. 求下列二次曲面的渐近锥面。

(1) $x^2+2y^2+xy-3xz-7x-4y+3=0$;

(2) $x^2+y^2+z^2-4xy-4xz-4yz-3=0$;

(3) $x^2+xy-3xz-7x=0$。

5.3　二次曲面的径面与奇向

平行于二次曲面的一个非渐近方向的所有直线,都被该曲面截成弦,现在考察这些平行弦中点的轨迹。

【定理 1】　二次曲面平行于非渐近方向的一族平行弦中点的轨迹是一个平面。其方程为

$$XF_1(x,y,z)+YF_2(x,y,z)+ZF_3(x,y,z)=0 \tag{5.3.1}$$

即

$$\Phi_1(X,Y,Z)x+\Phi_2(X,Y,Z)y+\Phi_3(X,Y,Z)z+\Phi_4(X,Y,Z)=0 \tag{5.3.2}$$

证明　设(x_0,y_0,z_0)是平行于非渐近方向 $X:Y:Z$ 任意弦的中点。由 5.2 节定理 2 证明,知弦的两端点是由二次方程(5.2.3)的两个根 t_1 与 t_2 所决定的。因为(x_0,y_0,z_0)为弦的中点的充要条件是 $t_1+t_2=0$,即

$$XF_1(x_0,y_0,z_0)+YF_2(x_0,y_0,z_0)+ZF_3(x_0,y_0,z_0)=0$$

所以把上式的(x_0,y_0,z_0)改成(x,y,z),使得平行弦中点的轨迹方程为

$$XF_1(x,y,z)+YF_2(x,y,z)+ZF_3(x,y,z)=0$$

可将上式展开整理,得

$$(a_{11}X+a_{12}Y+a_{13}Z)x+(a_{12}X+a_{22}Y+a_{23}Z)y+(a_{13}X+a_{23}Y+a_{33}Z)z+(a_{14}X+a_{24}Y+a_{34}Z)=0$$

即　$\Phi_1(X,Y,Z)x+\Phi_2(X,Y,Z)y+\Phi_3(X,Y,Z)z+\Phi_4(X,Y,Z)=0$

因为 $X:Y:Z$ 为非渐近方向,所以有

$$\Phi(X,Y,Z)\equiv X\Phi_1(X,Y,Z)+Y\Phi_2(X,Y,Z)+Z\Phi_3(X,Y,Z)\neq 0$$

因此 $\Phi_1(X,Y,Z)$,$\Phi_2(X,Y,Z)$,$\Phi_3(X,Y,Z)$不全为零,所以式(5.3.1)或式(5.3.2)为一个三元一次方程,它代表一个平面。

【定义 1】　二次曲面沿非渐近方向 $X:Y:Z$ 的所有平行弦中点所在的平面叫做平面共轭于非渐近方向 $X:Y:Z$ 的径面,而平行弦叫做这个径面的共轭

弦,平行弦的方向叫做这个径面的共轭方向。

从径面方程(5.3.1)可以看出,如果二次曲面有中心,那么它一定在任何一个径面上,因此有下面的推论。

【推论】 假如二次曲面的中心存在,那么二次曲面的任何径面一定通过它的中心;面心二次曲面的径面与它的中心平面重合;线心二次曲面的任何径面通过它的中心。

如果方向 $X:Y:Z$ 为二次曲面的渐近方向,那么平行于它的弦不存在,假若 $\Phi_1(X,Y,Z),\Phi_2(X,Y,Z),\Phi_3(X,Y,Z)$ 不全为零,那么方程(5.3.2)仍表示一个平面,我们把这个平面叫做共轭于渐近方向 $X:Y:Z$ 的径面。如果

$$\begin{cases}\Phi_1(X,Y,Z)\equiv a_{11}X+a_{12}Y+a_{13}Z=0\\ \Phi_2(X,Y,Z)\equiv a_{12}X+a_{22}Y+a_{23}Z=0\\ \Phi_3(X,Y,Z)\equiv a_{13}X+a_{23}Y+a_{33}Z=0\end{cases}\tag{5.3.3}$$

那么式(5.3.2)不表示任何平面。

【定义2】 满足式(5.3.3)的渐近方向 $X:Y:Z$ 叫做二次曲面的奇异方向,简称奇向。

由式(5.3.3)及齐次线性方程组有非零解的条件(见附录线性方程组)立即得到下面定理。

【定理2】 二次曲面(5.2.1)有奇向的充要条件是 $I_3=0$。

思考题:

中心曲面有没有奇向?为什么?

【定理3】 二次曲面(5.2.1)的奇向平行于它的任意径面。

证明 设 $X_0:Y_0:Z_0$ 为二次曲面(5.2.1)的奇向,则 $\Phi_i(X_0,Y_0,Z_0)=0$ $(i=1,2,3)$。任取二次曲面(5.2.1)的一个径面

$$\pi:\Phi_1(X,Y,Z)x+\Phi_2(X,Y,Z)y+\Phi_3(X,Y,Z)z+\Phi_4(X,Y,Z)=0$$

因为

$$\begin{aligned}&X_0\Phi_1(X,Y,Z)+Y_0\Phi_2(X,Y,Z)+Z_0\Phi_3(X,Y,Z)=\\&X_0(a_{11}X+a_{12}Y+a_{13}Z)+Y_0(a_{12}X+a_{22}Y+a_{23}Z)+Z_0(a_{13}X+a_{23}Y+a_{33}Z)=\\&X(a_{11}X_0+a_{12}Y_0+a_{13}Z_0)+Y(a_{12}X_0+a_{22}Y_0+a_{23}Z_0)+Z(a_{13}X_0+a_{23}Y_0+a_{33}Z_0)=\\&X\Phi_1(X_0,Y_0,Z_0)+Y\Phi_2(X_0,Y_0,Z_0)+Z\Phi_3(X_0,Y_0,Z_0)=0\end{aligned}$$

所以二次曲面的奇向 $X_0:Y_0:Z_0$ 平行于它的任意径面。

【例1】 求单叶双曲面 $\frac{x^2}{a^2}+\frac{y^2}{b^2}-\frac{z^2}{c^2}=1$ 的径面。

解　因为单叶双曲面为中心曲面，所以它没有奇向，任取方向 $X:Y:Z$，有

$$\Phi_1(X,Y,Z)=\frac{X}{a^2},\ \Phi_2(X,Y,Z)=\frac{Y}{b^2},\ \Phi_3(X,Y,Z)=-\frac{Z}{c^2},\ \Phi_4(X,Y,Z)=0$$

所以单叶双曲面共轭于方向 $X:Y:Z$ 的径面为

$$\frac{X}{a^2}x+\frac{Y}{b^2}y-\frac{Z}{c^2}z=0$$

显然它通过曲面的中心(0,0,0)。

【例 2】　已知曲面 $3x^2+z^2-2xy-yz-x-1=0$ 和一个径面 $4x-3y+z-1=0$，求与此径面共轭的方向。

解　设所求径面共轭方向为 $X:Y:Z$，那么

$$\Phi_1(X,Y,Z)=3X-Y,\ \Phi_2(X,Y,Z)=-X-\frac{1}{2}Z$$

$$\Phi_3(X,Y,Z)=Z-\frac{1}{2}Y,\ \Phi_4(X,Y,Z)=-\frac{1}{2}X$$

则共轭于方向 $X:Y:Z$ 的径面方程为

$$(3X-Y)x+(-X-\frac{1}{2}Z)y+(-\frac{1}{2}Y+Z)z+(-\frac{1}{2}X)=0$$

由题设可知

$$3X-Y=4\lambda$$

$$-X-\frac{1}{2}Z=-3\lambda$$

$$-\frac{1}{2}Y+Z=\lambda$$

即 $X=2\lambda, Y=2\lambda, Z=2\lambda$。因此所求方向为 1 : 1 : 1。

【例 3】　求椭圆抛物面 $\frac{x^2}{a^2}+\frac{y^2}{b^2}=2z$ 的径面。

解　因为椭圆抛物面为无心曲面，$I_3=0$，所以曲面有奇向 $X_0:Y_0:Z_0$，因为

$$\Phi_1(X,Y,Z)\equiv\frac{X}{a^2},\ \Phi_2(X,Y,Z)=\frac{Y}{b^2}$$

$$\Phi_3(X,Y,Z)\equiv 0$$

所以曲面的奇向为 $X_0:Y_0:Z_0=0:0:1$，任取非奇方向 $X:Y:Z$，由于 $\Phi_4(X,Y,Z)=-Z$，所以共轭于非奇方向的径面方程为

$$\frac{X}{a^2}x+\frac{Y^2}{b^2}y-Z=0$$

显然它平行于奇向 $0:0:1$。

【例 4】 求曲面 $x^2-1=0$ 的奇向。

解 由于

$$I_3=\begin{vmatrix}1&0&0\\0&0&0\\0&0&0\end{vmatrix}=0$$

所以该曲面是非中心二次曲面，但由于 $F_1(x,y,z)=x,F_2(x,y,z)=F_3(x,y,z)=0$，所以曲面是面心二次曲面。又因为 $\Phi_1(X,Y,Z)=X,\Phi_2(X,Y,Z)=\Phi_3(X,Y,Z)\equiv 0$，所以对任意的 Y,Z，方向都是奇向 $0:Y:Z$，即平行于平面 $x=0$ 的方向都是奇向。

习 题

1. 求下列曲面的奇向。

(1) $x^2-y^2-1=0$;

(2) $x^2+y^2-z=0$;

(3) $5x^2+2y^2+2z^2-2xy+2xz-4yz-4y-4z+4=0$;

(4) $9x^2-4y^2-91z^2+18xy-40yz-36=0$;

(5) $x^2+y^2+4z^2+2xy-4xz-4yz-4x-4y+8z=0$。

2. 求二次曲面 $2x^2+5y^2+8z^2+12yz+6xz+2xy+8x+14y+18z=0$ 与方向 $3:2:(-5)$ 共轭的径面。

3. 求曲面 $x^2+2y^2-z^2-2xy-2yz-2zx-4x-1=0$ 平行于平面 $x+y+z-1=0$ 的径面。

4. 已知二次曲面 $4x^2+6y^2+4z^2+4xz-8y-4z+3=0$，求通过原点及点 $(3,6,2)$ 的径面和它所共轭的方向。

5. 证明：通过中心二次曲面中心的任何平面都是径面。

5.4 二次曲面的主径面与主方向

【定义 1】 如果二次曲面的径面垂直于它所共轭的方向，那么这个径面就叫做二次曲面的主径面。

实际上，主径面垂直于所平分的一组弦，是二次曲面的对称平面。

设 $X:Y:Z$ 为二次曲面(5.2.1)的非渐近方向,与它共轭的径面是(5.3.2),如果它是主径面,必须 $X:Y:Z$ 与径面(5.3.2)垂直,也就是与径面方程中 X,Y,Z 的系数 $\Phi_1(X,Y,Z)$,$\Phi_2(X,Y,Z)$,$\Phi_3(X,Y,Z)$ 成比例,即存在不为零的数 λ,使

$$\begin{cases} a_{11}X + a_{12}Y + a_{13}Z = \lambda X \\ a_{12}X + a_{22}Y + a_{23}Z = \lambda Y \\ a_{13}X + a_{23}Y + a_{33}Z = \lambda Z \end{cases} \tag{5.4.1}$$

或写成

$$\begin{cases} (a_{11}-\lambda)X + a_{12}Y + a_{13}Z = 0 \\ a_{12}X + (a_{22}-\lambda)Y + a_{23}Z = 0 \\ a_{13}X + a_{23}Y + (a_{33}-\lambda)Z = 0 \end{cases} \tag{5.4.2}$$

这是一个关于 X,Y,Z 的齐次线性方程组,有非零解的充要条件是

$$\begin{vmatrix} a_{11}-\lambda & a_{12} & a_{13} \\ a_{21} & a_{22}-\lambda & a_{23} \\ a_{13} & a_{23} & a_{33}-\lambda \end{vmatrix} = 0 \tag{5.4.3}$$

即

$$\lambda^3 - I_1\lambda^2 + I_2\lambda - I_3 = 0 \tag{5.4.4}$$

这里 I_1,I_2,I_3 是我们本章引进的记号。方程(5.4.3)或(5.4.4)叫做二次曲面的特征方程,特征方程的根叫做二次曲面的特征根。对应于特征根 λ,由方程组(5.4.2)解得的非零解 X,Y,Z 所确定的向量,它的方向叫主方向。

因此,整个问题变成讨论特征方程中有没有不为零的实根。当 $\lambda=0$ 时,与它相应的主方向为二次曲面的奇向;当 $\lambda\neq 0$ 时,与它对应的主方向为非奇主方向,将非奇主方向 $X:Y:Z$ 代入方程组(5.3.1)或(5.3.2)就得到共轭于这个非奇主方向的主径面。

【例1】　求二次曲面

$$2x^2+10y^2-2z^2+12xy+8yz+12x+4y+8z-1=0$$

的主方向与主径面。

解　这个二次曲面的矩阵是

$$\begin{pmatrix} 2 & 6 & 0 & 6 \\ 6 & 10 & 4 & 2 \\ 0 & 4 & -2 & 4 \\ 6 & 2 & 4 & -1 \end{pmatrix}$$

$$I_1 = 10,\ I_2 = -56,\ I_3 = 0$$

故二次曲面的特征方程为 $\lambda^3 - 10\lambda^2 + 56\lambda = 0$,解得特征根为 $\lambda = 0, 14, -4$。

(1) 将 $\lambda = 0$ 代入方程组(5.4.2),得

$$\begin{cases} 2X + 6Y = 0 \\ 6X + 10Y + 4Z = 0 \\ 4Y - 2Z = 0 \end{cases}$$

解得相应的主方向 $X : Y : Z = -3 : 1 : 2$。这一主方向是奇向,它没有共轭主径面。

(2) 将 $\lambda = 14$ 代入方程组(5.4.2),得

$$\begin{cases} -12X + 6Y = 0 \\ 6X - 4Y + 4Z = 0 \\ 4Y - 16Z = 0 \end{cases}$$

解得相应的主方向 $X : Y : Z = 2 : 4 : 1$,与之共轭的主径面方程为 $14X + 28Y + 7z + 12 = 0$。

(3) 将 $\lambda = -4$ 代入(5.4.2)得

$$\begin{cases} 6X + 6Y = 0 \\ 6X + 14Y + 4Z = 0 \\ 4Y + 2Z = 0 \end{cases}$$

解得相应的主方向 $X : Y : Z = 1 : (-1) : 2$ 与之共轭的主径面方程为 $x - y + 2z - 3 = 0$。

下面介绍二次曲面特征根的几个重要性质。

【定理 1】 任意二次曲面都有非零特征根,因而二次曲面总有一个非奇主方向。

证明 如果特征方程(5.4.4)的三个特征根为零,则 $I_1 = 0,\ I_2 = 0,\ I_3 = 0$。从而有

$$I_1^2 - 2I_2 = a_{11}^2 + a_{22}^2 + a_{33}^2 + 2a_{12}^2 + 2a_{13}^2 + 2a_{23}^2 = 0$$

因而得

$$a_{11} = a_{22} = a_{33} = a_{12} = a_{13} = a_{23} = 0$$

于是二次曲面(5.1.1)将不含二次项而变成

$$2a_{14}x + 2a_{24}y + 2a_{34}z + a_{44} = 0$$

这样便不成为二次方程与二次曲面定义矛盾。故所证成立。

【定理 2】 二次曲面的特征根都是实数。

证明 设 $\lambda = a + b\mathrm{i}$ 是特征方程(5.4.4)的一特征根。因为式(5.4.4)的系数都是实数,两边取共轭复数,则得

$$\bar{\lambda}^3 - I_1\bar{\lambda}^2 + I_2\bar{\lambda} - I_3 = 0$$

所以共轭复数 $\bar{\lambda} = a - bi$ 也为一特征根。

设 X,Y,Z 是对应于 λ 的方程组(5.4.1)的任一组非零解,即适合

$$\begin{cases} \Phi_1(X,Y,Z) = \lambda X \\ \Phi_2(X,Y,Z) = \lambda Y \\ \Phi_3(X,Y,Z) = \lambda Z \end{cases} \tag{5.4.5}$$

而共轭复数 $\bar{\lambda}$ 对应的主方向 $\bar{X},\bar{Y},\bar{Z}$,显然适合

$$\begin{cases} \Phi_1(\bar{X},\bar{Y},\bar{Z}) = \bar{\lambda}\bar{X} \\ \Phi_2(\bar{X},\bar{Y},\bar{Z}) = \bar{\lambda}\bar{y} \\ \Phi_3(\bar{X},\bar{Y},\bar{Z}) = \bar{\lambda}\bar{Z} \end{cases} \tag{5.4.6}$$

把方程组(5.4.5)中各式分别乘以 $\bar{X},\bar{Y},\bar{Z}$,并相加得

$$\Phi_1(X,Y,Z)\bar{X} + \Phi_2(X,Y,Z)\bar{Y} + \Phi_3(X,Y,Z)\bar{Z} = \lambda(X\bar{X} + Y\bar{Y} + Z\bar{Z})$$

同样把方程组(5.4.6)中各式分别乘,X,Y,Z,并相加得

$$\Phi_1(\bar{X},\bar{Y},\bar{Z})X + \Phi_2(\bar{X},\bar{Y},\bar{Z})Y + \Phi_3(\bar{X},\bar{Y},\bar{Z})Z = \bar{\lambda}(X\bar{X} + Y\bar{Y} + Z\bar{Z})$$

由定理 3 的证明过程知上两式左边完全一样,故把两等式相减得

$$(\lambda - \bar{\lambda})(X\bar{X} + Y\bar{Y} + Z\bar{Z}) = 0 \tag{5.4.7}$$

因　$$X\bar{X} + Y\bar{Y} + Z\bar{Z} > 0$$

所以　$$\lambda - \bar{\lambda} = (a + bi) - (a - bi) = 2bi = 0$$

即 $b = 0$,所以 λ 应为实数。

【推论】　二次曲面至少有一实的主径面。

【例 2】　求二次曲面 $x^2 + y^2 - 2xy + 2x - 4y - 2z + 3 = 0$ 的主方向和主径面。

解　这个二次曲面的矩阵是

$$\begin{pmatrix} 1 & -1 & 0 & 1 \\ -1 & 1 & 0 & -2 \\ 0 & 0 & 0 & -1 \\ 1 & -2 & -1 & 3 \end{pmatrix}$$

$$I_1 = 2,\ I_2 = 0,\ I_3 = 0$$

二次曲面的特征方程为

$$\lambda^3 - 2\lambda^2 = 0$$

所以特征根为 $\lambda_1 = 2,\ \lambda_2 = \lambda_3 = 0$。

(1) 对于 $\lambda_1 = 2$ 所对应的主方向,满足方程组

$$\begin{cases} -X-Y=0 \\ -X-Y=0 \\ -2Z=0 \end{cases}$$

故得主方向为 $1:-1:0$。与之共轭的主径面为 $2x-2y+3=0$。

(2) $\lambda_2=\lambda_3=0$ 是重根,对应的主方向,由方程组

$$\begin{cases} X-Y=0 \\ -X+Y=0 \end{cases}$$

所确定,凡平行于平面 $x-y=0$ 的方向,都是主方向(奇向)。它没有共轭主径面。

思考题:

对于曲面的特征根,当是单根,二重根,三重根时,它们所对应的主方向有什么特点?

习　题

1. 求下列二次曲面的主径面与主方向。

(1) $2x^2-2xy+2xz-2yz+2x+y-3z-5=0$;

(2) $2x^2-y^2-z^2+4xy-2x-4y+6z-12=0$。

证明不同特征根对应的主方向互相垂直。

5.5　一般二次曲面的化简与分类

对于给定的二次曲面方程,通过特征方程可求出它所对应的主方向。由于二次曲面的每个特征根至少对应一个主方向,也就是说二次曲面至少有一个主径面,而二次曲面的主径面又是二次曲面的对称面,因而选取主径面作为新坐标面,或者选取主方向为坐标轴方向,就成为化简二次曲面方程的主要方法。

【定理1】　以三个主方向所建立的右手直角坐标系为新坐标系而作坐标轴的旋转,那么曲面方程

$$a_{11}x^2+a_{22}y^2+a_{33}z^2+2a_{12}xy+2a_{13}xz+2a_{23}yz+$$
$$2a_{14}x+2a_{24}y+2a_{34}z+a_{44}=0 \qquad (1)$$

在新坐标系中具有如下形式

$$a'_{11}x'^2 + a'_{22}y'^2 + a'_{33}z'^2 + 2a'_{14}x' + 2a'_{24}y' + 2a'_{34}z' + a'_{44} = 0$$

证明　因为二次曲面(1) 至少有一个非奇主方向,以这个主方向作为新轴方向,以共轭于这个方向的主径面作为新坐标平面 $x' = 0$,建立直角坐标系 $O'-x'y'z'$。设在这个新坐标系下,曲面的方程为

$$a'_{11}x'^2 + a'_{22}y'^2 + a'_{33}z'^2 + 2a'_{12}x'y' + 2a'_{13}x'z' + 2a'_{23}y'z' + 2a'_{14}x' + 2a'_{24}y' + 2a'_{34}z' + a'_{44} = 0$$

在新坐标系下,曲面以 x' 轴方向作为主方向 $1:0:0$,代入式(5.3.2),得与之共轭的主径面方程为

$$a'_{11}x' + a'_{12}y' + a'_{13}z' + a'_{14} = 0$$

那么这个方程表示坐标平面 $x' = 0$ 的充要条件是

$$a'_{11} \neq 0,\ a'_{12} = a'_{13} = a'_{14} = 0$$

所以曲面在新坐标系下的方程为

$$a'_{11}x'^2 + a'_{22}y'^2 + a'_{33}z'^2 + 2a'_{23}y'z' + 2a'_{24}y' + 2a'_{34}z' + a'_{44} = 0 \quad (a'_{11} \neq 0)$$

如果 $a'_{23} = 0$,那么有

$$a'_{11}x'^2 + a'_{22}y'^2 + a'_{33}z'^2 + 2a'_{24}y' + 2a'_{34}z' + a'_{44} = 0$$

如果 $a'_{23} \neq 0$,可在 $y'O'z'$ 平面内,将 y 轴与 z 轴旋转一角度 θ(保持 x 轴不动),并且适合

$$\cot 2\theta = \frac{a'_{22} - a'_{33}}{2a'_{23}}$$

即经直角坐标变换

$$\begin{cases} x' = x'' \\ y' = y''\cos\theta - z''\sin\theta \\ z' = y''\sin\theta + z''\cos\theta \end{cases}$$

就可使 yz 项系数也等于零。

【例 1】　化简曲面方程

$$x^2 + y^2 + 5z^2 - 6xy + 2xz - 2yz - 4x + 8y - 12z + 14 = 0$$

解　二次曲面的矩阵为 $\begin{pmatrix} 1 & -3 & 1 & -2 \\ -3 & 1 & -1 & 4 \\ 1 & -1 & 5 & -6 \\ -2 & 4 & -6 & 14 \end{pmatrix}$, $I_1 = 7$, $I_2 = 0$, $I_3 = -36$,

所以曲面的特征方程为 $\lambda^3 - 7\lambda + 36 = (\lambda - 3)(\lambda - 6)(\lambda + 2) = 0$,特征根为 $\lambda_1 = 3, \lambda_2 = 6, \lambda_3 = -2$。

(1) 与 $\lambda_1 = 3$ 对应的主方向 $X : Y : Z$ 满足方程组 $\begin{cases} -2X - 3Y + Z = 0 \\ -3X - 2Y - Z = 0 \\ X - Y + 2Z = 0 \end{cases}$,解得

$$X : Y : Z = \begin{vmatrix} -3 & 1 \\ -2 & -1 \end{vmatrix} : \begin{vmatrix} 1 & -2 \\ -1 & -3 \end{vmatrix} : \begin{vmatrix} -2 & -3 \\ -3 & -2 \end{vmatrix} =$$

$$5 : (-5) : (-5) = 1 : (-1) : (-1)$$

与它共轭的主径面为 $x - y - z = 0$。

(2) 与 $\lambda_2 = 6$ 对应的主方向 $X : Y : Z$ 满足为 $X : Y : Z = 1 : (-1) : 2$,与它共轭的主径面为 $x - y + 2z - 3 = 0$。

(3) 与 $\lambda_3 = -2$ 对应的主方向满足为 $X : Y : Z = 1 : 1 : 0$,与它共轭的主径面为 $x + y - 1 = 0$。取这三个主径面为新坐标平面作坐标变换,由式(5.1.10)得变换公式为

$$\begin{cases} x' = \dfrac{x - y - z}{\sqrt{3}} \\ y' = \dfrac{x - y + 2z - 3}{\sqrt{6}} \\ z' = -\dfrac{x + y - 1}{\sqrt{2}} \end{cases}$$

解出 x, y 与 z 得

$$\begin{cases} x = \dfrac{1}{\sqrt{3}}x' + \dfrac{1}{\sqrt{6}}y' - \dfrac{1}{\sqrt{2}}z' + 1 \\ y = -\dfrac{1}{\sqrt{3}}x' - \dfrac{1}{\sqrt{6}}y' - \dfrac{1}{\sqrt{2}}z' \\ z = -\dfrac{1}{\sqrt{3}}x' + \dfrac{2}{\sqrt{6}}y' + 1 \end{cases}$$

代入原方程得曲面的简化方程为 $3x^2 + 6y^2 - 2z^2 + 6 = 0$,化为标准方程为 $\dfrac{x^2}{2} + y^2 - \dfrac{z^2}{3} = -1$。

由定理 1 知,经过适当的坐标变换,二次曲面

$$a_{11}x^2 + a_{22}y^2 + a_{33}z^2 + 2a_{12}xy + 2a_{13}xz + 2a_{23}yz + 2a_{14}x + 2a_{24}y + 2a_{34}z + a_{44} = 0$$

总可以化为

$$a'_{11}x'^2 + a'_{22}y'^2 + a'_{33}z'^2 + 2a'_{14}x' + 2a'_{24}y' + 2a'_{34}z' + a'_{44} = 0 \quad (a'^2_{11} + a'^2_{22} + a'^2_{33} \neq 0) \tag{5.5.1}$$

我们分下列几种情况加以讨论。

1. $a'_{11} \cdot a'_{22} \cdot a'_{33} \neq 0$。

配方后式(5.5.1)可化成

$$a'_{11}(x' + \frac{a'_{14}}{a'_{11}})^2 + a'_{22}(y' + \frac{a'_{24}}{a'_{22}})^2 + a'_{33}(z' + \frac{a'_{34}}{a'_{33}})^2 + a'_{44} - (\frac{a'^2_{14}}{a'_{11}} + \frac{a'^2_{24}}{a'_{22}} + \frac{a'^2_{34}}{a'_{33}}) = 0$$

作平移变换即得

$$a'_{11}x''^2 + a'_{22}y''^2 + a'_{33}z''^2 + a''_{44} = 0 \tag{5.5.2}$$

这里

$$a''_{44} = a'_{44} - (\frac{a'^2_{14}}{a'_{11}} + \frac{a'^2_{24}}{a'_{22}} + \frac{a'^2_{34}}{a'_{33}})$$

(1) $a''_{44} \neq 0$。

① a'_{11}, a'_{22}, a'_{33} 同号但与 a''_{44} 异号,式(5.5.2)表示椭球面。

② a'_{11}, a'_{22}, a'_{33} 与 a''_{44} 同号,式(5.5.2)表示虚椭球面。

③ a''_{44} 与 a'_{11}, a'_{22}, a'_{33} 中的一个同号,式(5.5.2)表示单叶双曲面。

④ a''_{44} 与 a'_{11}, a'_{22}, a'_{33} 中的两个同号,式(5.5.2)表示双叶双曲面。

(2) $a''_{44} = 0$。

⑤ a'_{11}, a'_{22}, a'_{33} 不同号,式(5.5.2)表示二次锥面。

⑥ a'_{11}, a'_{22}, a'_{33} 同号,式(5.5.2)退化为一点表示虚锥面。

2. a'_{11}, a'_{22}, a'_{33} 中只有一个为零,不妨设 $a'_{11} \neq 0$, $a'_{22} \neq 0$, $a'_{33} = 0$。

(1) $a'_{34} \neq 0$。

配方后式(5.5.1)化成

$$a'_{11}(x' + \frac{a'_{14}}{a'_{11}})^2 + a'_{22}(y' + \frac{a'_{24}}{a'_{22}})^2 + 2a'_{34}(z' + \frac{a'_{44}}{2a'_{34}} - \frac{a'^2_{14}}{2a'_{11}a'_{34}} - \frac{a'^2_{24}}{2a'_{22}a'_{34}}) = 0$$

平移即得

$$a'_{11}x''^2 + a'_{22}y'' + 2a'_{34}z'' = 0 \tag{5.5.3}$$

⑦ 当 a'_{11} 与 a'_{22} 同号,式(5.5.3) 表示椭圆抛物面。

⑧ 当 a'_{11} 与 a'_{22} 异号时,式(5.5.3) 表示双曲抛物面。

(2) $a'_{34} = 0$。

配方后式(5.5.1) 化成

$$a'_{11}(x' + \frac{a'_{14}}{a'_{11}})^2 + a'_{22}(y' + \frac{a'_{24}}{a'_{22}})^2 + a'_{44} - \frac{a'^2_{14}}{a'_{11}} - \frac{a'^2_{24}}{a'_{22}} = 0$$

平移即得

$$a'_{11}x''^2 + a'_{22}y''^2 + a''_{44} = 0 \tag{5.5.4}$$

这里 $a''_{44} = a'_{44} - (\frac{a'^2_{14}}{a'_{11}} + \frac{a'^2_{24}}{a'_{22}})$。

⑨ a'_{11} 与 a'_{22} 同号,但与 a''_{44} 异号,式(5.5.4) 表示椭圆柱面。

⑩ a'_{11}, a'_{22} 与 a''_{44} 同号,式(5.5.4) 表示虚椭圆柱面。

⑪ a'_{11} 与 a'_{22} 异号且 $a''_{44} \neq 0$,式(5.5.4) 表示双曲柱面。

⑫ a'_{11} 与 a'_{22} 异号且 $a''_{44} = 0$,式(5.5.4) 表示一对相交平面。

⑬ a'_{11} 与 a'_{22} 同号且 $a''_{44} = 0$,式(5.5.4) 表示一对虚相交平面。

3. $a'_{11}, a'_{22}, a'_{33}$ 中有两个为零,不妨设 $a'_{11} \neq 0$, $a'_{22} = 0$, $a'_{33} = 0$,配方后式(5.5.1) 化成

$$a'_{11}(x' + \frac{a'_{14}}{a'_{11}})^2 + 2a'_{24}y' + 2a'_{34}z' + a'_{44} - \frac{a'^2_{14}}{a'_{11}} = 0$$

平移即得

$$a'_{11}x''^2 + 2a'_{24}y'' + 2a'_{34}z'' + a''_{44} = 0 \tag{5.5.5}$$

这里 $a''_{44} = a'_{44} - \frac{a'^2_{14}}{a'_{11}}$。

(1) a'_{24}, a'_{34} 中至少有一个不为零,作绕 x' 轴的坐标变换

$$\begin{cases} x''' = x'' \\ y''' = \dfrac{2a'_{24}y''^2 + 2a'_{34}z'' + a''_{44}}{2\sqrt{a'^2_{24} + a'^2_{34}}} \\ z''' = \dfrac{-a'_{34}y'' + a'_{24}z''}{\sqrt{a'^2_{24} + a'^2_{34}}} \end{cases}$$

则式(5.5.5) 化为

$$a'_{11}x'''^2 + 2\sqrt{a'^2_{24} + a'^2_{34}}\,y''' = 0 \tag{5.5.6}$$

式(5.5.6)表示抛物柱面。

(2) $a'_{24} = a'_{34} = 0$，式(5.5.5)变为

$$a'_{11}x''^2 + a''_{44} = 0 \tag{5.5.7}$$

⑭ a'_{11} 与 a''_{44} 异号，式(5.5.7)表示一对平行平面。

⑮ a'_{11} 与 a''_{44} 同号，式(5.5.7)表示一对虚的平行平面。

⑯ $a''_{44} = 0$，$x'' = 0$。表示一对重合平面。

综上所述，已给二次曲面总能通过适当的坐标变换把不含交叉项的二次曲面

$$a_{11}x^2 + a_{22}y^2 + a_{33}z^2 + 2a_{14}x + 2a_{24}y + 2a_{34}z + a_{44} = 0$$

通过坐标变换化为下列五个简化方程之一：

(Ⅰ) $a_{11}x^2 + a_{22}y^2 + a_{33}z^2 + a_{44} = 0,\ a_{11}a_{22}a_{33} \neq 0$；

(Ⅱ) $a_{11}x^2 + a_{22}y^2 + 2a_{34}z = 0,\ a_{11}a_{22}a_{34} \neq 0$；

(Ⅲ) $a_{11}x^2 + a_{22}y^2 + a_{44} = 0,\ a_{11}a_{22} \neq 0$；

(Ⅳ) $a_{11}x^2 + 2a_{24}y = 0,\ a_{11}a_{24} \neq 0$；

(Ⅴ) $a_{11}x^2 + a_{44} = 0,\ a_{11} \neq 0$。

并且可以写成下面十七种标准方程的一种形式：

(1) $\dfrac{x^2}{a^2} + \dfrac{y^2}{b^2} + \dfrac{z^2}{c^2} = 1$(椭球面)；

(2) $\dfrac{x^2}{a^2} + \dfrac{y^2}{b^2} + \dfrac{z^2}{c^2} = -1$(虚椭球面)；

(3) $\dfrac{x^2}{a^2} + \dfrac{y^2}{b^2} + \dfrac{z^2}{c^2} = 0$(点或称虚母线二次锥面)；

(4) $\dfrac{x^2}{a^2} + \dfrac{y^2}{b^2} - \dfrac{z^2}{c^2} = 1$(单叶双曲面)；

(5) $\dfrac{x^2}{a^2} + \dfrac{y^2}{b^2} - \dfrac{z^2}{c^2} = -1$(双叶双曲面)；

(6) $\dfrac{x^2}{a^2} + \dfrac{y^2}{b^2} - \dfrac{z^2}{c^2} = 0$(二次锥面)；

(7) $\dfrac{x^2}{a^2} + \dfrac{y^2}{b^2} = 2z$(椭圆抛物面)；

(8) $\dfrac{x^2}{a^2} - \dfrac{y^2}{b^2} = 2z$(双曲抛物面)；

(9) $\frac{x^2}{a^2}+\frac{y^2}{b^2}=1$(椭圆柱面);

(10) $\frac{x^2}{a^2}+\frac{y^2}{b^2}=-1$(虚椭圆柱面);

(11) $\frac{x^2}{a^2}+\frac{y^2}{b^2}=0$(交于一条实直线的一对共轭虚平面);

(12) $\frac{x^2}{a^2}-\frac{y^2}{b^2}=1$(双曲柱面);

(13) $\frac{x^2}{a^2}-\frac{y^2}{b^2}=0$(一对相交平面);

(14) $x^2=2py$(抛物柱面);

(15) $x^2=a^2$(一对平行平面);

(16) $x^2=-a^2$(一对平行的共轭虚平面);

(17) $x^2=0$(一对重合平面)。

习　　题

化简下列二次曲面方程。

(1) $x^2+y^2+5z^2-6xy-2xz+2yz-6x+6y-6z+10=0$;

(2) $3x^2+y^2+3z^2-2xy-2xz-2yz+4x+14y+4z-23=0$;

(3) $x^2+4y^2+4z^2-4xy+4xz-8yz+6x+6z-5=0$;

(4) $2x^2+2y^2+3z^2+4xy+2xz+2yz-4x+6y-2z+30=0$。

5.6　二次曲面的不变量

在前面我们研究了用坐标变换的方法将一般二次曲面方程化成标准方程。虽然方程的形式发生了变化,但决定曲面特征的内蕴性不会变化。这种反应曲面的某种几何性质的表达式一定是经过坐标变换后不变的,这就是曲面的不变量。

5.6.1　不变量与半不变量

设在空间直角坐标系中二次曲面的方程

$$F(x,y,z)\equiv a_{11}x^2+a_{22}y^2+a_{33}z^2+2a_{12}xy+2a_{13}xz+2a_{23}yz+$$

$$2a_{14}x + 2a_{24}y + 2a_{34}z + a_{44} = 0 \qquad (1)$$

经任意的直角变换后,二次曲面方程变为

$$F(x',y',z') \equiv a'_{11}x'^2 + a'_{22}y'^2 + a'_{33}z'^2 + 2a'_{12}x'y' + 2a'_{13}x'z' + 2a'_{23}y'z' + 2a'_{14}x' + 2a'_{24}y' + 2a'_{34}z' + a'_{44} = 0$$

【定义 1】 设 $F(x,y,z)$ 经过任意直角坐标变换后变成 $F'(x',y',z')$。由 $F(X,Y,Z)$ 的系数组成的一个函数 $f(a_{11},a_{12},\cdots,a_{44})$,如果和由 $F'(x',y',z')$ 的对应的系数所组成的相同函数 $f(a'_{11},a'_{12},\cdots,a'_{44})$ 的值总是相等的,即

$$f(a'_{11},a'_{12},\cdots,a'_{44}) = f(a_{11},a_{12},\cdots,a_{44})$$

则这个函数称为 $F(x,y,z)$ 的在直角坐标变换下的不变量(简称不变量),如果这个函数 f 的值,只是经过转轴变换不变,那么这个函数叫做二次曲面在直角坐标变换下的半不变量。

我们来研究下列各函数。

$$I_1 = a_{11} + a_{22} + a_{33}$$

$$I_2 = \begin{vmatrix} a_{11} & a_{12} \\ a_{12} & a_{22} \end{vmatrix} + \begin{vmatrix} a_{11} & a_{13} \\ a_{13} & a_{33} \end{vmatrix} + \begin{vmatrix} a_{22} & a_{23} \\ a_{23} & a_{33} \end{vmatrix}$$

$$I_3 = \begin{vmatrix} a_{11} & a_{12} & a_{13} \\ a_{12} & a_{22} & a_{23} \\ a_{13} & a_{23} & a_{33} \end{vmatrix}$$

$$I_4 = \begin{vmatrix} a_{11} & a_{12} & a_{13} & a_{14} \\ a_{12} & a_{22} & a_{23} & a_{24} \\ a_{13} & a_{23} & a_{33} & a_{34} \\ a_{14} & a_{24} & a_{34} & a_{44} \end{vmatrix}$$

$$K_1 = \begin{vmatrix} a_{11} & a_{14} \\ a_{14} & a_{44} \end{vmatrix} + \begin{vmatrix} a_{22} & a_{24} \\ a_{24} & a_{44} \end{vmatrix} + \begin{vmatrix} a_{33} & a_{34} \\ a_{34} & a_{44} \end{vmatrix}$$

$$K_2 = \begin{vmatrix} a_{11} & a_{12} & a_{14} \\ a_{12} & a_{22} & a_{24} \\ a_{14} & a_{24} & a_{44} \end{vmatrix} + \begin{vmatrix} a_{11} & a_{13} & a_{14} \\ a_{13} & a_{33} & a_{34} \\ a_{14} & a_{34} & a_{44} \end{vmatrix} + \begin{vmatrix} a_{22} & a_{23} & a_{24} \\ a_{23} & a_{33} & a_{34} \\ a_{24} & a_{34} & a_{44} \end{vmatrix}$$

对于二次曲面,我们可以证明 I_1,I_2,I_3,I_4 是不变量,因而特征方程的根经过直角坐标系变换后也是不变的。K_1,K_2 是半不变量,有着下面的一些定理,对于这些定理的证明对以后不变量的运用无关,在此只对定理的内容作介绍,不予证明。(可参见附录线性方程组中的例 3,例 4,例 5)

【定理 1】 I_1, I_2, I_3, I_4 是二次曲面在空间直角坐标变换下的四个不变量，K_1, K_2 是两个半不变量。

【推论】 在直角坐标变换下，二次曲面的特征方程不变，从而特征根也不变。

【定理 2】 K_1 是第 Ⅴ 类二次曲面在直角坐标变换下的不变量，而 K_2 是第 Ⅲ，第 Ⅳ 与第 Ⅴ 类二次曲面在直角坐标变换下的不变量。

5.6.2　应用不变量化简二次曲面方程

由上一节我们知道，任何一个二次曲面通过坐标变换总可以化成下面五类简化方程中的一类：

（Ⅰ）$a'_{11}x'^2 + a'_{22}y'^2 + a'_{33}z'^2 + a'_{44} = 0,\ a'_{11}a'_{22}a'_{33} \neq 0$;

（Ⅱ）$a'_{11}x'^2 + a'_{22}y'^2 + 2a'_{34}z' = 0,\ a'_{11}a'_{22}a'_{34} \neq 0$;

（Ⅲ）$a'_{11}x'^2 + a'_{22}y'^2 + a'_{44} = 0,\ a'_{11}a'_{22} \neq 0$;

（Ⅳ）$a'_{11}x'^2 + 2a'_{24}y' = 0,\ a'_{11}a'_{24} \neq 0$;

（Ⅴ）$a'_{11}x'^2 + a'_{44} = 0,\ a'_{11} \neq 0$。

【定理 3】 二次曲面当且仅当：

(1) 是第 Ⅰ 类曲面时，$I_3 \neq 0$，方程化简为

$$\lambda_1 x'^2 + \lambda_2 y'^2 + \lambda_3 z'^2 + \frac{I_4}{I_3} = 0 \tag{5.6.1}$$

(2) 是第 Ⅱ 类曲面时，$I_3 = 0,\ I_4 \neq 0$，方程化简为

$$\lambda_1 x'^2 + \lambda_2 y'^2 \pm 2\sqrt{-\frac{I_4}{I_2}}\, z' = 0 \tag{5.6.2}$$

(3) 是第 Ⅲ 类曲面时，$I_3 = I_4 = 0,\ I_2 \neq 0$，方程化简为

$$\lambda_1 x'^2 + \lambda_2 y'^2 + \frac{K_2}{I_2} = 0 \tag{5.6.3}$$

(4) 是第 Ⅳ 类曲面时，$I_2 = I_3 = I_4 = 0,\ K_2 \neq 0$，方程化简为

$$\lambda_1 x'^2 \pm 2\sqrt{-\frac{K_2}{I_1}}\, y' = 0 \tag{5.6.4}$$

(5) 是第 Ⅴ 类曲面时，$I_2 = I_3 = I_4 = K_2 = 0$，方程化简为

$$I_1 x'^2 + \frac{K_1}{I_1} = 0 \tag{5.6.5}$$

其中,$\lambda_1,\lambda_2,\lambda_3$ 分别为二次曲面的非零特征根。

证明　(1) 当二次曲面(1) 是第 Ⅰ 类曲面时,那么有

$$I_3 = I'_3 = \begin{vmatrix} a'_{11} & 0 & 0 \\ 0 & a'_{22} & 0 \\ 0 & 0 & a'_{33} \end{vmatrix} = a'_{11}a'_{22}a'_{33} \neq 0$$

从而有

$$I_1 = I'_1 = a'_{11} + a'_{22} + a'_{33}$$

$$I_2 = I'_2 = \begin{vmatrix} a'_{11} & 0 \\ 0 & a'_{22} \end{vmatrix} + \begin{vmatrix} a'_{11} & 0 \\ 0 & a'_{33} \end{vmatrix} + \begin{vmatrix} a'_{22} & 0 \\ 0 & a'_{33} \end{vmatrix} =$$

$$a'_{11}a'_{22} + a'_{11}a'_{33} + a'_{22}a'_{33}$$

因为二次曲面的特征方程是

$$\lambda^3 - I_1\lambda^2 + I_2\lambda - I_3 = 0$$

所以根据与系数的关系知道二次曲面的三个特征根为

$$\lambda_1 = a'_{11},\ \lambda_2 = a'_{22},\ \lambda_3 = a'_{33}$$

又因为

$$I_4 = I'_4 = \begin{vmatrix} a'_{11} & 0 & 0 & 0 \\ 0 & a'_{22} & 0 & 0 \\ 0 & 0 & a'_{33} & 0 \\ 0 & 0 & 0 & a'_{44} \end{vmatrix} = a'_{11}a'_{22}a'_{33}a'_{44} = I_3a'_{44}$$

所以

$$a'_{44} = \frac{I_4}{I_3}$$

因此第 Ⅰ 类曲面的化简方程可以写成

$$\lambda_1x'^2 + \lambda_2y'^2 + \lambda_3z'^2 + \frac{I_4}{I_3} = 0$$

其中,$\lambda_1,\lambda_2,\lambda_3$ 为二次曲面(1) 的三个特征很。

(2) 当二次曲面(1) 是第 Ⅱ 类曲面时,那么有

$$I_3 = I'_3 = \begin{vmatrix} a'_{11} & 0 & 0 \\ 0 & a'_{22} & 0 \\ 0 & 0 & 0 \end{vmatrix} = 0$$

$$\text{而}\qquad I_4 = I'_4 = \begin{vmatrix} a'_{11} & 0 & 0 & 0 \\ 0 & a'_{22} & 0 & 0 \\ 0 & 0 & 0 & a'_{34} \\ 0 & 0 & a'_{34} & 0 \end{vmatrix} = -a'_{11}a'_{22}a'^2_{34} \neq 0$$

又

$$I_1 = I'_1 = a'_{11} + a'_{22}$$

$$I_2 = I'_2 = \begin{vmatrix} a'_{11} & 0 \\ 0 & a'_{22} \end{vmatrix} + \begin{vmatrix} a'_{11} & 0 \\ 0 & 0 \end{vmatrix} + \begin{vmatrix} a'_{22} & 0 \\ 0 & 0 \end{vmatrix} = a'_{11}a'_{22} \neq 0$$

这时二次曲面(1) 的特征方程是

$$\lambda^3 - I_1\lambda^2 + I_2\lambda = 0$$

所以 $\lambda = 0$ 或 $\lambda^2 - I_1\lambda + I_2 = 0$。从而知二次曲面(1) 的三个特征根为

$$\lambda_1 = a'_{11},\ \lambda_2 = a'_{22},\ \lambda_3 = 0$$

此外 $$I_4 = I'_4 = -a'_{11}a'_{22}a'^2_{34} = -I_2a'^2_{34}$$

所以 $$a'_{34} = \pm\sqrt{\frac{-I_4}{I_2}}$$

因此第 Ⅱ 类曲面的化简方程可以写成

$$\lambda_1x'^2 + \lambda_2y'^2 \pm 2\sqrt{-\frac{I_4}{I_2}}z' = 0$$

其中,λ_1,λ_2 为二次曲面(1) 的两个不为零的特征根。

(3) 当二次曲面(1) 是第 Ⅲ 类曲面时,那么有

$$I_3 = I'_3 = 0,\ I_4 = I'_4 = 0$$

$$I_2 = I'_2 = \begin{vmatrix} a'_{11} & 0 \\ 0 & a'_{22} \end{vmatrix} + \begin{vmatrix} a'_{11} & 0 \\ 0 & 0 \end{vmatrix} + \begin{vmatrix} a'_{22} & 0 \\ 0 & 0 \end{vmatrix} = a'_{11}a'_{22} \neq 0$$

像上述(2)一样,这里 a'_{11},a'_{22} 分别是二次曲面的两个非零特征根 λ_1 与 λ_2,并且

$$K_2 = a'_{11}a'_{22}a'_{44} = I_2a'_{44}$$

所以 $$a'_{44} = \frac{K_2}{I_2}$$

因此第 Ⅲ 类曲面化简方程可以写成

$$\lambda_1x'^2 + \lambda_2y'^2 + \frac{K_2}{I_2} = 0$$

其中,λ_1,λ_2 是二次曲面(1) 的两个不为零的特征根。

(4) 当二次曲面(1)是第 Ⅳ 类曲面时,那么有

$$I_3 = I'_3 = 0,\ I_4 = I'_4 = 0,\ I_2 = I'_2 = 0$$

$$K_2 = K'_2 = \begin{vmatrix} a'_{11} & 0 & 0 \\ 0 & 0 & a'_{24} \\ 0 & a'_{24} & 0 \end{vmatrix} + \begin{vmatrix} a'_{11} & 0 & 0 \\ 0 & 0 & 0 \\ 0 & 0 & 0 \end{vmatrix} + \begin{vmatrix} 0 & 0 & a'_{24} \\ 0 & 0 & 0 \\ a'_{24} & 0 & 0 \end{vmatrix} =$$

$$-a'_{11}a'^2_{24} \neq 0$$

而

$$I_1 = a'_{11}$$

又特征方程为

$$\lambda^3 - I_1\lambda^2 = 0$$

所以特征根为

$$\lambda_1 = I_1 = a'_{11},\ \lambda_2 = \lambda_3 = 0$$

又因为

$$K_2 = K'_2 = -a'_{11}a'^2_{24} = -I_1a'^2_{24}$$

所以

$$a'_{24} = \pm\sqrt{-\frac{K_2}{I_1}}$$

因此第 Ⅳ 类曲面化简方程可以写成

$$\lambda_1 x'^2 \pm 2\sqrt{-\frac{K_2}{I_1}}y' = 0$$

(5) 当二次曲面(1)是第 Ⅴ 类曲面时,那么有

$$I_2 = I'_2 = 0,\ I_3 = I'_3 = 0,\ I_4 = I'_4 = 0,\ K_2 = K'_2 = 0$$

像上述(4)一样,这时二次曲面(1)有唯一的非零特征根 $\lambda_1 = a'_{11} = I_1$,并且又因为

$$K_1 = \begin{vmatrix} a'_{11} & 0 \\ 0 & a'_{44} \end{vmatrix} + \begin{vmatrix} 0 & 0 \\ 0 & a'_{44} \end{vmatrix} + \begin{vmatrix} 0 & 0 \\ 0 & a'_{44} \end{vmatrix} = a'_{11}a'_{44} = I_1a'_{44}$$

于是

$$a'_{44} = \frac{K_1}{I_1}$$

所以第 Ⅴ 类曲面化简方程可以写成

$$I_1 x'^2 + \frac{K_1}{I_1} = 0$$

如果给出二次曲面,那么就可以用它的不变量来判别已知曲面为何种曲面,总结如表 5.2 所示。

表 5.2

<table>
<tr><th>r</th><th colspan="2">类型</th><th>简化方程</th><th colspan="2">判别法</th><th>曲面名称</th></tr>
<tr><td rowspan="6">$r=3$</td><td colspan="2" rowspan="6">中心二次曲面
$I_3\neq 0$</td><td rowspan="6">[Ⅰ] $\lambda_1x^2+\lambda_2y^2+\lambda_3z^2+\frac{I_4}{I_3}=0$</td><td rowspan="3">$I_2>0$
$I_1\cdot I_3>0$</td><td>$I_4<0$</td><td>(1) 椭球面</td></tr>
<tr><td>$I_4>0$</td><td>(2) 虚椭球面</td></tr>
<tr><td>$I_4=0$</td><td>(3) 点或虚锥面</td></tr>
<tr><td rowspan="3">$I_2\leqslant 0$
$I_1\cdot I_3\leqslant 0$</td><td>$I_4>0$</td><td>(4) 单叶双曲面</td></tr>
<tr><td>$I_4<0$</td><td>(5) 双叶双曲面</td></tr>
<tr><td>$I_4=0$</td><td>(6) 二次锥面</td></tr>
<tr><td rowspan="7">$r=2$</td><td rowspan="11">无心二次曲面
$I_3=0$</td><td rowspan="2">$I_3=0$
$I_4\neq 0$</td><td rowspan="2">[Ⅱ] $\lambda_1x^2+\lambda_2y^2\pm 2\sqrt{-\frac{I_4}{I_2}}z=0$</td><td colspan="2">$I_2>0\ (I_4<0)$</td><td>(7) 椭圆抛物面</td></tr>
<tr><td colspan="2">$I_2<0\ (I_4>0)$</td><td>(8) 双曲抛物面</td></tr>
<tr><td rowspan="5">$I_3=I_4=0$
$I_2\neq 0$</td><td rowspan="5">[Ⅲ] $\lambda_1x^2+\lambda_2y^2+\frac{K_2}{I_2}=0$</td><td rowspan="3">$I_2>0$</td><td>$I_1K_2<0$</td><td>(9) 椭圆柱面</td></tr>
<tr><td>$I_1K_2>0$</td><td>(10) 虚椭圆柱面</td></tr>
<tr><td>$K_2=0$</td><td>(11) 直线(一对相交虚平面)</td></tr>
<tr><td rowspan="2">$I_2<0$</td><td>$K_2\neq 0$</td><td>(12) 双曲柱面</td></tr>
<tr><td>$K_2=0$</td><td>(13) 一对相交平面</td></tr>
<tr><td rowspan="4">$r=1$</td><td>$I_2=I_3=I_4=0$
$K_2\neq 0$</td><td>[Ⅳ] $\lambda_1x^2\pm 2\sqrt{-\frac{K_2}{I_1}}y=0$</td><td colspan="2"></td><td>(14) 抛物柱面</td></tr>
<tr><td rowspan="3">$I_2=I_3=I_4=K_2=0$</td><td rowspan="3">[Ⅴ] $I_1x^2+\frac{K_1}{I_1}=0$</td><td colspan="2">$K_1<0$</td><td>(15) 一对平行平面</td></tr>
<tr><td colspan="2">$K_2>0$</td><td>(16) 一对平行虚平面</td></tr>
<tr><td colspan="2">$K_2=0$</td><td>(17) 一对重合平面</td></tr>
</table>

习　题

1. 利用不变量求下列二次曲面的简化方程,并指出它为何种曲面。

(1) $4x^2+y^2+z^2+4xy+4xz+2yz-24x+32=0$;

(2) $x^2+y^2+z^2-6x+8y+10z+1=0$;

(3) $9x^2+y^2+z^2-6xy+6xz-2yz+18x-6y+6z-7=0$;

(4) $x^2 + y^2 + z^2 - xy + xz - yz - 2y - 2z + 2 = 0$;

(5) $7y^2 - 7z^2 - 8xy + 8xz = 0$。

2. 证明:二次曲面是锥面的充要条件是 $I_3 \neq 0$, $I_4 = 0$。

5.7　二次曲面的切线与切平面

【定义 1】　如果直线与二次曲面交于两个重合的点,或整条直线在二次曲面上,则称这条直线叫做二次曲面的切线,切线上属于二次曲面的点叫做切点。

设二次曲面方程为

$$F(x,y,z) \equiv a_{11}x^2 + a_{22}y^2 + a_{33}z^2 + 2a_{12}xy + 2a_{13}xz + 2a_{23}yz + 2a_{14}x + 2a_{24}y + 2a_{34}z + a_{44} = 0 \tag{1}$$

那么从 5.2 节知,通过曲面(1) 上的点 $P_0(x_0,y_0,z_0)$ 的直线

$$\begin{cases} x = x_0 + Xt \\ y = y_0 + Yt \\ z = z_0 + Zt \end{cases} \tag{2}$$

与曲面(1) 交于两个重合的点的充要条件是

$$\Phi(X,Y,Z) \neq 0$$
$$XF_1(x_0,y_0,z_0) + YF_2(x_0,y_0,z_0) + ZF_3(x_0,y_0,z_0) = 0$$

而直线(2) 在曲面(1) 上的充要条件是

$$\Phi(X,Y,Z) = 0$$
$$XF_1(x_0,y_0,z_0) + YF_2(x_0,y_0,z_0) + ZF_3(x_0,y_0,z_0) = 0 \tag{3}$$

因此,过曲面(1) 上的点 $P_0(x_0,y_0,z_0)$ 的直线是曲面(1) 的切线的充要条件是

$$XF_1(x_0,y_0,z_0) + YF_2(x_0,y_0,z_0) + ZF_3(x_0,y_0,z_0) = 0 \tag{5.7.1}$$

(1) 当 $F_1(x_0,y_0,z_0)$, $F_2(x_0,y_0,z_0)$, $F_3(x_0,y_0,z_0)$ 不全为零时,由方程组(2) 得

$$X : Y : Z = (x - x_0) : (y - y_0) : (z - z_0)$$

代入式(5.7.1) 得

$$(x - x_0)F_1(x_0,y_0,z_0) + (y - y_0)F_2(x_0,y_0,z_0) + (z - z_0)F_3(x_0,y_0,z_0) = 0 \tag{5.7.2}$$

式(5.7.2) 表示一个平面,即过曲面(1) 上的点 $P_0(x_0,y_0,z_0)$ 的所有切线上的点构成一个平面(5.7.2)。

【定义 2】 二次曲面在一点处的所有切线上的点构成的平面叫做二次曲面的切平面,这一点叫做切点,并把过切点且垂直于切平面的直线叫做二次曲面在该点的法线。

(2) $F_1(x_0,y_0,z_0)$,$F_2(x_0,y_0,z_0)$,$F_3(x_0,y_0,z_0)$ 全为零,此时式(5.7.1) 成为恒等式,它对任何方向都满足,因此过点的任何一条直线都是二次曲面(1) 的切线。

【定义 3】 二次曲面(1) 上满足条件

$$F_1(x_0,y_0,z_0)=F_2(x_0,y_0,z_0)=F_3(x_0,y_0,z_0)=0$$

的点(x_0,y_0,z_0) 叫做二次曲面(1) 的奇异点,简称奇点,二次曲面的非奇点叫做二次曲面的正常点。

【定理 1】 在正常点处,二次曲面(1) 有唯一的切平面,方程为(5.7.2)。

利用恒等式

$$F(x,y,z)\equiv xF_1(x,y,z)+yF_2(x,y,z)+zF_3(x,y,z)+F_4(x,y,z)$$

还可以把式(5.7.2) 改写成

$$xF_1(x_0,y_0,z_0)+yF_2(x_0,y_0,z_0)+zF_3(x_0,y_0,z_0)+F_4(x_0,y_0,z_0)=0 \tag{5.7.3}$$

由法线定义可得法线方程

$$\frac{x-x_0}{F_1(x_0,y_0,z_0)}=\frac{y-y_0}{F_2(x_0,y_0,z_0)}=\frac{z-z_0}{F_3(x_0,y_0,z_0)} \tag{5.7.4}$$

【推论】 二次曲面(1) 在正常点 $P_0(x_0,y_0,z_0)$ 处的切平面方程为

$$\begin{aligned}a_{11}x_0x+a_{22}y_0y+a_{33}z_0z+a_{12}(x_0y+xy_0)+a_{13}(x_0z+xz_0)+\\ a_{23}(y_0z+yz_0)+a_{14}(x+x_0)+a_{24}(y+y_0)+\\ a_{34}(z+z_0)+a_{44}=0\end{aligned} \tag{5.7.5}$$

习　题

1. 求二次曲面

$$F(x,y,z)\equiv x^2+y^2+z^2-4xy-4xz-4yz+2x+2y+2z+18=0$$

在点(1,2,3) 处的切平面方程和法线方程。

2. 求二次曲面

$$4x^2+6y^2+4z^2+4xz-8y-4z+3=0$$

的平行于平面 $x+2y+5=0$ 的切平面。

3. 求证:平面 $8x-6y-z-5=0$ 与抛物面

$$\frac{x^2}{2}-\frac{y^2}{3}=z$$

相切,并求切点坐标。

4. 求通过直线 $\begin{cases}4x-5y=0\\ z-1=0\end{cases}$ 并且与曲面

$$2x^2+5y^2+2z^2-2xz+6yz-4x-y-2z=0$$

相切的切平面。

5. 求通过原点且与曲面 $x^2-2xy-2y+4z-3=0$ 相切,又与直线 $\frac{x-1}{2}=\frac{y}{1}=\frac{z+1}{-1}$ 相交的直线方程。

6. 从原点向曲面 $z=axy(a>0)$ 的切平面作垂线,求垂足的轨迹方程。

7. 试证:中心二次曲面(除锥面外)的切平面平行于切点与中心连线方向的共轭径面。

8. 已知某一切线的方向是 $1:2:2$,试求二次曲面 $x^2-3y^2+z^2-2=0$ 上有同一方向的全部切线的轨迹。

第 6 章 球面几何

球面乃是空间中最完美匀称的曲面。两个半径相等的球面可以用一个平移把它们迭合起来，而两个半径不相等的球面所相差的就是放大或缩小这种相似变换。由此可见本质性的球面几何可以归纳到单位半径的球面来研讨。再者，在古典天文学的研讨中，观察星星的方向可以用单位球面上的一个点来标记它，而两个方向之间的角度(亦即方向差) 则相应于单位球面上两点之间的球面距离(Spherical Distance) 。这也就是为什么古希腊天文学和几何学总是合为一体的，而且古希腊的几何学家对于球面三角学 (Spherical Trigonometry) 的投入程度要远远超过他们对于平面测量学的兴趣，因为“量天的学问” 才是他们所致力去理解者；它的确比丈量土地、计量财产等更引人入胜。

从现代的观点来看，球面几何乃是空间几何中蕴含在正交子群的部分，而向量几何则是空间几何中蕴含在平移子群的部分，而且两者又密切相关、相辅相成。例如，向量运算都是正交协变的 (Orthogonal Covariant)，所以向量代数又是研讨球面几何的简明有力的利器。

平面作为二维欧氏空间它处处都不弯曲，球面作为二维球面空间它处处都是均匀弯曲的。球面作为三维欧氏空间中的曲面，它是最完美、最对称的曲面。球面有下面重要性质：球面关于过球心的任何平面均成反射对称；球面关于过球心的任何直线均成轴旋转对称；球面关于球心成中心对称。

6.1 球面几何简介

6.1.1 球面几何的有关概念

【定义 1】 三维空间中与一个定点 O 距离等于 r 的点的轨迹叫做球面，记为 S_r^2。定点 O 叫做球心，等距离的长度 r 叫做球的半径(或者半径为 r 的半圆绕直径旋转一周所得旋转面叫球面)。

【定义 2】 通过球心的平面截球面所得的截口是一个圆，叫做大圆；不通过球心的平面截球面所得的截口也是一个圆，叫做小圆。

显然,大圆把球面分成相等的两部分,通过球面上不在同一直径两端的两个点,能做并且只能作一个大圆。

例如,通过图 6.1 中的任意两点 A 和 B,也仅可以作一个大圆 ABC。A,B 两点间的大圆弧(小于 $180°$ 的那段劣弧)可以用线长,也可以用角度计量,在天文上常用角度来计量,叫做 A,B 间的角距,记为 AB ,它等于大圆弧 $\overset{\frown}{AB}$ 所对的中心角 $\angle AOB$。

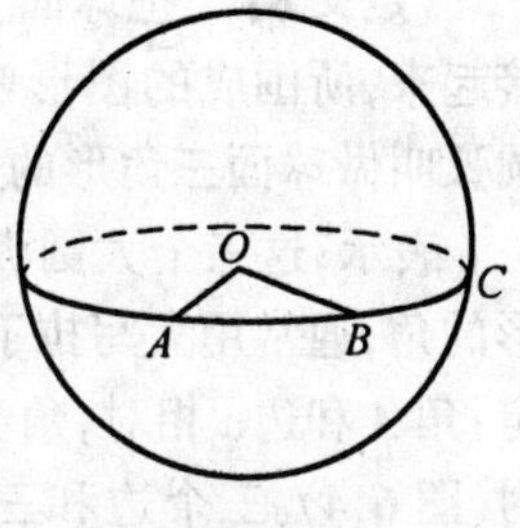

图 6.1

【定义 3】　设 ABC 为球面上的一个任意圆(图 6.2),它所在的平面为 $MABC$,又设 PP' 为垂直于平面 $MABC$ 的球直径,则它的两个端点 P 和 P' 叫做圆 ABC 的极。如果用一句话来表达,可以这样说:垂直于球面上一已知圆(不论大圆或小圆)所在平面的球直径的端点叫做这个圆的极。

球面上某一圆的极和这个圆上任一点的角距,叫做极距。可以证明,极到圆上各点的角距都是相等的;如果所讨论的圆是一个大圆的话,则极距为 $90°$。

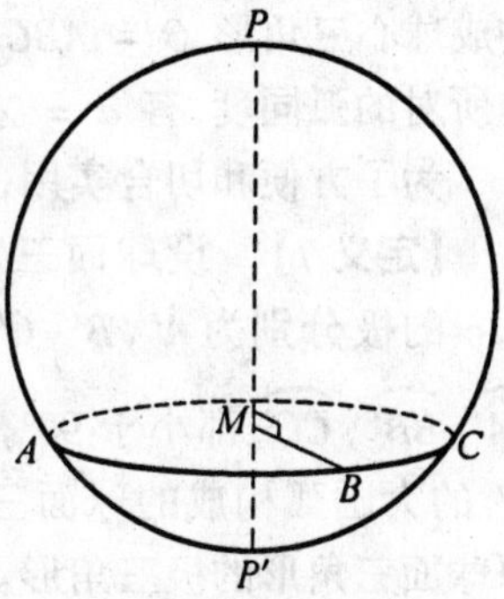

图 6.2

【定义 4】　过球心的直线与球面交于两点,这两点是关于球心中心对称的,我们把它们叫做球面的对径点。

【定义 5】　两个大圆弧相交所成的角,叫做球面角。它们的交点叫做球面角的顶点。大圆弧本身叫做球面角的边。(图 6.3)

O 为球心,PA 所在的平面为 POA,PB 所在的平面为 POB,两者的交线为 OP。球面角 $\angle APB$ 用 POA 和 POB 所构成的两面角来量度。在图 6.3 中作以 P 为极的大圆 QQ',设 PA(或其延长线)和 QQ' 相交于A',PB(或其延长线)和 QQ' 相交于B',则由于 P 为QQ' 的极,所以 OP 垂直于平面QQ',因而也垂直于 OA' 和 OB',所以 $\angle A'OB'$ 就是平面 POA 和 POB 所构成的两面角。即球面角 $\angle APB$ 可以用 $\angle A'OB'$ 量度,又因为 $\angle A'OB'$ 可以用 $A'B'$ 量度,所以最后得到的球面角 $\angle APB$ 是以 $A'B'$ 弧量度的。

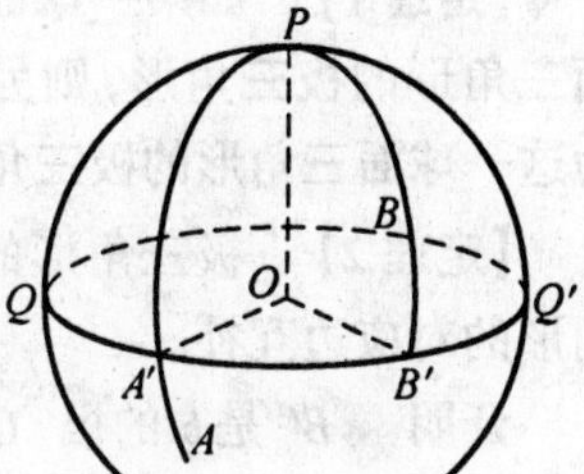

图 6.3

从上面的讨论可以概括出下述结果:如果以球面角的顶点为极作大圆,则球面角的边或其延长线在这个大圆上所截取的那个弧段便是球面角的数值。

【定义 6】 把球面上的三个点用三个大圆弧连接起来,所围成的图形叫做球面三角形。这三个大圆弧叫做球面三角形的边,通常用小写拉丁字母 a, b, c 表示;这三个大圆弧所构成的角叫做球面三角形的角,通常用大写拉丁字母 A, B, C 表示,并且规定:角 A 和边 a 相对,角 B 和边 b 相对,角 C 和边 c 相对(图 6.4)。三个边和三个角合称球面三角形的六个元素。

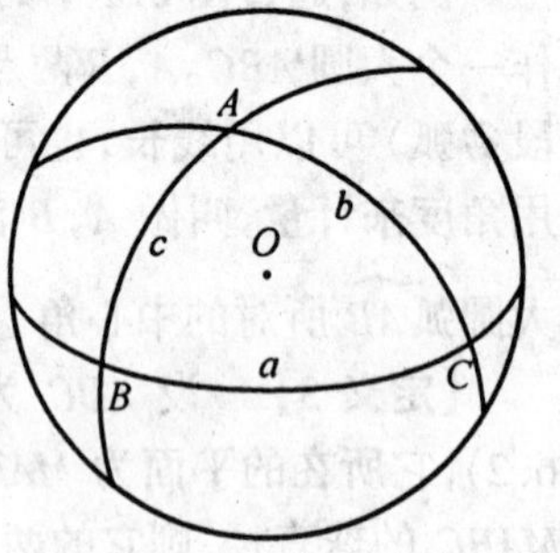

图 6.4

将球面三角形 ABC 的各顶点与球心 O 连接,则构成球心三角形 $O-ABC$。显然,由于圆的中心角与所对的弧同度,有 $a=\angle BOC$, $b=\angle AOC$, $c=\angle AOB$。

为了方便和切合实用,在讨论球面三角形时,其边与角都限于小于 180°。

【定义 7】 设球面三角形 ABC 各边 a, b, c 的极分别为 A', B', C'(图 6.5),并设弧 $\overset{\frown}{AA'}$, $\overset{\frown}{BB'}$, $\overset{\frown}{CC'}$ 都小于 90°,则由通过 A', B', C' 的大圆弧构成的球面三角形 $A'B'C'$ 叫做原球面三角形的极三角形。

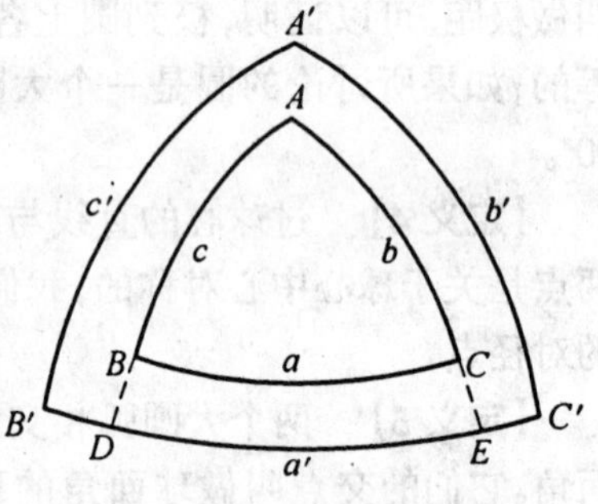

图 6.5

极三角形和原三角形有着非常密切的关系,这种关系存在着两条定理。

【定理 1】 如果一球面三角形为另一球面三角形的极三角形,则另一球面三角形也为这一球面三角形的极三角形。

【定理 2】 极三角形的边和原三角形的对应角互补;极三角形的角和原三角形的对应边互补。

证明 B' 是 b 的极,C' 是 c 的极,所以有

$$\overset{\frown}{B'E}=\overset{\frown}{C'D}=90^\circ$$

$$\overset{\frown}{B'E}+\overset{\frown}{C'D}=180^\circ$$

即

$$\overset{\frown}{B'C'}+\overset{\frown}{DE}=180^\circ$$

但由定理 1,点 A 是 $\overset{\frown}{B'C'}$ 的极,故有 $\overset{\frown}{DE}=A$,将此式以及 $\overset{\frown}{B'C'}=a'$ 代入上式,便

得到

$$a' + A = 180°$$

定理 2 的后半部分不需证明，因为实际上，它只是定理 1 和定理 2 的前半部分的一个推论。

我们知道，平面三角形的两边之和大于第三边，两边之差小于第三边，那么球面三角形是否有类似的性质呢？

如图 6.6 所示，设球面三角形 ABC 的三条边为 a,b,c，球心为 O，那么 $O-ABC$ 是一个三面角，因为

$$a = \overset{\frown}{BC} = \angle BOC$$

$$b = \overset{\frown}{CA} = \angle COA$$

$$c = \overset{\frown}{AB} = \angle AOB$$

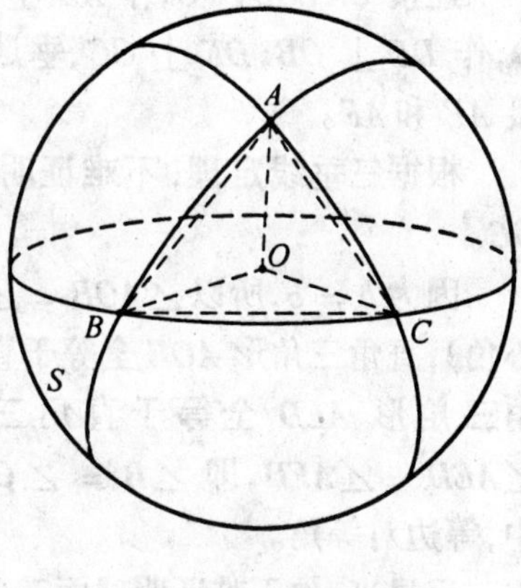

图 6.6

根据三面角的面角性质，有

$$a + b > c,\ a - b < c$$

$$b + c > a,\ b - c < a$$

$$c + a > b,\ c - a < b$$

因此有下面的性质。

【性质 1】　球面三角形两边之和大于第三边，两边之差小于第三边。

【性质 2】　球面三角形三边之和大于 0° 而小于 360°。

因为 a,b,c 均为正，故 $a + b + c > 0°$，又由立体几何得知凸多面角各面角之和小于 360°，因此

$$\angle AOB + \angle BOC + \angle COA < 360°$$

所以

$$0° < A + B + C < 360°$$

【性质 3】　球面三角形三角之和大于 180° 而小于 540°。

由极三角形和原三角形的关系得

$$a' + A = 180°,\ b' + B = 180°,\ c' + C = 180°$$

即

$$A + B + C = 540° - (a' + b' + c')$$

但根据定理 2 有

$$0° < a' + b' + c' < 360°$$

所以上式化为

$$180° < A + B + C < 540°$$

【性质 4】　球面三角形的两角之和减第三角小于 180°。(可自证)

【性质 5】　若球面三角形的两边相等,则这两边的对角也相等。反之,若两角相等,则这两角的对边也相等。

如图 6.7 所示,设球面三角形 ABC 中,$b = c$。

连接 OA, OB, OC,作 $AD \perp$ 平面 OBC,垂足为 D,作 $DE \perp OB, DF \perp OC$,垂足分别是 E 和 F,连接 AE 和 AF。

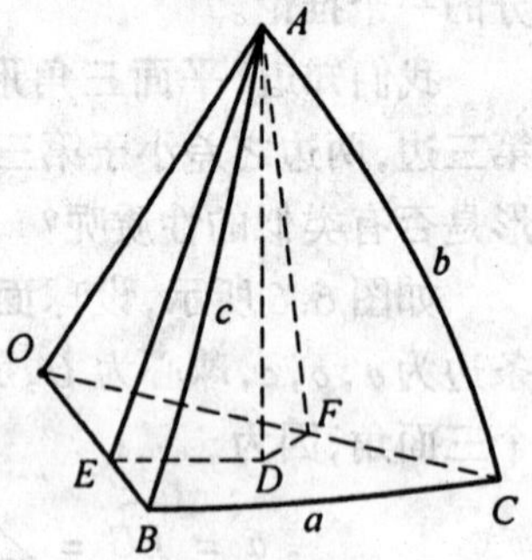

图 6.7

根据三垂线定理,不难证明 $AE \perp OB, AF \perp OC$。

因为 $b = c$,所以 $\angle AOB = \angle AOC$(等弧对等圆心角),直角三角形 AOE 全等于直角三角形 AOF;直角三角形 AED 全等于直角三角形 AFD,所以 $\angle AED = \angle AFD$,即 $\angle B = \angle C$。即在球面三角形中,等边对等角。

反过来,也不难证明球面三角形中等角对等边。

【性质 6】　在球面三角形中,大角对大边,大边对大角。

如图 6.8 所示,设在球面三角形 ABC 中,$\angle B > \angle A$。

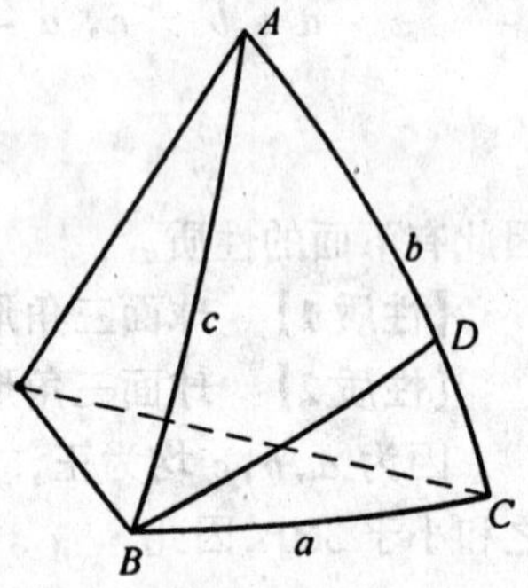

图 6.8

在 $\angle B$ 中,作一个球面角 $\angle ABD = \angle A$,那么根据等角对等边,有 $\overset{\frown}{BD} = \overset{\frown}{AD}$。又因为

$$b = \overset{\frown}{AD} + \overset{\frown}{DC} = \overset{\frown}{BD} + \overset{\frown}{DC}$$

根据两边之和大于第三边的性质,有

$$\overset{\frown}{BD} + \overset{\frown}{DC} > a$$

因此

$$b > a$$

6.1.2　球面直线与球面距离

要研究球面上的几何图形性质,首先就要确定球面上两点之间的距离。显然,对球面上两点之间的真正的直线距离是毫无意义的。比如,在地球上要说明两个相距较远的城市之间的距离,一定是通过球面的表面进行测量的,而不是真正的直线距离。所以我们必须给出“球面直线”和“球面距离”的概念。

【定义 8】　过球面上两点 A, B 的大圆叫做过 A, B 两点的球面直线。过球面

上两点 A,B 的大圆的劣弧 $\overset{\frown}{AB}$ 叫做连接 A,B 两点的线段(图 6.9)。

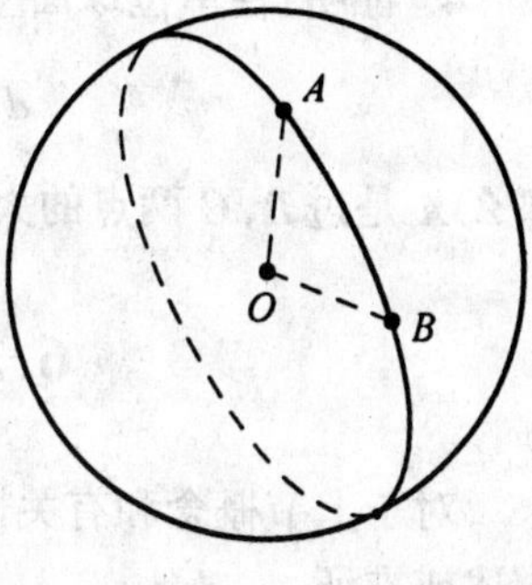

图 6.9

【性质 1】　过球面上任意两个非对径点有唯一一条直线;过球面上任意两个非对径点有唯一一条线段。

【性质 2】　球面上任意两条直线都相交。

【定义 9】　球面上两点 A,B 之间的球面距离，是通过 A,B 两点的大圆上以 $\overset{\frown}{AB}$ 为劣弧的长度，记为 $d(A,B)$。

如图 6.9 所示，通过 A,B 两点确定的大圆是在 A,B 和球心 O 所确定的平面上，以 O 为圆心，半径等于球面的半径 R 的圆。连接 OA,OB，则劣弧 $\overset{\frown}{AB}$ 所对的中心角为 $\angle AOB$。因此，得到球面上两点之间的球面距离公式

$$d(A,B) = R\cdot\angle AOB$$

当 S 为单位球面时，$d(A,B) = \angle AOB$。

【性质 1】　球面上两点 A,B 确定的球面距离 $d(A,B)$ 等于它们的对径点 A',B' 确定的球面距离 $d(A',B')$。

【性质 2】　球面上连接两点的所有曲线中以球面距离为最短。

习　题

1. 如右图所示，设 O 为球心，O' 为纬线的圆心，A,B 两点位于北纬 45°，过它们的经线的交角为 90°，求：

(1) 过 A,B 两点的小圆弧长；

(2) 过 A,B 两点的球面距离(大圆弧长)，并比较两者的结果。

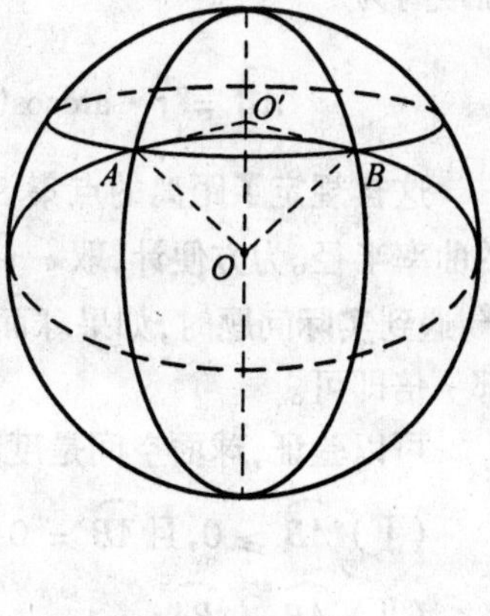

2. 证明：过球面上 A,B 两点的小圆劣弧大于过 A,B 两点的大圆劣弧。

3. 证明：大圆 c 的极点 P(或 P')到大圆 c 上各点的距离相等，等于 $\frac{\pi}{2}R$，其中 R 为球面半径。

4. 证明:在单位球面上,设 B,C 是非对径点,如果

$$d(A,B)=\frac{\pi}{2},d(A,C)=\frac{\pi}{2}$$

那么 A 是过 B,C 两点的大圆的极点。

6.2 球面上的向量运算

对于上节概念和有关性质,若建立三维直角坐标系则可方便的运用度量来描述或推证。

以球心 O 为坐标系原点,建立三维直角坐标系,则点集

$$S_r^2=\{\boldsymbol{X}\mid\boldsymbol{X}=(x_0,x_1,x_2),\ x_0^2+x_1^2+x_2^2=r^2,\ x_0,x_1,x_2\in\mathbf{R}\}$$

称为球面,其中(x_0,x_1,x_2)称为点 X 的标准化齐次坐标。简称点 X 的坐标,可引入向量运算,对于矢量$\overrightarrow{OX}$,引入运算:设 $\boldsymbol{A}=(a_0,a_1,a_2),\boldsymbol{B}=(b_0,b_1,b_2)$,规定

$$\boldsymbol{A}\cdot\boldsymbol{B}=a_0b_0+a_1b_1+a_2b_2$$

$$\boldsymbol{A}\times\boldsymbol{B}=\left[\begin{vmatrix}a_1&a_2\\b_1&b_2\end{vmatrix},\begin{vmatrix}a_2&a_0\\b_2&b_0\end{vmatrix},\begin{vmatrix}a_0&a_1\\b_0&b_1\end{vmatrix}\right]$$

分别称为矢量 $\boldsymbol{A}$ 与 $\boldsymbol{B}$ 的数量积和向量积。关于数量积和向量积还有拉格朗日恒等式

$$(\boldsymbol{A}\times\boldsymbol{B})\cdot(\boldsymbol{X}\times\boldsymbol{Y})=\begin{vmatrix}\boldsymbol{A}\cdot\boldsymbol{X}&\boldsymbol{A}\cdot\boldsymbol{Y}\\\boldsymbol{B}\cdot\boldsymbol{X}&\boldsymbol{B}\cdot\boldsymbol{Y}\end{vmatrix}$$

对于球面,则可规定任意两点 $\boldsymbol{A}=(a_0,a_1,a_2),\boldsymbol{B}=(b_0,b_1,b_2)\in S_r^2$ 之间的球面距离为

$$\widehat{AB}=r\cdot\arccos\left(\frac{a_0b_0+a_1b_1+a_2b_2}{r^2}\right)\quad\frac{\widehat{AB}}{r}\in[0,\pi]$$

这样规定了距离的点集 S_r^2 称为二维球面空间,常数 $r(r>0)$ 称为球面空间的曲率半径。为方便计,取 $r=1$,即把曲率半径取作单位长度,并将 S_r^2 就记作 S^2。遇到实际问题时,如果球面半径 $r\neq1$,只需将有关公式中与长度有关的量全部 r 倍即可。

可以验证,球面空间是度量空间,即球面空间满足距离三公理:

(Ⅰ) $\widehat{AB}\geqslant0$,且$\widehat{AB}=0$ 的充要条件是 $\boldsymbol{A}=\boldsymbol{B}$;

(Ⅱ) $\widehat{AB}=\widehat{BA}$;

（Ⅲ）$\widehat{AX}+\widehat{XB}\geqslant\widehat{AB}$。

（Ⅰ），（Ⅱ）两条显然成立。注意：$\widehat{AB}\in[0,\pi]$，且$\widehat{AB}=\pi$的充要条件是$\boldsymbol{A}=-\boldsymbol{B}$，即它们是对径点。

根据规定可知，当$\boldsymbol{A},\boldsymbol{B}\in S^2$时，有

$$\cos\widehat{AB}=\boldsymbol{A}\cdot\boldsymbol{B},\ \sin\widehat{AB}=|\boldsymbol{A}\times\boldsymbol{B}|$$

因
$$|\boldsymbol{A}\times\boldsymbol{B}|^2=(\boldsymbol{A}\times\boldsymbol{B})\cdot(\boldsymbol{A}\times\boldsymbol{B})=\begin{vmatrix}1 & \boldsymbol{A}\cdot\boldsymbol{B}\\ \boldsymbol{A}\cdot\boldsymbol{B} & 1\end{vmatrix}$$

现在来验证球面距离满足不等式（Ⅲ）。

根据柯西不等式，有

$$(\boldsymbol{A}\times\boldsymbol{X})\cdot(\boldsymbol{X}\times\boldsymbol{B})\leqslant|\boldsymbol{A}\times\boldsymbol{X}||\boldsymbol{X}\times\boldsymbol{B}| \tag{6.2.1}$$

其中等号成立的充要条件是

$$\lambda(\boldsymbol{A}\times\boldsymbol{X})=\mu(\boldsymbol{X}\times\boldsymbol{B}),\ (\boldsymbol{A}\times\boldsymbol{X})\cdot(\boldsymbol{X}\times\boldsymbol{B})\geqslant 0 \tag{6.2.2}$$

式(6.2.1)即为

$$\begin{vmatrix}\boldsymbol{A}\cdot\boldsymbol{X} & \boldsymbol{A}\cdot\boldsymbol{B}\\ \boldsymbol{X}\cdot\boldsymbol{X} & \boldsymbol{X}\cdot\boldsymbol{B}\end{vmatrix}\leqslant|\boldsymbol{A}\times\boldsymbol{X}||\boldsymbol{X}\times\boldsymbol{B}| \tag{6.2.3}$$

由于$\boldsymbol{A},\boldsymbol{B},\boldsymbol{X}\in S^2$，有$\boldsymbol{A}\cdot\boldsymbol{X}=\cos\widehat{AX}$，$|\boldsymbol{A}\times\boldsymbol{X}|=\sin\widehat{AX}$，待入式(6.2.3)得

$$\cos\widehat{AX}\cos\widehat{XB}-\cos\widehat{AB}\leqslant\sin\widehat{AX}\sin\widehat{XB}$$

即
$$\cos(\widehat{AX}+\widehat{XB})\leqslant\cos\widehat{AB}$$

因
$$\widehat{AX},\widehat{XB},\widehat{AB}\in[0,\pi]$$

有
$$\widehat{AX}+\widehat{XB}\in[0,2\pi]$$

当$\widehat{AX}+\widehat{XB}\leqslant\pi$时，有

$$\widehat{AX}+\widehat{XB}\geqslant\widehat{AB}$$

当$\widehat{AX}+\widehat{XB}>\pi$时，有

$$\widehat{AX}+\widehat{XB}>\widehat{AB}$$

这就证明了不等式（Ⅲ）。

值得特别注意的是在上面的证明过程中，使不等式（Ⅲ）等号成立的充要条件是

$$\lambda(\boldsymbol{A}\times\boldsymbol{X})=\mu(\boldsymbol{X}\times\boldsymbol{B}),\ (\boldsymbol{A}\times\boldsymbol{X})\cdot(\boldsymbol{X}\times\boldsymbol{B})\geqslant 0$$

且$\widehat{AX}+\widehat{XB}\leqslant\pi$，即有$(\lambda\boldsymbol{A}+\mu\boldsymbol{B})\times\boldsymbol{X}=\boldsymbol{0}$，$\lambda\mu\geqslant 0$。因此，或者有

$$\lambda \boldsymbol{A} + \mu \boldsymbol{B} = \boldsymbol{0} \tag{6.2.4}$$

或者有

$$\boldsymbol{X} = \lambda \boldsymbol{A} + \mu \boldsymbol{B} \neq \boldsymbol{0} \tag{6.2.5}$$

由式(6.2.4)得 $|\lambda \boldsymbol{A}| = -|\mu \boldsymbol{B}|$，即 $\lambda = \mu$，注意到 $\lambda\mu \geqslant 0$，可推得 $\boldsymbol{A} = -\boldsymbol{B}$，即点 A 与点 B 是对径点。这就是说，球面 S^2 上任意一双对径点距离之和总等于 π。

式(6.2.5)中的 λ, μ 可由下面的方程组确定，即

$$\begin{cases} \boldsymbol{A} \cdot \boldsymbol{X} = \lambda \boldsymbol{A} \cdot \boldsymbol{A} + \mu \boldsymbol{A} \cdot \boldsymbol{B} \\ \boldsymbol{X} \cdot \boldsymbol{B} = \lambda \boldsymbol{A} \cdot \boldsymbol{B} + \mu \boldsymbol{B} \cdot \boldsymbol{B} \end{cases} \tag{6.2.6}$$

记 $\widehat{AB} = \alpha < \pi$（因 $A \neq B$），$\widehat{AX} = t\alpha$，又 $\widehat{AX} + \widehat{XB} = \widehat{AB}$，故 $\widehat{XB} = (1-t)\alpha$，$0 \leqslant t \leqslant 1$。式(6.2.6)即为

$$\begin{cases} \cos t\alpha = \lambda + \mu \cos \alpha \\ \cos(1-t)\alpha = \lambda \cos \alpha + \mu \end{cases}$$

解之得 $\lambda = \dfrac{\sin(1-t)\alpha}{\sin \alpha}$，$\mu = \dfrac{\sin t\alpha}{\sin \alpha}$（满足 $\lambda\mu \geqslant 0$）。这就得到了如下定理。

【定理 1】 S^2 上到 A, B 两点（以后总指非对径点）距离之和等于 $\widehat{AB}$ 的点的集合（称为大圆弧或球面线段 AB）的参数方程为

$$\boldsymbol{X} = [\boldsymbol{A} \sin(1-t)\alpha + \boldsymbol{B} \sin t\alpha] / \sin \alpha \tag{6.2.7}$$

在方程(6.2.7)中，当 $t \in (0,1)$ 时，点 X 称为球面线段 AB 的内点，A, B 称为线段的端点，线段的两端点的距离称为该线段的长，其中 $\widehat{AB} = \alpha \in (0, \pi)$，$t \in [0, 1]$。

在方程(6.2.7)中，当 $t = \dfrac{\pi}{\alpha} > 1$ 时，$\boldsymbol{X} = -\boldsymbol{A}$ 即点的对径点必在线段 AB 的延长线上。我们把 $t \in (0, \dfrac{\pi}{\alpha})$ 时的式(6.2.7)称为球面射线的参数方程，称点 A 为射线 AB 的端点。

由式(6.2.7)消去参数 t 得球面直线（大圆）AB 的方程

$$(\boldsymbol{A} \times \boldsymbol{B}) \cdot \boldsymbol{X} = 0$$

即

$$\begin{vmatrix} a_0 & b_0 & x_0 \\ a_1 & b_1 & x_1 \\ a_2 & b_2 & x_2 \end{vmatrix} = 0 \tag{6.2.8}$$

可见，球面直线的方程是关于齐次坐标 (x_0, x_1, x_2) 的一次方程，其中 $x_0^2 + x_1^2 + x_2^2 = 1$。球面 S^2 上的任一直线 AB 分 S^2 为两个半球面

$$S_1 = \{X \mid (\boldsymbol{A}\times\boldsymbol{B})\cdot\boldsymbol{X} > 0, X\in S^2\}$$
$$S_2 = \{X \mid (\boldsymbol{A}\times\boldsymbol{B})\cdot\boldsymbol{X} < 0, X\in S^2\}$$

直线 AB 的方程即为 $n_0x_0 + n_1x_1 + n_2x_2 = 0$，它的系数满足条件

$$n_0 : n_1 : n_2 = \begin{vmatrix} a_1 & a_2 \\ b_1 & b_2 \end{vmatrix} : \begin{vmatrix} a_2 & a_0 \\ b_2 & b_0 \end{vmatrix} : \begin{vmatrix} a_0 & a_1 \\ b_0 & b_1 \end{vmatrix}$$

可以规定 $n_0^2 + n_1^2 + n_2^2 = 1$ 为标准系数，这样一条直线的标准化系数只有 $\pm(n_0, n_1, n_2) = \pm N$ 两组。直观上看，这样的所对应的点是垂直于球面大圆 AB 所在平面的直径的两个端点。我们有如下定义。

【定义1】　点 $N = \dfrac{\boldsymbol{A}\times\boldsymbol{B}}{|\boldsymbol{A}\times\boldsymbol{B}|}\in S^2$ 称为球面射线 AB 的极。

显然，球面射线 BA 的极为 $-N$，球面直线 AB 的极是两个对径点 N 和 $-N$。

球面上任意两直线 $\boldsymbol{N}_1\cdot\boldsymbol{X} = 0, \boldsymbol{N}_2\cdot\boldsymbol{X} = 0\ (N_1 \neq \pm N_2)$ 必定相交。事实上，它们的交点就是 $\pm\dfrac{\boldsymbol{N}_1\times\boldsymbol{N}_2}{|\boldsymbol{N}_1\times\boldsymbol{N}_2|}\in S^2$。换句话说，球面上没有不相交的直线，球面上两直线相交于一双对径点。

上节曾说明球面角 $\angle PAQ$ 的大小可以用 $\angle POQ$ 来度量，$\angle POQ = \angle N_1ON_2$。因此有以下定义：球面角 $\angle PAQ$ 的两边 AP, AQ 的极 N_1, N_2 间的距离叫做 $\angle PAQ$ 的弧度数，如图6.10所示，即

$$\angle PAQ = \widehat{N_1N_2}$$

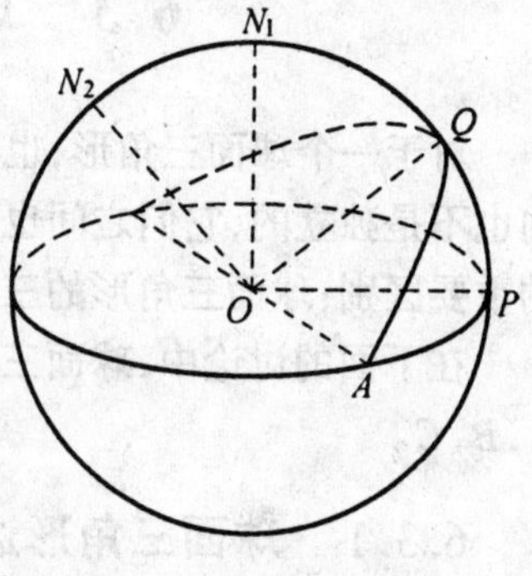

图6.10

【定理2】　球面角的弧度具有可加性。

证明　给定 $\angle PAQ$，若点 X 是球面线段 PQ 的内点，即有

$$\boldsymbol{X} = \lambda\boldsymbol{P} + \mu\boldsymbol{Q}\quad \lambda, \mu > 0$$

则称 $\angle PAQ$ 为 $\angle PAX$ 与 $\angle XAQ$ 的和。

设射线 AP, AQ, AX 的极分别为 N_1, N_2, N，即有

$$\boldsymbol{N}_1 = \frac{\boldsymbol{A}\times\boldsymbol{P}}{|\boldsymbol{A}\times\boldsymbol{P}|},\ \boldsymbol{N}_2 = \frac{\boldsymbol{A}\times\boldsymbol{Q}}{|\boldsymbol{A}\times\boldsymbol{Q}|}$$

$$\boldsymbol{N} = \frac{\boldsymbol{A}\times\boldsymbol{X}}{|\boldsymbol{A}\times\boldsymbol{X}|} = \frac{\boldsymbol{A}\times(\lambda\boldsymbol{P}+\mu\boldsymbol{Q})}{\boldsymbol{A}\times\boldsymbol{X}} = \frac{\lambda(\boldsymbol{A}\times\boldsymbol{P})+\mu(\boldsymbol{A}\times\boldsymbol{Q})}{|\lambda(\boldsymbol{A}\times\boldsymbol{P})+\mu(\boldsymbol{A}\times\boldsymbol{Q})|} = \lambda'\boldsymbol{N}_1 + \mu'\boldsymbol{N}_2$$

其中 $\lambda', \mu' > 0$，故点 N 是线段 N_1, N_2 的内点，有

$$\widehat{N_1N_2} = \widehat{N_1N} + \widehat{NN_2}$$

即两角和的弧度数等于这两个角的弧度数之和。

【推论】 球面 S^2 上的夹角公式为

$$\cos\angle PAQ = \frac{\boldsymbol{A}\times\boldsymbol{P}}{|\boldsymbol{A}\times\boldsymbol{P}|}\cdot\frac{\boldsymbol{A}\times\boldsymbol{Q}}{|\boldsymbol{A}\times\boldsymbol{Q}|}$$

习　题

1. 设球面直线 AB 的极为 $\pm N$,证明:过球面上任一非极点 P 与 AB 垂直的直线是唯一的,且点 P 到直线 AB 的距离等于 $\frac{\pi}{2}-\widehat{PN}$(设 $\widehat{PN}\leqslant\frac{\pi}{2}$)。

2. (ϕ,θ) 称为点的经度、纬度,求证:S^2 上两点 $\boldsymbol{A}=(\cos\theta_1\cos\phi_1,\cos\theta_1\cdot\sin\phi_1,\sin\theta_1)$ 与 $\boldsymbol{B}=(\cos\theta_2\cos\phi_2,\cos\theta_2\sin\phi_2,\sin\theta_2)$ 之间的球面距离为

$$\widehat{AB}=\arccos\left[\cos(\theta_1-\theta_2)-2\cos\theta_1\cos\theta_2\sin^2\left(\frac{\phi_1-\phi_2}{2}\right)\right]$$

6.3　球面三角形的基本公式

对于一个球面三角形,也有六个元素 —— 三条边和三个角。这六个元素之间也不是独立的,它们之间也存在某种依赖关系。但是要注意它们与平面三角形的重要区别:球面三角形的三个内角的和大于常数 π。

在下面的讨论中,球面三角形 ABC 的三条边和对应的内角分别是 a,b,c 和 A,B,C。

6.3.1　球面三角形边的余弦定理

【定理 1】（球面三角形边的余弦定理）

$$\cos a=\cos b\cos c+\sin b\sin c\cos A$$
$$\cos b=\cos c\cos a+\sin c\sin a\cos B$$
$$\cos c=\cos a\cos b+\sin a\sin b\cos C$$

证明　如图 6.11 所示,设球心为 O,连接 OA,OB,OC,则

$$\angle AOB=c,\angle AOC=b,\angle BOC=a$$

过点 A 作 $\widehat{AB}$ 的切线交直线 OB 于 D,过点 A 作 $\widehat{AC}$ 的切线,交直线 OC 于 E,连接 DE。

显然，$AD \perp AO, AE \perp AO$，在直角三角形 OAD 中

$$AO = 1$$

$$AD = \tan\angle AOD = \tan c$$

$$OD = \frac{1}{\cos\angle AOB} = \frac{1}{\cos c}$$

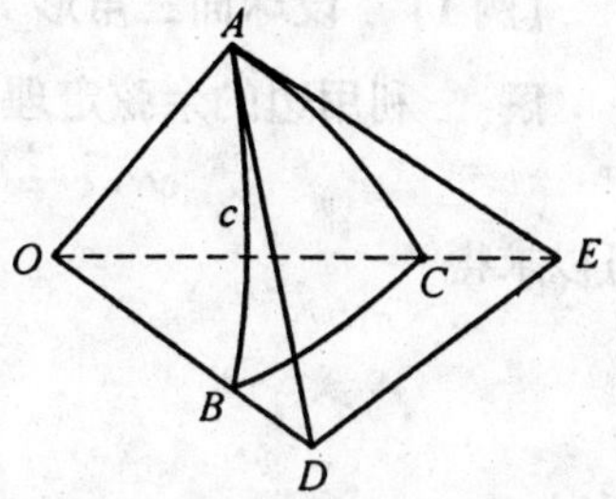

图 6.11

在直角三角形 OAE 中

$$AE = \tan\angle AOC = \tan b$$

$$OE = \frac{1}{\cos\angle AOC} = \frac{1}{\cos b}$$

注意 $\angle A = \angle EAD$，在三角形 ODE 中，利用平面三角形的余弦定理

$$DE^2 = OD^2 + OE^2 - 2OD \cdot OE\cos\angle BOC = \frac{1}{\cos^2 c} + \frac{1}{\cos^2 b} - \frac{2}{\cos c \cdot \cos b}\cos a \tag{1}$$

在三角形 ADE 中

$$DE^2 = AD^2 + AE^2 - 2AD \cdot AE\cos A = \tan^2 c + \tan^2 b - 2\tan c \cdot \tan b\cos A \tag{2}$$

因为式(1) 与式(2) 左端相等，所以右端也相等，经化简整理，即得

$$\cos a = \cos b\cos c + \sin b\sin c\cos A$$

类似地可以得到另外两式。

利用向量简单运算也可得到上述结论。事实上

$$\cos A = \cos\angle CAB = \frac{\boldsymbol{A}\times\boldsymbol{C}}{|\boldsymbol{A}\times\boldsymbol{C}|}\cdot\frac{\boldsymbol{A}\times\boldsymbol{B}}{|\boldsymbol{A}\times\boldsymbol{B}|} = \frac{1}{\sin\overset{\frown}{AC}\sin\overset{\frown}{AB}}\begin{vmatrix}\boldsymbol{A}\cdot\boldsymbol{A} & \boldsymbol{A}\cdot\boldsymbol{B}\\ \boldsymbol{C}\cdot\boldsymbol{A} & \boldsymbol{C}\cdot\boldsymbol{B}\end{vmatrix} =$$

$$\frac{1}{\sin b\sin c}\begin{vmatrix}1 & \cos c\\ \cos b & \cos a\end{vmatrix}$$

即

$$\sin b\sin c\cos A = \cos a - \cos b\cos c$$

同法可证其余两式。

当球面三角形 ABC 中，$\angle A = \frac{\pi}{2}$ 时，构成球面直角三角形。这时三条边所满足公式就是球面直角三角形的"勾股定理"，即

$$\cos a = \cos b\cos c$$

在球面三角形的三条边与三个角中，如果已知其中的三个元素，来求另外三个未知元素，就是解球面三角形的问题。由三边的余弦定理，就可以解决其中一部分问题。

【例 1】 设球面三角形 ABC 中，$a = \frac{\pi}{4}, b = \frac{\pi}{4}, \angle C = \frac{\pi}{2}$，求 c。

解 利用边的余弦定理

$$\cos c = \cos a\cos b + \sin a\sin b\cos C$$

可以求得

$$\cos c = \frac{1}{2}$$

所以

$$c = \frac{\pi}{3}$$

由例 1 可以看出，如果已知球面三角形的三边或两边及夹角，都可以利用边的余弦定理求出未知元素。

6.3.2 球面三角形角的余弦定理和正弦定理

我们知道，在球面三角形 ABC 和它的极三角形 $A'B'C'$ 之间，存在关系(6.1 节定理 2)

$$a' = \pi - \angle A$$
$$b' = \pi - \angle B$$
$$c' = \pi - \angle C$$

如果把定理 1 用到极三角形 $A'B'C'$ 上，必然得到球面三角形 ABC 的一个边角关系。

【定理 2】 (球面三角形角的余弦定理)

$$\cos A = -\cos B\cos C + \sin B\sin C\cos a$$
$$\cos B = -\cos C\cos A + \sin C\sin A\cos b$$
$$\cos C = -\cos A\cos B + \sin A\sin B\cos c$$

【例 2】 设球面三角形 ABC 中，三个角分别是 $\angle A = \frac{\pi}{2}, \angle B = \frac{\pi}{2}, \angle C = \frac{\pi}{4}$，求三角形 ABC 的三条边。

解 利用角的余弦定理

$$\cos A = -\cos B\cos C + \sin B\sin C\cos a$$

有

$$0 = 0 + \frac{\sqrt{2}}{2}\cos a$$

即

$$a = \frac{\pi}{2}$$

同理可得

$$b=\frac{\pi}{2}, c=\frac{\pi}{4}$$

最后，我们再给出球面三角形的正弦定理。

【定理3】（球面三角形的正弦定理）

$$\frac{\sin A}{\sin a}=\frac{\sin B}{\sin b}=\frac{\sin C}{\sin c}$$

证明 如图6.12所示，设球心是 O，连接 OA，OB，OC，过点 A 作平面 OBC 的垂线，垂足是 D。作 $DE\perp OB$，$DF\perp OC$，垂足分别是 E，F。连接 AE，AF，于是得到四个直角三角形：$\triangle AEO$，$\triangle AFO$，$\triangle ADE$，$\triangle ADF$，在这些三角形中

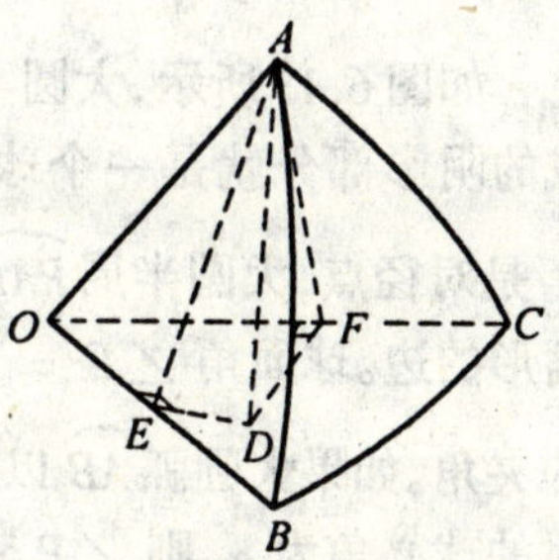

图6.12

$$\angle AOE=c, \angle AOF=b$$

$$\angle AED=\angle B, \angle AFD=\angle C$$

所以

$$\frac{\sin b}{\sin B}=\frac{AF}{\frac{AD}{AE}}=\frac{AF\cdot AE}{AD}$$

$$\frac{\sin c}{\sin C}=\frac{AE}{\frac{AD}{AF}}=\frac{AF\cdot AE}{AD}$$

所以

$$\frac{\sin B}{\sin b}=\frac{\sin C}{\sin c}$$

同理

$$\frac{\sin A}{\sin a}=\frac{\sin B}{\sin b}$$

由上述定理可以看出，如果已知球面三角形的三个角可以用余弦定理求出三边。如果已知两角及夹边，可以利用角的余弦定理先求出第三角，再用正弦定理求出另两边。也可以用例1的方法，继续使用角的余弦定理求出另两边。

【推论】 对于球面直角三角形（$\angle C=\frac{\pi}{2}$）有：

（Ⅰ）$\cos c=\cos a\cos b$；

（Ⅱ）$\sin A=\frac{\sin a}{\sin c}$；

（Ⅲ）$\cos A=\frac{\tan b}{\tan c}$；

（Ⅳ）$\tan A=\frac{\tan a}{\sin b}$。

利用上述公式也可以证明第一节中球面三角形的基本性质。

6.3.3 三角形的面积

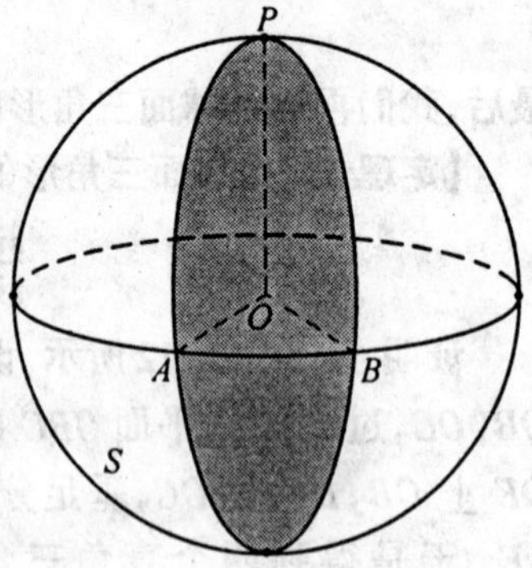

图 6.13

我们知道,若球面半径为 R,则球面面积为 $S = 4\pi R^2$,现在考虑球面上的一个小区域:球面上由两个大圆的半周所围成的较小部分叫做一个球面二角形。

如图 6.13 所示,大圆半周 $\overset{\frown}{PAP'}$ 和$\overset{\frown}{PBP'}$ 所围成的阴影部分就是一个球面二角形。显然 P 和 P' 是对径点,大圆半周$\overset{\frown}{PAP'}$ 和$\overset{\frown}{PBP'}$ 称为球面二角形的边。球面角 $\angle P = \angle P'$ 称为球面二角形的夹角。如果大圆弧$\overset{\frown}{AB}$ 以 P 和 P' 为极点,$\overset{\frown}{AB}$ 所对的球心角为 α,则 $\angle P = \angle P' = \alpha$。

如何计算球面二角形的面积(不妨设定所研究的是单位球面 S_1^2)?

(1) 二角形的夹角 α,就是平面 PAP' 与 PBP' 所夹的二面角的平面角。

(2) 这个二角形可以看成半个大圆$\overset{\frown}{PAP'}$ 绕直径 PP' 旋转 α 角所生成。

(3) 球面二角形的面积与其夹角成比例。

设这个二角形的面积为 U,则

$$\frac{U}{4\pi} = \frac{\alpha}{2\pi}$$

即

$$U = 2\alpha$$

因此得结论:球面上,夹角为 α 的二角形的面积为 $U = 2\alpha$。(一般球面二角形的面积$\frac{U}{4\pi R^2} = \frac{\alpha}{2\pi}$,$U = 2\alpha R^2$,相差 R^2 倍)

如何计算球面三角形的面积?

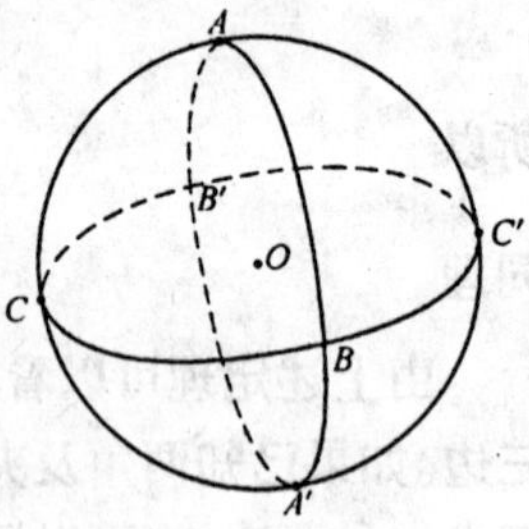

图 6.14

设 $S(ABC)$ 表示球面三角形 ABC 的面积(图 6.14)。

(1) 对球面三角形 ABC,分别画出三条边所在的大圆。

(2) 设 A, B, C 的对径点分别是 A', B', C'(图 6.15),则

$$S(ABC) + S(A'BC) = 2\angle A$$

(3) 如图 6.16 所示,球面三角形 ABC + 球面三角形 $A'BC$ + 球面三角形 ABC' + 球面三角形 $A'BC'$ 构成半个球面,所以

$$S(ABC)+S(A'BC)+S(ABC')+S(A'BC')=2\pi \tag{1}$$

如图6.17可知

$$\begin{cases} S(ABC)+S(A'BC)=2\angle A \\ S(ABC)+S(AB'C)=2\angle B \\ S(ABC)+S(ABC')=2\angle C \end{cases} \tag{2}$$

所以式(2)-(1)得到

$$2S(ABC)=2(A+B+C)-2\pi$$

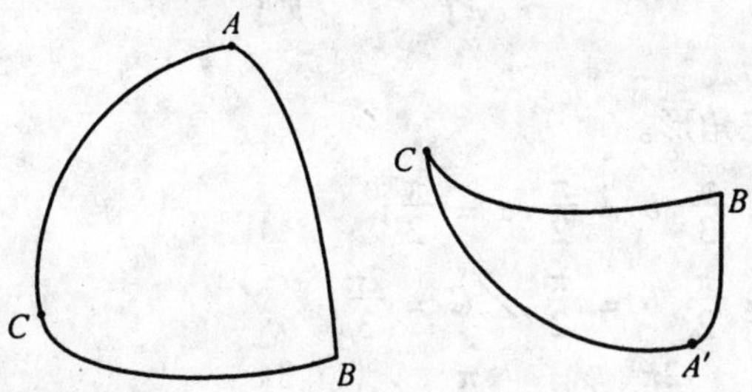

图6.15

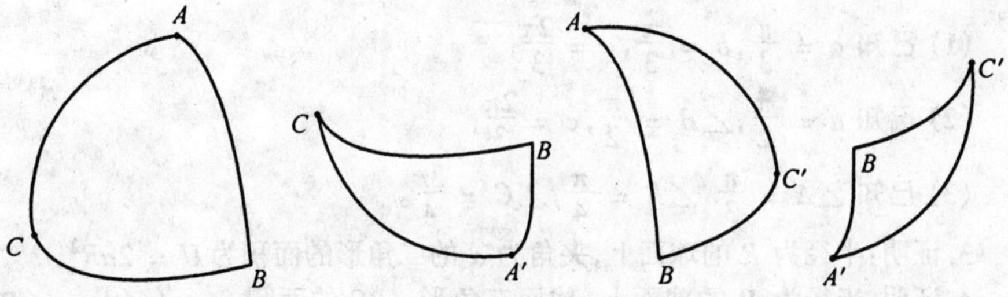

图6.16

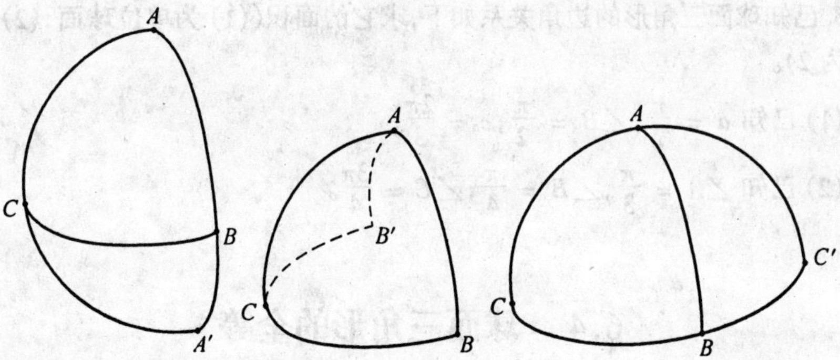

图6.17

【定理 4】 单位球面三角形的面积等于其内角和减去π。球面三角形的三个内角和大于π。

即单位球面三角形 ABC 的面积 $S = \angle A + \angle B + \angle C - \pi$，其中 $\angle A, \angle B, \angle C$ 是球面三角形 ABC 的内角。

因此可知，半径为 R 的球面上，球面三角形 ABC 的面积 $S = (\angle A + \angle B + \angle C - \pi)R^2$

习　题

1. 求解球面三角形。

(1) 已知 $a = \frac{\pi}{3}, b = \frac{\pi}{2}, c = \frac{\pi}{2}$；

(2) 已知 $a = \frac{\pi}{2}, b = \frac{\pi}{2}, \angle C = \frac{2\pi}{3}$；

(3) 已知 $\angle A = \frac{2\pi}{3}, \angle B = \frac{\pi}{2}, \angle C = \frac{3\pi}{4}$。

2. 设球面半径为 2，求解三角形。

(1) 已知 $a = \frac{\pi}{3}, b = \frac{\pi}{3}, c = \frac{2\pi}{3}$；

(2) 已知 $a = \frac{\pi}{2}, \angle B = \frac{\pi}{2}, c = \frac{2\pi}{3}$；

(3) 已知 $\angle A = \frac{\pi}{3}, \angle B = \frac{\pi}{4}, \angle C = \frac{3\pi}{4}$。

3. 证明：半径为 R 的球面上，夹角为 α 的二角形的面积为 $U = 2\alpha R^2$。

4. 证明：半径为 R 的球面上，球面三角形 ABC 的面积 $S = (\angle A + \angle B + \angle C - \pi)R^2$。

5. 已知球面三角形的边角关系如下，求它的面积（(1) 为单位球面，(2) 球面半径为 2）。

(1) 已知 $a = \frac{\pi}{2}, \angle B = \frac{\pi}{2}, c = \frac{2\pi}{3}$；

(2) 已知 $\angle A = \frac{\pi}{3}, \angle B = \frac{\pi}{4}, \angle C = \frac{3\pi}{4}$。

6.4　球面三角形的全等

在平面几何中关于三角形唯一性的研究是一个十分重要的问题。平面上三角形三条边和三个角这六个元素,用其中哪几个元素就可以唯一地确定三角形的形状呢?这就是三角形全等的条件问题,实际上也就是三角形边角之间的关系问题。同样,在球面几何学中三角形全等问题也是一个十分重要的问题,本节专门讨论球面三角形全等条件。

6.4.1　球面三角形全等的定义

在同球面或等球面上,两个球面三角形的对应边和对应角分别相等,则称这两个球面三角形全等。

如果两个平面三角形关于一条平面中的直线成镜面反射,那么它们是全等三角形。在球面上是否有类似的性质呢?

设在同一个球面上两个三角形 ABC 和 $A'B'C'$ 关于大圆 l 对称,那么大圆弧 $\overset{\frown}{AA'}$ 被大圆 l 垂直平分。

设球心 O,A,A' 三点所确定的平面与 l 所在平面交于直线 OE,不难看出:A 和 A' 关于 l 所在平面成镜面反射。同样地,B 和 B',C 和 C' 都关于 l 所在平面成镜面反射。

因此,三面角 $O-ABC$ 与三面角 $O-A'B'C'$ 关于 l 所在平面成镜面反射。所以,它们的三面角分别相等(图 6.18)。即

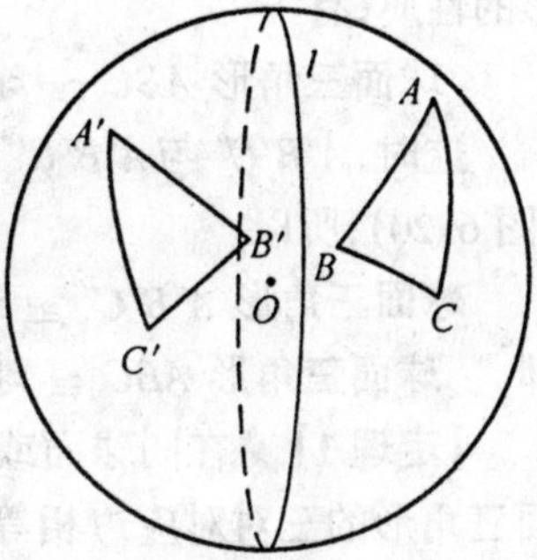

图 6.18

$$\angle AOB = \angle A'OB'$$
$$\angle COA = \angle C'OA'$$
$$\angle BOC = \angle B'OC'$$

由此得到

$$a = a', b = b', c = c'$$

这两个三面角的三个二面角分别相等,由此得到

$$\angle A = \angle A', \angle B = \angle B', \angle C = \angle C'$$

因此,球面三角形 $ABC \cong$ 球面三角形 $A'B'C'$。

得到结论:在同一个球面上,对称的两个球面三角形全等。

6.4.2　球面三角形全等的判定

在平面几何中,如果两个三角形的三对对应边相等,则这两个三角形全等。

在同球面或等球面上,如果两个球面三角形的三对对应边相等,这两个球面三角形全等吗?

设在同球面或等球面上，有两个球面三角形 ABC 和 $A'B'C'$，它们的三对对应边相等，即

$$a = a', b = b', c = c'$$

(1) 如果 ABC 与 $A'B'C'$ 方向相同，这时，由于它们在同球面或等球面上，所以可以通过移动使 A 与 A' 重合，C 与 C' 重合，自然 B 与 B' 重合。由于 $a = a', b = b'$，所以 C 与 C' 一定重合。因此，这两个球面三角形可以完全重合(图 6.19)。

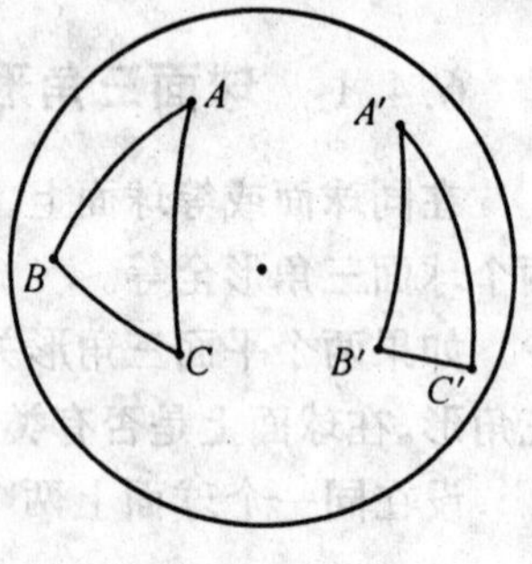

图 6.19

(2) 如果 ABC 与 $A'B'C'$ 方向不相同，这时，先作 ABC 的对称球面三角形 $A''B''C''$，由对称球面三角形的性质，有

球面三角形 $ABC \cong$ 球面三角形 $A''B''C''$

这时，$A''B''C''$ 与 $A'B'C'$ 方向相同且对应边相等(图 6.20)，所以

球面三角形 $A''B''C'' \cong$ 球面三角形 $A'B'C'$

即 球面三角形 $ABC \cong$ 球面三角形 $A'B'C'$

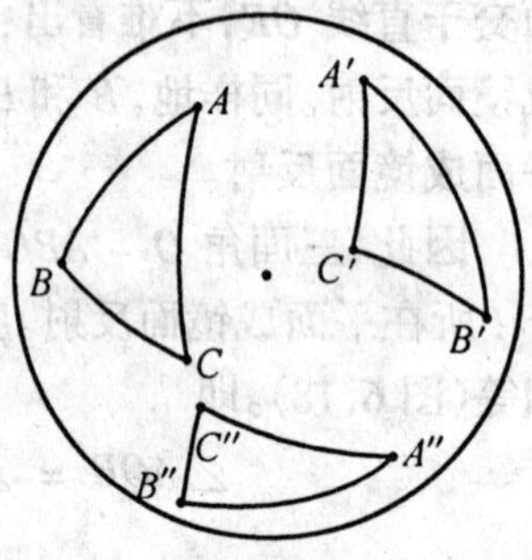

图 6.20

【定理 1】 在同球面或等球面上，如果两个球面三角形的三对对应边相等，那么这两个球面三角形全等。

我们把这个定理叫做球面三角形全等的“边边边”判定定理，简记为“SSS”。

【例 1】 如果一个球面三角形的三条边相等，那么它的三个角也相等。

证明 如图 6.21 所示，设球面三角形 ABC 的三边相等，D 为 BC 边的中点，连接 AD，因为 $AB = AC, AD = AD, BD = DC$，所以根据“SSS”，球面三角形 $ABD \cong$ 球面三角形 ACD，因此，$\angle B = \angle C$，同理可证 $\angle A = \angle C$，所以，等边三角形的三个内角也相等。

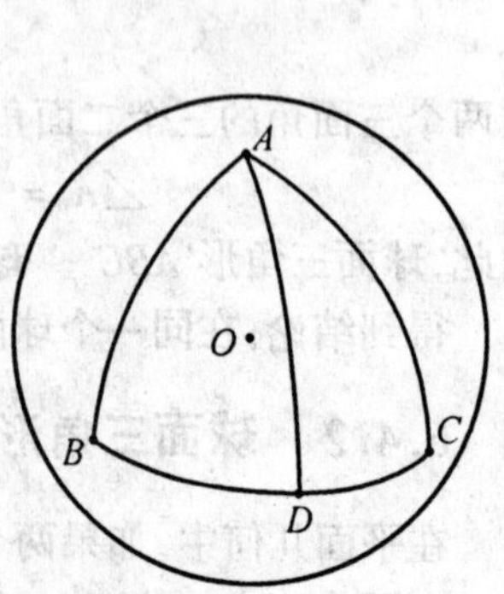

图 6.21

在平面几何中，如果两个三角形的两对对应边和它们的夹角对应相等，则这两个三角形全等。

【定理 2】 在同球面或等球面上，如果两个球面三角形的两对对应边和它们的夹角对应相等，那

么这两个球面三角形全等(可根据球面三角形边的余弦定理加以证明)。

我们把这个定理叫做球面三角形全等的“边角边”判定定理,简记为“SAS”。

【定理 3】　在同球面或等球面上,如果两个球面三角形的两对对应角和它们的夹边对应相等,那么这两个球面三角形全等。

我们把这个定理叫做球面三角形全等的“角边角”判定定理,简记为“ASA”。

【例 2】　如果球面两条线段互相平分,那么以这两条线段的 4 个端点为顶点的球面四边形的对边相等。

证明　如图 6.22 所示,设线段 AC 与线段 BD 互相平分,连接 AB,BC,CD,DA 得到球面四边形 $ABCD$,在球面三角形 ABE 和球面三角形 DCE 中,$AE = CE, BE = DE, \angle AEB = \angle DEC$,根据“SAS”,球面三角形 $ABE \cong$ 球面三角形 DCE,所以 $AB = DC$,同理可证,$AD = BC$。

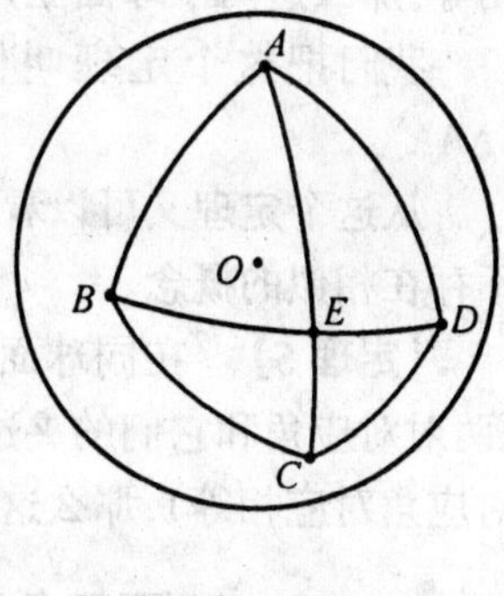

图 6.22

在平面几何中,如果两个三角形的三对对应角对应相等,则这两个三角形相似,即它们的对应边长度成比例。

在同球面或等球面上,如果两个球面三角形的三对对应角对应相等,那么这两个球面三角形的对应边有什么样的关系?

假设在同球面或等球面上,有两个球面三角形 ABC 和 DEF,已知它们的对应角相等,即

$$\angle A = \angle D, \angle B = \angle E, \angle C = \angle F$$

如果能证明它们的对应边相等,也就证明了它们是全等球面三角形。

设球面三角形 ABC 和 DEF 的极三角形分别是 $A'B'C'$ 和 $D'E'F'$,那么根据球面三角形与它的极三角形之间的关系,有

$$a' = \pi - \angle A,\ d' = \pi - \angle D$$
$$b' = \pi - \angle B,\ e' = \pi - \angle E$$
$$c' = \pi - \angle C,\ f' = \pi - \angle F$$

所以
$$a' = d',\ b' = e',\ c' = f'$$

根据“SSS”有

$$\text{球面三角形 } A'B'C' \cong D'E'F'$$

所以
$$\angle A' = \angle D',\ \angle B' = \angle E',\ \angle C' = \angle F'$$

又根据球面三角形与它的极三角形之间的关系,有

$$a = \pi - \angle A',\ d = \pi - \angle D'$$

$$b = \pi - \angle B',\ e = \pi - \angle E'$$

$$c = \pi - \angle C',\ f = \pi - \angle F'$$

所以

$$a = d,\ b = e,\ c = f$$

则球面三角形 $ABC \cong$ 球面三角形 $A'B'C'$。

【定理 4】　在同球面或等球面上,如果两个球面三角形的三对对应角对应相等,那么这两个球面三角形全等。

我们把这个定理叫做球面三角形全等的"角角角"判定定理,简记为"AAA"。

从这个定理又可以看到球面几何与平面几何的差异。在同球面或等球面上,不存在相似的概念。

【定理 5】　在同球面或等球面上,如果两个球面三角形的三对对应边相等(两对对应角和它们的夹边对应相等,两对对应边和它们的夹角对应相等,三对对应角对应相等),那么这两个球面三角形全等。

6.4.3　球面三角形全等的应用

利用球面三角形全等的判断定理,可以把平面几何中的一些性质推广到球面几何中。

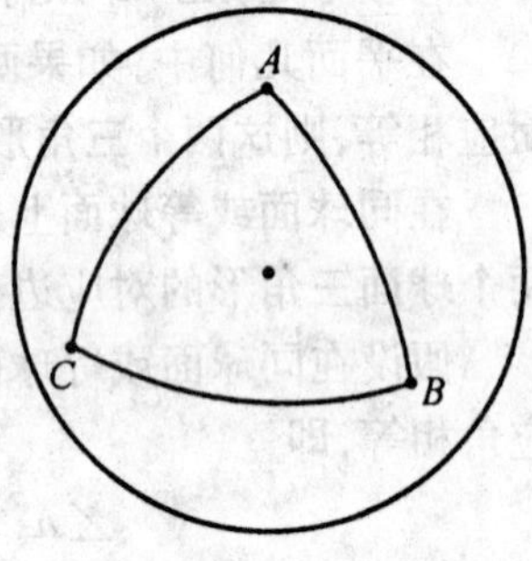

图 6.23

【例 3】　如果一个球面三角形的三个角相等,问:该三角形的三条边是否相等?

解　如图 6.23 所示,设球面三角形 ABC 中,$\angle A = \angle B = \angle C$,那么在球面三角形 ABC 与球面三角形 BAC 中,有 $\angle A = \angle B$,$\angle B = \angle A$,$\angle C = \angle C$,根据"AAA",球面三角形 $ABC \cong$ 球面三角形 BAC,所以 $BC = AC$,同理可证,$AB = CB$,所以球面等角三角形的边也相等。

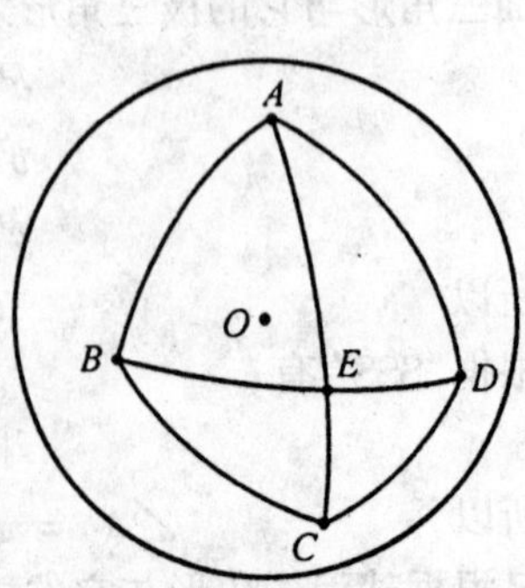

图 6.24

【例 4】　证明:对边相等的球面四边形,对角线互相平分。

证明　如图6.24所示,设球面四边形 $ABCD$ 的对边 $AB = DC$,$AD = BC$,连接对角线 AC 与 BD。

在球面三角形 ABD 与球面三角形 CDB 中,有 $AB = DC$,$BD = BD$,$AD = BC$,根据"SSS",有球面三角形 $ABD \cong$ 球面三角形 CDB,所以 $\angle ABD = \angle CDB$,同理可证,$\angle BAC = \angle DCA$。

在球面三角形 ABE 与球面三角形 CDE 中,有 $\angle ABE = \angle CDE$,$\angle BAE = \angle DCE$,$\angle BEA = \angle DEC$,根据"AAA",有球面三角形 $ABE \cong$ 球面三角形 CDE,所以 $AE = CE$,$BE = DE$,即对边相等的球面四边形的对角线互相平分。

【例5】　证明:四边相等的球面四边形,对角线垂直平分。

证明　如图6.25所示,设球面四边形 $ABCD$ 的四边相等,即 $AB = BC = CD = DA$,连接 AC 与 BD,由例4可知,对角线 AC 与 BD 互相平分,即 $AE = EC$,$BE = ED$。

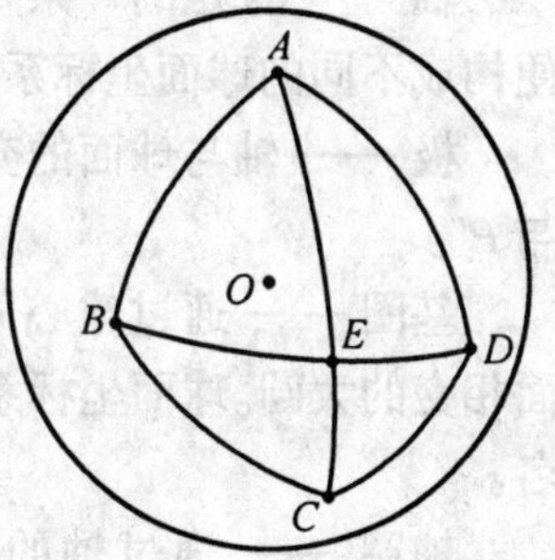

图6.25

在球面三角形 AED 与球面三角形 AEB 中,$AD = AB$,$AE = AE$,$DE = BE$,根据"SSS",球面三角形 $AED \cong$ 球面三角形 AEB,所以 $\angle AED = \angle AEB$。因为 $\angle AED + \angle AEB = \pi$,所以 $\angle AED = \angle AEB = \frac{\pi}{2}$,因此四边相等的球面四边形的对角线互相垂直平分。

习　题

1. 证明本节定理3。

2. 设球面三角形 ABC 三个顶点 A,B,C 的对径点 A',B',C',利用球面三角形全等的判定定理,证明:球面三角形 $ABC \cong$ 球面三角形 $A'B'C'$。

3. 利用球面三角形全等的判定定理,证明:若一个球面三角形有两条边相等,则这两条边对应的角也相等;反之亦然。

4. 证明:如果 C' 是 C 关于大圆弧 $\overset{\frown}{AB}$ 的对称点,那么球面三角形 $ABC \cong$ 球面三角形 ABC'。

5. 证明:如果 C' 和 C 是大圆弧 $\overset{\frown}{AB}$ 的两个极点,那么球面三角形 $ABC \cong$ 球面三角形 ABC'。

6.5　地理坐标与天球坐标

在球面上确定点的坐标,类似于平面坐标,需要先布置坐标网。如图6.26所示,首先,选定一条球的直径 PP' 作为坐标系的轴。

明确下面的概念:

轴 —— 选定的一条直径。选择的轴线不同,便构成不同的球面坐标系。

极 —— 轴与球面的交点。如图 6.26 中的 P 与 P'。

基圈 —— 通过球心同轴垂直的平面,与球面相交的大圆。球面坐标系常常以基圈的名字命名。

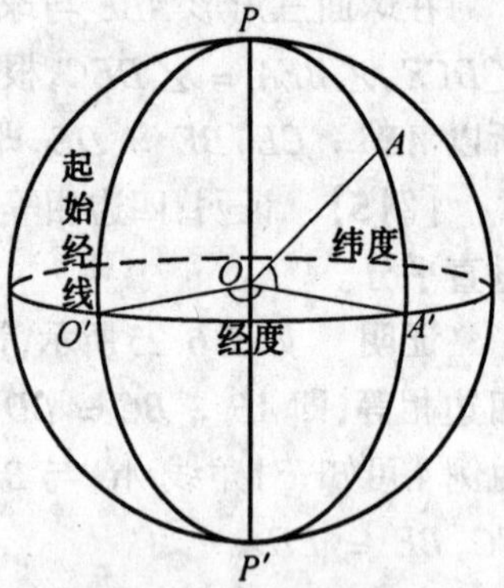

图 6.26

辅圈 —— 通过轴的平面同球面相交的大圆。每个辅圈被极平分为两个半圆,叫做球面坐标系经线。

原点 —— 起始经线同基圈的交点。

经度 —— 通过球面上一点 A 的经线平面同起始平面之间的二面角。

纬度 —— 点 A 所在球半径同基圈平面之间的线面角。

6.5.1 地理坐标

地球的形状,可以近似地看做一个正球体。运用球面坐标系的一般原理,可以建立起地球表面的坐标系,叫做地理坐标系。

1. 经线与纬线

地理坐标系的轴,就是地球的自转轴,简称地轴。地轴与地表的两个交点,叫做地极。其中指向北极星附近的一极,叫做北极,另一极叫做南极。

通过地心,同地轴垂直的平面,同地表相交的大圆,叫做赤道。赤道是地理坐标系的基圈。

通过地轴的平面,同地表相交的大圆,叫做经圈。经圈是地理坐标系的辅圈。经圈有无数多个,均相交于地极。每个经圈均被地极平分为两个相对的半圆,叫做经线(子午线)。1884 年,在华盛顿召开的国际会议决定,以通过英国伦敦格林尼治天文台(原址)的经线,作为本初子午线,即起始经线。本初子午线与赤道的交点,位于非洲的几内亚湾,是地理坐标系原点。

垂直于地轴的平面,同地表的交线,就是纬圈,也是纬线。它们都互相平行,因而又称为平行圈。纬圈除赤道是大圆外,其他都是小圆。从赤道向两极,纬圈逐渐缩小,至两极成为点。所有纬圈都同经线垂直相交,组成经纬网。

2. 经度与纬度

地球上一地的经度(λ),就是本地相对于本初子午线的方向和角距离。经度沿赤道(或其他纬圈)从原点(或本初子午线)开始,向东和向西度量,从0°～180°,分别叫做东经和西经。东、西经180°是同一条经线,它同本初子午线共一个经圈。

为了照顾欧洲和非洲在半球图上的完整,习惯上用西经20°和东经160°经线划分东、西半球。东经和西经通常用英文字母E,W表示(图6.27)。

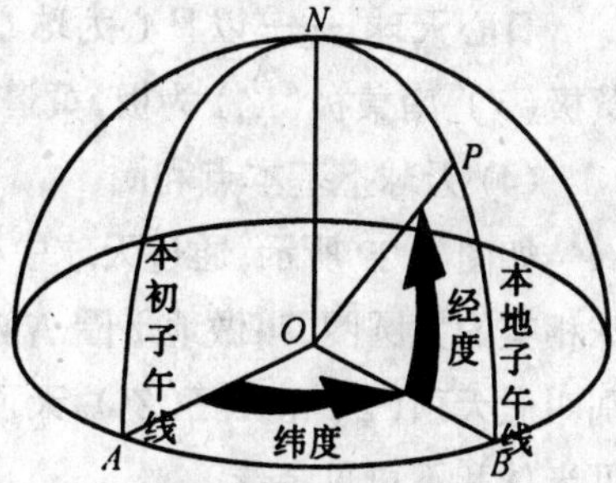

地理坐标;纬度和经度

图6.27

地球上一地的纬度(ϕ),就是该地相对于赤道的方向和角距离。纬度是线面角,其中的面就是赤道平面,而线则有不同的取法,因而有不同的纬度。赤道是南、北半球的分界线。通常,人们把南、北纬0°～30°,30°～60°,60°～90°分别叫做低、中、高纬度。南、北纬分别用英文字母S,N表示。

有了经度与纬度,就可以准确地确定地球上各地的位置了。

6.5.2　天球坐标

1. 天球

(1) 定义

以观测者为球心,任意长为半径的假想球面(图6.28)。

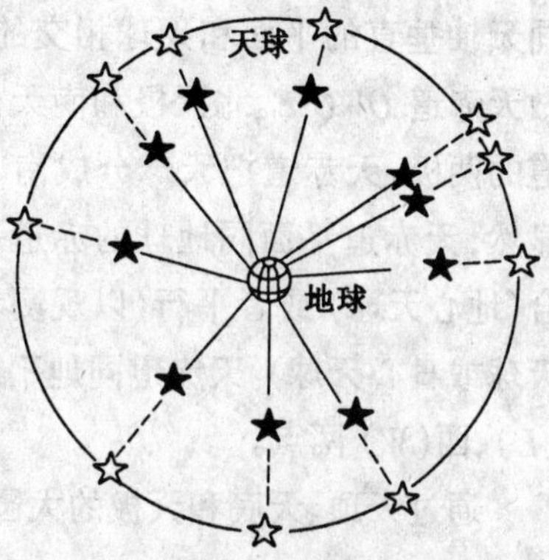

天球(示意图)

图6.28

(2) 天球的性质

1) 天球是假设的,实际上不存在,来源于视觉(天穹)。

2) 半径是任意长,观测者任何移动,球面形状不变。

3) 球心可根据观测需要确定。地面天球/地心天球/日心天球。

4) 天球上天体位置不是真实位置,而是投影位置或视位置。

5) 天球上天体只有角距离,而无线距离。

(3) 天球分类

地面天球 —— 以地面观测者为球心的天球，以铅垂线为轴，天顶(Z)、天底(Z')为极，地平圈为基圈。

地心天球 —— 以地心为球心的天球。以天轴为轴，北天极(P)、南天极(P')为极，天赤道为基圈。

日心天球 —— 以日心为球心的天球。选过日心垂直黄道的球半径为轴，北黄极(K)、南黄极(K')为极，黄道为基圈。

(4) 天球上基本点和圈

如图 6.29 所示，通过天球中心，垂直于观测者所在地的铅垂线的平面，同天球相交的大圆圈，叫做地平圈 $NWSE$。铅垂线向上和向下延长，同天球的交点，分别叫做天顶(Z)和天底(Z')。天顶和天底是地平圈的两极。地平圈把天球分成可见半球和不可见半球。

地轴的延长线，叫做天轴。天轴同天球的交点就是天极，在北极上空的是北天极(P)，在南极上空的是南天极(P')。通过天球中心，同天轴垂直的平面和天球相交的大圆圈，叫做天赤道 $QWQ'E$。北天极和南天极就是天赤道的两极。天赤道把天球分成南、北两半球。显然，天赤道平面同地球的赤道平面或者重合(地心天球)或者平行(以观测者为中心的天球或日心天球)。天赤道同地平圈相交于东(E)、西(W)两点。

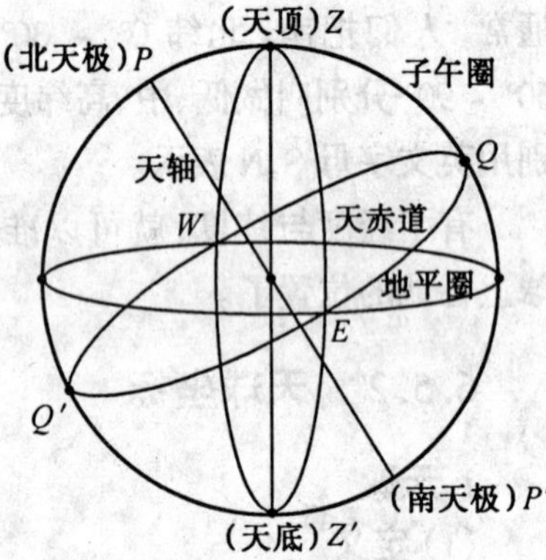

图 6.29

通过天顶、天底和天极的大圆，叫做(天)子午圈。

2. 天球坐标系

在天球上，为了确定天体的位置，需要建立坐标系。天球坐标系的原理，同地理坐标系相同。两者不同的是，地理坐标系只有一套，天球坐标系有几套。这是因为地理坐标系的基圈仅赤道一个，而天球坐标系的基圈有几个，它们是根据不同的用途而设定的；分别是地平坐标系，第一赤道坐标系，第二赤道坐标系，黄道坐标系。

天体坐标系比较：

类别	地平坐标系	第一赤道坐标系	第二赤道坐标系	黄道坐标系
基圈	地平圈	天赤道	天赤道	黄道
两极	天顶、天底	天北极、天南极	天北极、天南极	黄北极、黄南极
轴	当地垂线	天轴	天轴	黄轴
辅圈	平经圈	时圈	赤经圈	黄经圈
始圈	午圈	午圈	春分圈	无名圈
原点	南点	上点	春分点	春分点
纬度	高度	赤纬	赤纬	黄纬
经度	方位(向西度量)	时角(向西度量)	赤经(向东度量)	黄经(向东度量)

3.天球坐标系之间的联系

1）地平坐标系同时角、赤道坐标系之间的关系，表现为铅垂线同天轴之间的交角，等于观测地的纬度的余角；反映到坐标上，就是仰极的高度等于观测地的天文纬度（$h_p = \phi$）。

2）时角坐标系同赤道坐标系之间的关系，表现为它们的经度的相互关系，即任一时刻任一天体的赤经和时角之和，等于当时的恒星时（$S = a + t$）。

3）时角、赤道坐标系同黄道坐标系之间的关系，表现为它们的主圈之间的交角，即黄赤交角，它的现代值为23°26′（$\epsilon = 23°26'$）。

附　录

为了本书的需要，对本书中所涉及的有关线性代数的基础知识，如行列式、矩阵及线性方程组的内容作一简单介绍，关于它们的详细内容与严格论证，读者可参考《高等代数》。

1　行列式及其性质

1.1　行列式的概念

【定义 1】　称

$$|A_2| = \begin{vmatrix} a_1 & a_2 \\ b_1 & b_2 \end{vmatrix} = a_1 b_2 - a_2 b_1 \tag{1.1.1}$$

为由 a_1, a_2, b_1, b_2 组成的 2 阶行列式，其中 a_1, a_2, b_1, b_2 均叫做元素，把横排叫做行，纵排叫做列。

【定义 2】　称

$$|A_3| = \begin{vmatrix} a_1 & a_2 & a_3 \\ b_1 & b_2 & b_3 \\ c_1 & c_2 & c_3 \end{vmatrix} = a_1 b_2 c_3 + a_2 b_3 c_1 + a_3 b_1 c_2 - a_1 b_3 c_2 - a_2 b_1 c_3 - a_3 b_2 c_1 \tag{1.1.2}$$

为 3 阶行列式。

上面关于 2 阶与 3 阶行列式的展开式是与我们熟悉的按对角线法则展开是一致的。

【定义 3】　$n(\geqslant 4)$ 阶行列式

$$|A_n| = \begin{vmatrix} a_{11} & a_{12} & \cdots & a_{1n} \\ a_{21} & a_{22} & \cdots & a_{2n} \\ \vdots & \vdots & & \vdots \\ a_{n1} & a_{n2} & \cdots & a_{nn} \end{vmatrix} \tag{1.1.3}$$

其中，a_{ij} 是在第 i 行，第 j 列的元素，在 $n(\geqslant 4)$ 阶行列式中共有 n^2 个元素。

在 n 阶行列式中任取一元素 a_{ij}，把这个元素所在的第 i 行与第 j 列划掉，剩下来的一个 $n-1$ 阶行列式叫做元素 a_{ij} 的余子式。该余子式乘以 $(-1)^{i+j}$ 后所得的式子叫做元素 a_{ij} 的代数余子式，用 A_{ij} 表示。式(1.1.3)可以写成 $|A_n|$ 按第一行的代数余子式的展开式(或简称为按第一行展开)，即

$$|\boldsymbol{A}_n| = \begin{vmatrix} a_{11} & a_{12} & \cdots & a_{1n} \\ a_{21} & a_{22} & \cdots & a_{2n} \\ \vdots & \vdots & & \vdots \\ a_{n1} & a_{n2} & \cdots & a_{nn} \end{vmatrix} = a_{11}\begin{vmatrix} a_{22} & \cdots & a_{2n} \\ \vdots & & \vdots \\ a_{n2} & \cdots & a_{nn} \end{vmatrix} - a_{12}\begin{vmatrix} a_{21} & a_{23} & \cdots & a_{2n} \\ \vdots & \vdots & & \vdots \\ a_{n1} & a_{n3} & \cdots & a_{nn} \end{vmatrix} + a_{13}\begin{vmatrix} a_{21} & a_{22} & a_{24} & \cdots & a_{2n} \\ \vdots & \vdots & \vdots & & \vdots \\ a_{n1} & a_{n2} & a_{n4} & \cdots & a_{nn} \end{vmatrix} - \cdots +$$

$$(-1)^{n+1}a_{1n}\begin{vmatrix} a_{21} & \cdots & a_{2,n-1} \\ \vdots & & \vdots \\ a_{n1} & \cdots & a_{n,n-1} \end{vmatrix} = a_{11}A_{11} + a_{12}A_{12} + \cdots + a_{1n}A_{1n}$$

例如，3 阶行列式按第一行展开为

$$\begin{vmatrix} a_{11} & a_{12} & a_{13} \\ a_{21} & a_{22} & a_{23} \\ a_{31} & a_{32} & a_{33} \end{vmatrix} = a_{11}\begin{vmatrix} a_{22} & a_{23} \\ a_{32} & a_{33} \end{vmatrix} - a_{12}\begin{vmatrix} a_{21} & a_{23} \\ a_{31} & a_{33} \end{vmatrix} + a_{13}\begin{vmatrix} a_{21} & a_{22} \\ a_{31} & a_{32} \end{vmatrix} =$$

$$a_{11}a_{22}a_{33} + a_{12}a_{23}a_{31} + a_{13}a_{21}a_{32} - a_{11}a_{23}a_{32} - a_{12}a_{21}a_{33} - a_{13}a_{22}a_{31}$$

1.2　行列式的性质

【定理 1】　把行列式的各行变为相应的列，所得行列式与原行列式相等。

【定理 2】　把行列式的两行(或两列)对调，所得行列式与原行列式绝对值相等，符号相反。

【推论】　如果行列式的某两行(或两列)的对应元素相同，那么行列式等于零。

【定理 3】　把行列式的某一行(或一列)的所有元素同乘以某个数 k，等于用数 k 乘以原行列式。

【推论 1】　行列式的某一行(或一列)有公因子时，可以把公因子提到行列

式的外面。

【推论 2】 如果行列式某一行(或一列)的所有元素都是零，那么行列式等于零。

【定理 4】 如果行列式某两行(或两列)对应元素成比例，那么行列式等于零。

【定理 5】 如果行列式的某一行(或一列)的元素都是二项式，那么这个行列式等于把这些二项式各取一项作成相应行(或列)，而其余行(或列)不变的两个行列式的和。

【定理 6】 把行列式某一行(或一列)的所有元素同乘以一个数 k，加到另一行(或另一列)的对应元素上，所得行列式与原行列式相等。

【定理 7】 行列式等于它的任意一行(或一列)的所有元素与它们各自对应的代数余子式的乘积的和。

【定理8】 行列式某一行(或一列)的各元素与另一行(或一列)对应元素的代数余子式的乘积的和等于零。

以上定理的证明将在《高等代数》里详细介绍，我们这里只运用它的结论。

【例 1】 证明 $\begin{vmatrix} x_2-x_1 & y_2-y_1 & z_2-z_1 \\ x_3-x_1 & y_3-y_1 & z_3-z_1 \\ x_4-x_1 & y_4-y_1 & z_4-z_1 \end{vmatrix} = -\begin{vmatrix} x_1 & y_1 & z_1 & 1 \\ x_2 & y_2 & z_2 & 1 \\ x_3 & y_3 & z_3 & 1 \\ x_4 & y_4 & z_4 & 1 \end{vmatrix}$。

证法一

$$右端 = -\begin{vmatrix} x_1 & y_1 & z_1 & 1 \\ x_2-x_1 & y_2-y_1 & z_2-z_1 & 0 \\ x_3-x_1 & y_3-y_1 & z_3-z_1 & 0 \\ x_4-x_1 & y_4-y_1 & z_4-z_1 & 0 \end{vmatrix} =$$

$$\begin{vmatrix} x_2-x_1 & y_2-y_1 & z_2-z_1 \\ x_3-x_1 & y_3-y_1 & z_3-z_1 \\ x_4-x_1 & y_4-y_1 & z_4-z_1 \end{vmatrix}$$

证法二

$$左端 = -\begin{vmatrix} x_1 & y_1 & z_1 & 1 \\ x_2-x_1 & y_2-y_1 & z_2-z_1 & 0 \\ x_3-x_1 & y_3-y_1 & z_3-z_1 & 0 \\ x_4-x_1 & y_4-y_1 & z_4-z_1 & 0 \end{vmatrix} =$$

$$
-\begin{vmatrix} x_1 & y_1 & z_1 & 1 \\ x_2 & y_2 & z_2 & 1 \\ x_3 & y_3 & z_3 & 1 \\ x_4 & y_4 & z_4 & 1 \end{vmatrix}
$$

2 矩阵及其运算

2.1 矩阵的概念

【定义 1】 如果把 $m \times n$ 个数 $a_{ij}(i = 1,2,\cdots,m;j = 1,2,\cdots,n)$ 排成一个 m 行 n 列的表

$$
\boldsymbol{A} = \begin{pmatrix} a_{11} & a_{12} & \cdots & a_{1n} \\ a_{21} & a_{22} & \cdots & a_{2n} \\ \vdots & \vdots & & \vdots \\ a_{m1} & a_{m2} & \cdots & a_{mn} \end{pmatrix} \tag{2.1.1}
$$

叫做 m 行 n 列矩阵或称 $m \times n$ 矩阵。横排叫行，竖排叫列，数 a_{ij} 表示矩阵中第 i 行，第 j 列的元素。矩阵用大写字母 $\boldsymbol{A},\boldsymbol{B},\boldsymbol{C},\cdots$ 表示。$\boldsymbol{A}_{m\times n}$ 或$(a_{ij})_{m\times n}$ 表示 m 行 n 列矩阵。

$m = n$ 时为正方矩阵(简称方阵),或称 n 阶矩阵。

$$
\boldsymbol{A}_{1\times n} = (a_{11},a_{12},\cdots,a_{1n})
$$

为 n 维行向量,可看成 $1 \times n$ 矩阵。

特别注意矩阵和行列式的区别。n 阶行列式为 n^2 个数组成的 $n!$项的一个展开式，最后得一数值。而 n 阶矩阵为 n^2 个数，连同其相对应位置的一个整体。对于正方矩阵 $\boldsymbol{A}$，它对应于一个行列式，我们用 $\det \boldsymbol{A}$ 或 $|\boldsymbol{A}|$ 表示，称为矩阵 $\boldsymbol{A}$ 对应的行列式。

零矩阵是元素都是零的矩阵，记作 $\boldsymbol{0}_{m\times n}$，或简记作 $\boldsymbol{0}$。

如果一个 n 阶方阵主对角线上的元素都是1，其他元素全为0，称为 n 阶单位矩阵，记作 $\boldsymbol{I}_n$，有时简记作 $\boldsymbol{I}$，即

$$
\boldsymbol{I}_n = \begin{pmatrix} 1 & 0 & 0 & \cdots & 0 \\ 0 & 1 & 0 & \cdots & 0 \\ 0 & 0 & 1 & \cdots & 0 \\ \vdots & \vdots & \vdots & & \vdots \\ 0 & 0 & 0 & \cdots & 1 \end{pmatrix}
$$

主对角线以外的元素全为0的 n 阶方阵叫做对角矩阵，即

$$A=\begin{pmatrix} a_{11} & 0 & \cdots & 0 \\ 0 & a_{22} & \cdots & 0 \\ \vdots & \vdots & & \vdots \\ 0 & 0 & \cdots & a_{nn} \end{pmatrix}$$

【定义 2】 将 $m\times n$ 矩阵

$$A=\begin{pmatrix} a_{11} & a_{12} & \cdots & a_{1n} \\ a_{21} & a_{22} & \cdots & a_{2n} \\ \vdots & \vdots & & \vdots \\ a_{m1} & a_{m2} & \cdots & a_{mn} \end{pmatrix}$$

的第 i 行变成第 i 列，第 j 列变成第 j 行后所得到的 $n\times m$ 矩阵

$$A'=\begin{pmatrix} a_{11} & a_{21} & \cdots & a_{m1} \\ a_{12} & a_{22} & \cdots & a_{m2} \\ \vdots & \vdots & & \vdots \\ a_{1n} & a_{2n} & \cdots & a_{mn} \end{pmatrix}$$

叫做 A 的转置矩阵。

显然有 $(A')'=A$。

【定义 3】 两个 $m\times n$ 矩阵 $A=(a_{ij})_{m\times n}$ 和 $B=(b_{ij})_{m\times n}$，如果它们的对应元素相等，即 $a_{ij}=b_{ij}(i=1,2,\cdots,m;\ j=1,2,\cdots,n)$，则称它们是相等的矩阵，记作 $A=B$。

2.2 矩阵的运算

【定义 4】 设有两个矩阵 $A=(a_{ij})_{m\times n}$，$B=(b_{ij})_{m\times n}$，把它们对应位置的元素相加(或相减)，得到的矩阵叫做 A 与 B 的和(或差)，记为 $A+B(A-B)$，即 $A\pm B=(a_{ij}\pm b_{ij})_{m\times n}$。这种运算称为矩阵的加法(或减法)。

例如，若

$$A=\begin{pmatrix} 2 & 1 & 4 \\ -3 & 0 & 2 \end{pmatrix},\ B=\begin{pmatrix} 3 & -5 & 1 \\ 2 & 1 & 3 \end{pmatrix}$$

则

$$A+B=\begin{pmatrix} 2+3 & 1-5 & 4+1 \\ -3+2 & 0+1 & 2+3 \end{pmatrix}=\begin{pmatrix} 5 & -4 & 5 \\ -1 & 1 & 5 \end{pmatrix}$$

$$A-B=\begin{pmatrix} 2-3 & 1+5 & 4-1 \\ -3-2 & 0-1 & 2-3 \end{pmatrix}=\begin{pmatrix} -1 & 6 & 3 \\ -5 & -1 & -1 \end{pmatrix}$$

矩阵的加法满足如下运算规律。

设 $\boldsymbol{A},\boldsymbol{B},\boldsymbol{C}$ 都是 $m\times n$ 矩阵，则

(1)$\boldsymbol{A}+\boldsymbol{B}=\boldsymbol{B}+\boldsymbol{A}$；

(2)$(\boldsymbol{A}+\boldsymbol{B})+\boldsymbol{C}=\boldsymbol{A}+(\boldsymbol{B}+\boldsymbol{C})$；

(3)$\boldsymbol{A}+\boldsymbol{0}=\boldsymbol{A}$；

(4)$\boldsymbol{A}+(-\boldsymbol{A})=\boldsymbol{0}$；

(5)$(\boldsymbol{A}+\boldsymbol{B})'=\boldsymbol{A}'+\boldsymbol{B}'$。

【定义5】 用数 k 乘以矩阵 $\boldsymbol{A}=(a_{ij})_{m\times n}$ 的每个元素而得到的矩阵叫做 k 与 $\boldsymbol{A}$ 的乘积，记作 $k\boldsymbol{A}$ 或 $\boldsymbol{A}k$，即

$$k\boldsymbol{A}=(ka_{ij})_{m\times n}$$

这种运算称为数乘矩阵。

由定义可得下列性质：

(1)$k(l\boldsymbol{A})=(kl)\boldsymbol{A}$；

(2)$(k+l)\boldsymbol{A}=k\boldsymbol{A}+l\boldsymbol{A}$；

(3)$k(\boldsymbol{A}+\boldsymbol{B})=k\boldsymbol{A}+k\boldsymbol{B}$；

(4)$(k\boldsymbol{A})'=k\boldsymbol{A}'$。

其中，k,l 为任意实数。

【定义6】 一个 $m\times n$ 矩阵 $\boldsymbol{A}=(a_{ij})$ 与一个 $n\times p$ 矩阵 $\boldsymbol{B}=(b_{jk})$ 的乘积是一个 $m\times p$ 矩阵 $\boldsymbol{C}=(c_{ik})$，记作 $\boldsymbol{C}=\boldsymbol{AB}$。矩阵 $\boldsymbol{C}$ 的第 i 行第 k 列的元素等于矩阵 $\boldsymbol{A}$ 的第 i 行的 n 个元素与矩阵 $\boldsymbol{B}$ 的第 k 列的对应 n 个元素乘积之和，即

$$c_{ik}=\sum_{j=1}^{n}a_{ij}b_{jk}\quad i=1,2,\cdots,m;k=1,2,\cdots,p$$

例如　$\boldsymbol{A}=\begin{pmatrix}a_{11}&a_{12}&a_{13}\\a_{21}&a_{22}&a_{23}\end{pmatrix}$，$\boldsymbol{B}=\begin{pmatrix}b_{11}&b_{12}\\b_{21}&b_{22}\\b_{31}&b_{32}\end{pmatrix}$，$\boldsymbol{C}=\begin{pmatrix}c_{11}&c_{12}\\c_{21}&c_{22}\end{pmatrix}$

则

$$\begin{pmatrix}c_{11}&c_{12}\\c_{21}&c_{22}\end{pmatrix}=\boldsymbol{C}=\boldsymbol{AB}=\begin{pmatrix}a_{11}&a_{12}&a_{13}\\a_{21}&a_{22}&a_{23}\end{pmatrix}\begin{pmatrix}b_{11}&b_{12}\\b_{21}&b_{22}\\b_{31}&b_{32}\end{pmatrix}=$$

$$\begin{pmatrix}a_{11}b_{11}+a_{12}b_{21}+a_{13}b_{31}&a_{11}b_{12}+a_{12}b_{22}+a_{13}b_{32}\\a_{21}b_{11}+a_{22}b_{21}+a_{23}b_{31}&a_{21}b_{12}+a_{22}b_{22}+a_{23}b_{32}\end{pmatrix}$$

注意：在矩阵的定义中要求第二个矩阵的行数和第一个矩阵的列数相等。

【例1】 设 $A=\begin{pmatrix}1&2\\-3&4\end{pmatrix}$, $B=\begin{pmatrix}2&0\\1&2\end{pmatrix}$

计算 AB,BA。

解

$$AB=\begin{pmatrix}1&2\\-3&4\end{pmatrix}\begin{pmatrix}2&0\\1&2\end{pmatrix}=\begin{pmatrix}4&4\\-2&8\end{pmatrix}$$

$$BA=\begin{pmatrix}2&0\\1&2\end{pmatrix}\begin{pmatrix}1&2\\-3&4\end{pmatrix}=\begin{pmatrix}2&4\\-5&10\end{pmatrix}$$

通过这个例子可以看出矩阵的乘法不适合交换律。

【例2】 设 $A=\begin{pmatrix}1&-1\\-1&1\\1&-1\end{pmatrix}$, $B=\begin{pmatrix}1&2\\1&2\end{pmatrix}$

计算 AB。

解 A 是一个 3×2 矩阵，B 是一个 2×2 矩阵，所以 A 与 B 可以相乘，且 AB 是一个 3×2 矩阵，有

$$AB=\begin{pmatrix}1&-1\\-1&1\\1&-1\end{pmatrix}\begin{pmatrix}1&2\\1&2\end{pmatrix}=\begin{pmatrix}0&0\\0&0\\0&0\end{pmatrix}=\mathbf{0}$$

通过这个例子可以看出，A,B 可以相乘时，B 与 A 不一定可以相乘，同时还可以看出两个不为零的矩阵的乘积可以是零矩阵。

虽然矩阵的乘法不适合交换律，但矩阵的乘法仍适合如下运算律：

(1) $(AB)C=A(BC)$；

(2) $A(B+C)=AB+AC$；$(B+C)A=BA+CA$；

(3) $(kA)B=k(AB)=A(kB)$；

(4) $A_{m\times n}I_n=A_{m\times n}$, $I_mA_{m\times n}=A_{m\times n}$；

(5) $(AB)'=B'A'$；

(6) 若 A,B 为 n 阶方阵，则

$$\det(AB)=\det A\cdot\det B$$

【定义7】 设 $A=(a_{ij})_{m\times n}$，把每个 a_{ij} 均换成它的共轭复数 $\overline{a_{ij}}$，这样得到的矩阵 $(\overline{a_{ij}})_{m\times n}$ 叫做 A 的共轭矩阵，记作 $\overline{A}$。

当 A 的元素都是实数时，A 叫做实矩阵。

显然有下列各等式：

(1) $\overline{kA+lB}=\overline{kA}+\overline{lB}$；

(2) $\overline{AB} = \overline{A}\ \overline{B}$;

(3) $(\overline{A})' = \overline{A'}$;

(4) 若 A 为 n 阶方阵，则 $\det \overline{A} = \overline{\det A}$。

2.3　矩阵的秩

【定义 8】　在一个 m 行 n 列矩阵中，任取 k 行 k 列 $(k \leqslant m, k \leqslant n)$，位于这些行列交点的元素(不改变元素的相对位置)所构成的 k 阶行列式叫做这个矩阵的一个 k 阶子式。

【定义 9】　一个矩阵中不等于零的子式的最大阶数叫做这个矩阵的秩。若一个矩阵没有不等于零的子式，就认为这个矩阵的秩为 0。

例如，在矩阵

$$A = \begin{pmatrix} 0 & 1 & 2 & 3 \\ 1 & 2 & 3 & 4 \\ 2 & 3 & 4 & 5 \end{pmatrix}$$

中，它的 3 阶子式为

$$|A_1| = \begin{vmatrix} 1 & 2 & 3 \\ 2 & 3 & 4 \\ 3 & 4 & 5 \end{vmatrix} = 0,\ |A_2| = \begin{vmatrix} 0 & 2 & 3 \\ 1 & 3 & 4 \\ 2 & 4 & 5 \end{vmatrix} = 0$$

$$|A_3| = \begin{vmatrix} 0 & 1 & 3 \\ 1 & 2 & 4 \\ 2 & 3 & 5 \end{vmatrix} = 0,\ |A_4| = \begin{vmatrix} 0 & 1 & 2 \\ 1 & 2 & 3 \\ 2 & 3 & 4 \end{vmatrix} = 0$$

但 $\begin{vmatrix} 0 & 1 \\ 1 & 2 \end{vmatrix} \neq 0$，故 A 的秩为 2。

3　线性方程组

一般的线性方程组是指下面的 m 个 n 元一次方程组

$$\begin{cases} a_{11}x_1 + \cdots + a_{1n}x_n = b_1 \\ \qquad\vdots \\ a_{m1}x_1 + \cdots + a_{mn}x_n = b_m \end{cases} \tag{3.1}$$

我们把方程组(3.1) 的系数所组成的矩阵

$$A = \begin{pmatrix} a_{11} & \cdots & a_{1n} \\ \vdots & & \vdots \\ a_{m1} & \cdots & a_{mn} \end{pmatrix}$$

叫做方程组(3.1)的系数矩阵。把这些系数以及方程右边的常数项所组成的矩阵

$$B = \begin{pmatrix} a_{11} & \cdots & a_{1n} & b_1 \\ \vdots & & \vdots & \vdots \\ a_{m1} & \cdots & a_{mn} & b_m \end{pmatrix}$$

叫做方程组(3.1)的增广矩阵。

现在我们来讨论如何利用3阶行列式来解三元线性方程组，设

$$\begin{cases} a_{11}x_1 + a_{12}x_2 + a_{13}x_3 = b_1 \\ a_{21}x_1 + a_{22}x_2 + a_{23}x_3 = b_2 \\ a_{31}x_1 + a_{32}x_2 + a_{33}x_3 = b_3 \end{cases} \tag{3.2}$$

它的系数矩阵与增广矩阵分别为

$$A = \begin{pmatrix} a_{11} & a_{12} & a_{13} \\ a_{21} & a_{22} & a_{23} \\ a_{31} & a_{32} & a_{33} \end{pmatrix}, B = \begin{pmatrix} a_{11} & a_{12} & a_{13} & b_1 \\ a_{21} & a_{22} & a_{23} & b_2 \\ a_{31} & a_{32} & a_{33} & b_3 \end{pmatrix}$$

设 A 的秩为 r，B 的秩为 R，那么显然有 $1 \leqslant r \leqslant R \leqslant 3$。

将方程组(3.2)的系数行列式 $|A|$ 的第一列元素 a_{11}, a_{21}, a_{31} 相应的代数余子式 A_{11}, A_{21}, A_{31} 分别乘方程组(3.2)的三个方程，然后相加，得

$$(a_{11}A_{11} + a_{21}A_{21} + a_{31}A_{31})x_1 + (a_{12}A_{11} + a_{22}A_{21} + a_{32}A_{31})x_2 + (a_{13}A_{11} + a_{23}A_{21} + a_{33}A_{31})x_3 = b_1A_{11} + b_2A_{21} + b_3A_{31}$$

根据第1节定理7和定理8得

$$\begin{vmatrix} a_{11} & a_{12} & a_{13} \\ a_{21} & a_{22} & a_{23} \\ a_{31} & a_{32} & a_{33} \end{vmatrix} x_1 = \begin{vmatrix} b_1 & a_{12} & a_{13} \\ b_2 & a_{22} & a_{23} \\ b_3 & a_{32} & a_{33} \end{vmatrix}$$

同理，得

$$\begin{vmatrix} a_{11} & a_{12} & a_{13} \\ a_{21} & a_{22} & a_{23} \\ a_{31} & a_{32} & a_{33} \end{vmatrix} x_2 = \begin{vmatrix} a_{11} & b_1 & a_{13} \\ a_{21} & b_2 & a_{23} \\ a_{31} & b_3 & a_{33} \end{vmatrix}$$

$$\begin{vmatrix} a_{11} & a_{12} & a_{13} \\ a_{21} & a_{22} & a_{23} \\ a_{31} & a_{32} & a_{33} \end{vmatrix} x_3 = \begin{vmatrix} a_{11} & a_{12} & b_1 \\ a_{21} & a_{22} & b_2 \\ a_{31} & a_{32} & b_3 \end{vmatrix}$$

记

$$D = |\boldsymbol{A}|,\ D_1 = \begin{vmatrix} b_1 & a_{12} & a_{13} \\ b_2 & a_{22} & a_{23} \\ b_3 & a_{32} & a_{33} \end{vmatrix}$$

$$D_2 = \begin{vmatrix} a_{11} & b_1 & a_{13} \\ a_{21} & b_2 & a_{23} \\ a_{31} & b_3 & a_{33} \end{vmatrix},\ D_3 = \begin{vmatrix} a_{11} & a_{12} & b_1 \\ a_{21} & a_{22} & b_2 \\ a_{31} & a_{32} & b_3 \end{vmatrix}$$

则有

$$Dx_1 = D_1,\ Dx_2 = D_2,\ Dx_3 = D_3$$

现在按方程组(3.2)的系数矩阵 $\boldsymbol{A}$ 的秩 r 和增广矩阵 $\boldsymbol{B}$ 的秩 R 的情况讨论如下。

1. $r = R$

(1)$r = R = 3$，这时方程组的系数行列式 $D \neq 0$，方程组(3.2)有唯一解

$$x_1 = \frac{D_1}{D},\ x_2 = \frac{D_2}{D},\ x_3 = \frac{D_3}{D}$$

(2)$r = R = 2$，这时矩阵 $\boldsymbol{A}$ 和 $\boldsymbol{B}$ 的任何3阶子式都为零，从而 $D = 0$，因为 $r = 2$，不失一般性，设 $A_{33} = \begin{vmatrix} a_{11} & a_{12} \\ a_{21} & a_{22} \end{vmatrix} \neq 0$，然后用 D 的第三列元素 a_{13}，a_{23}，a_{33} 的代数余子式 A_{13}, A_{23}, A_{33} 分别与方程组(3.2)中的三个多项式相乘而求和，得

$$\begin{aligned} & A_{13}(a_{11}x_1 + a_{12}x_2 + a_{13}x_3 - b_1) + A_{23}(a_{21}x_1 + a_{22}x_2 + a_{23}x_3 - b_2) + \\ & A_{33}(a_{31}x_1 + a_{32}x_2 + a_{33}x_3 - b_3) \equiv (a_{11}A_{13} + a_{21}A_{23} + a_{31}A_{33})x_1 + \\ & (a_{12}A_{13} + a_{22}A_{23} + a_{32}A_{33})x_2 + (a_{13}A_{13} + a_{23}A_{23} + a_{33}A_{33})x_3 - \\ & (b_1A_{13} + b_2A_{23} + b_3A_{33}) \end{aligned}$$

由第1节定理8和定理7及 $r = R = 2$ 得

$$\begin{aligned} a_{11}A_{13} + a_{21}A_{23} + a_{31}A_{33} &= 0 \\ a_{12}A_{13} + a_{22}A_{23} + a_{32}A_{33} &= 0 \\ a_{13}A_{13} + a_{23}A_{23} + a_{33}A_{33} &= 0 \\ b_1A_{13} + b_2A_{23} + b_3A_{33} &= 0 \end{aligned}$$

所以

$$A_{13}(a_{11}x_1+a_{12}x_2+a_{13}x_3-b_1)+A_{23}(a_{21}x_1+a_{22}x_2+a_{23}x_3-b_2)+$$
$$A_{33}(a_{31}x_1+a_{32}x_2+a_{33}x_3-b_3)\equiv 0$$

由于 $A_{33}\neq 0$，所以当 x_1,x_2,x_3 适合于方程组(3.2)里的前两式

$$\begin{cases}a_{11}x_1+a_{12}x_2+a_{13}x_3=b_1\\ a_{21}x_1+a_{22}x_2+a_{23}x_3=b_2\end{cases}$$

就一定适合第三式

$$a_{31}x_1+a_{32}x_2+a_{33}x_3=b_3$$

因为$\begin{vmatrix}a_{11}&a_{12}\\a_{21}&a_{22}\end{vmatrix}\neq 0$，把式(3.2)中的前两式改写成

$$\begin{cases}a_{11}x_1+a_{12}x_2=b_1-a_{13}x_3\\ a_{21}x_1+a_{22}x_2=b_2-a_{23}x_3\end{cases}$$

从中解出 x_1,x_2，得

$$x_1=\frac{\begin{vmatrix}b_1-a_{13}t&a_{12}\\b_2-a_{23}t&a_{22}\end{vmatrix}}{\begin{vmatrix}a_{11}&a_{12}\\a_{21}&a_{22}\end{vmatrix}},\quad x_2=\frac{\begin{vmatrix}a_{11}&b_1-a_{13}t\\a_{21}&b_2-a_{23}t\end{vmatrix}}{\begin{vmatrix}a_{11}&a_{12}\\a_{21}&a_{22}\end{vmatrix}},\quad x_3=t$$

其中，t 为参数，t 可取任意实数，因此方程组(3.2)有无穷多组解。

(3)$r=R=1$，这时矩阵 A 的所有2阶子式都为零，因此方程组(3.2)中的三个方程的系数两两成比例，三个方程实质上是一个方程。因为 $r=R=1$，A 的元素不全为零，不妨设 $a_{11}\neq 0$，解得

$$x_1=\frac{1}{a_{11}}(b_1-a_{12}x_2-a_{13}x_3)$$

或写成

$$x_1=\frac{1}{a_{11}}(b_1-a_{12}u-a_{13}v),\ x_2=u,\ x_3=v$$

其中，u,v 为参数。当 u,v 为任意实数时，x_1,x_2,x_3 总是方程组(3.2)的解，所以方程组(3.2)有无穷多组解。

2. $r\neq R$

(1)$r=2,R=3$，这时 $D=0$，而 D_1,D_2,D_3 中至少有一个不为零，所以方程组(3.2)无解。

(2)$r=1,R=2$，这时矩阵 A 的所有2阶子式都为零，因此方程组(3.2)中

的三个方程的系数两两成比例，但是 $R=2$，所以在矩阵 $\boldsymbol{B}$ 中，至少有一个2阶子式不为零，不妨设

$$\begin{vmatrix} a_{11} & b_1 \\ a_{21} & b_2 \end{vmatrix} \neq 0$$

那么
$$\frac{a_{11}}{a_{21}} = \frac{a_{12}}{a_{22}} = \frac{a_{13}}{a_{23}} \neq \frac{b_1}{b_2}$$

这说明方程组(3.2) 的第一与第二两个方程为矛盾方程。因而这时方程组(3.2) 无解。

综合以上讨论，得到以下定理。

【定理 1】 线性方程组(3.2) 有解的充要条件是它的系数矩阵和增广矩阵的秩相等，即 $r=R$；当 $r=R=3$ 时，线性方程组(3.2) 有唯一解；当 $r=R<3$ 时，线性方程组(3.2) 有无穷多组解。

若线性方程组(3.1) 的常数项都等于零，即

$$\begin{cases} a_{11}x_1 + \cdots + a_{1n}x_n = 0 \\ \vdots \\ a_{m1}x_1 + \cdots + a_{mn}x_n = 0 \end{cases} \tag{3.3}$$

叫做齐次线性方程组。齐次线性方程组(3.2) 永远有解，显然

$$x_1=0,\ x_2=0,\ \cdots,\ x_n=0$$

是方程组(3.3) 的一个解，这个解叫做零解。如果方程组(3.3) 还有其他解，那么这些解就叫做非零解。

思考题：

为什么齐次线性方程组永远有解？

下面给出齐次线性方程组的判定定理。

【定理 2】 一个齐次线性方程组有非零解的充要条件是它的系数矩阵的秩小于它的未知量的个数 n。

【推论 1】 含有 n 个未知量 n 个方程的齐次线性方程组有非零解的充要条件是方程组的系数矩阵的秩小于 n。

【推论 2】 若在一个齐次线性方程组中方程的个数 m 小于未知量的个数 n，那么这个方程组一定有非零解。

【例 1】 解齐次线性方程组

$$\begin{cases} a_1x + b_1y + c_1z = 0 \\ a_2x + b_2y + c_2z = 0 \end{cases}$$

解　如果它的系数矩阵$\begin{pmatrix} a_1 & b_1 & c_1 \\ a_2 & b_2 & c_2 \end{pmatrix}$的秩 $r=2$,那么矩阵 A 至少有一个 2 阶子式不为零,不失一般性,设

$$\begin{vmatrix} a_1 & b_1 \\ a_2 & b_2 \end{vmatrix} \neq 0$$

那么

$$x = \frac{\begin{vmatrix} b_1 & c_1 \\ b_2 & c_2 \end{vmatrix}}{\begin{vmatrix} a_1 & b_1 \\ a_2 & b_2 \end{vmatrix}} z,\ y = \frac{\begin{vmatrix} c_1 & a_1 \\ c_2 & a_2 \end{vmatrix}}{\begin{vmatrix} a_1 & b_1 \\ a_2 & b_2 \end{vmatrix}} z$$

所以得

$$x = \begin{vmatrix} b_1 & c_1 \\ b_2 & c_2 \end{vmatrix} t,\ y = \begin{vmatrix} c_1 & a_1 \\ c_2 & a_2 \end{vmatrix} t,\ z = \begin{vmatrix} a_1 & b_1 \\ a_2 & b_2 \end{vmatrix} t$$

其中 t 是参数,方程组有无数组解,它又可以写成

$$x : y : z = \begin{vmatrix} b_1 & c_1 \\ b_2 & c_2 \end{vmatrix} : \begin{vmatrix} c_1 & a_1 \\ c_2 & a_2 \end{vmatrix} : \begin{vmatrix} a_1 & b_1 \\ a_2 & b_2 \end{vmatrix}$$

【例 2】　直角坐标变换中的转轴公式

$$\begin{cases} x = x'\cos\alpha_1 + y'\cos\alpha_2 + z'\cos\alpha_3 \\ y = x'\cos\beta_1 + y'\cos\beta_2 + z'\cos\beta_3 \\ z = x'\cos\gamma_1 + y'\cos\gamma_2 + z'\cos\gamma_3 \end{cases}$$

利用矩阵的乘法可以写成

$$\begin{pmatrix} x \\ y \\ z \end{pmatrix} = \begin{pmatrix} \cos\alpha_1 & \cos\alpha_2 & \cos\alpha_3 \\ \cos\beta_1 & \cos\beta_2 & \cos\beta_3 \\ \cos\gamma_1 & \cos\gamma_2 & \cos\gamma_3 \end{pmatrix} \begin{pmatrix} x' \\ y' \\ z' \end{pmatrix} \tag{3.4}$$

其中矩阵

$$\begin{pmatrix} \cos\alpha_1 & \cos\alpha_2 & \cos\alpha_3 \\ \cos\beta_1 & \cos\beta_2 & \cos\beta_3 \\ \cos\gamma_1 & \cos\gamma_2 & \cos\gamma_3 \end{pmatrix}$$

叫做变换矩阵。

【例 3】　试证 I_1, I_2, I_3 是二次曲面在转轴下的不变量。

证明　因为二次曲面

$$F(x,y,z) \equiv a_{11}x^2 + a_{22}y^2 + a_{33}z^2 + 2a_{12}xy + 2a_{13}xz + 2a_{23}yz + 2a_{14}x + 2a_{24}y + 2a_{34}z + a_{44} = 0 \quad (1)$$

其中

$$I_1 = a_{11} + a_{22} + a_{33}$$

$$I_2 = \begin{vmatrix} a_{11} & a_{12} \\ a_{12} & a_{22} \end{vmatrix} + \begin{vmatrix} a_{11} & a_{13} \\ a_{13} & a_{33} \end{vmatrix} + \begin{vmatrix} a_{22} & a_{23} \\ a_{23} & a_{33} \end{vmatrix}$$

$$I_3 = \begin{vmatrix} a_{11} & a_{12} & a_{13} \\ a_{12} & a_{22} & a_{23} \\ a_{13} & a_{23} & a_{33} \end{vmatrix}$$

仅与式(1) 的二次项系数有关,而转轴公式(5.1.3) 是一个齐次线性变换,在转轴下将方程(1) 的二次项系数和一次项系数分别变为新方程中的二次项系数和一次项系数,而常数项不变,从而仅考虑方程(1) 的二次项部分,即

$$\Phi(x,y,z) \equiv a_{11}x^2 + a_{22}y^2 + a_{33}z^2 + 2a_{12}xy + 2a_{13}xz + 2a_{23}yz$$

用矩阵形式表示成

$$\Phi(x,y,z) = (x \quad y \quad z)\begin{pmatrix} a_{11} & a_{12} & a_{13} \\ a_{12} & a_{22} & a_{23} \\ a_{13} & a_{23} & a_{33} \end{pmatrix}\begin{pmatrix} x \\ y \\ z \end{pmatrix} \quad (2)$$

同样,把转轴公式(5.1.3) 也写成矩阵形式

$$\begin{pmatrix} x \\ y \\ z \end{pmatrix} = \begin{pmatrix} \cos\alpha_1 & \cos\alpha_2 & \cos\alpha_3 \\ \cos\beta_1 & \cos\beta_2 & \cos\beta_3 \\ \cos\gamma_1 & \cos\gamma_2 & \cos\gamma_3 \end{pmatrix}\begin{pmatrix} x' \\ y' \\ z' \end{pmatrix} \quad (3)$$

将式(3) 两边写成转置矩阵

$$(x \quad y \quad z) = (x' \quad y' \quad z')\begin{pmatrix} \cos\alpha_1 & \cos\beta_1 & \cos\gamma_1 \\ \cos\alpha_2 & \cos\beta_2 & \cos\gamma_2 \\ \cos\alpha_3 & \cos\beta_3 & \cos\gamma_3 \end{pmatrix} \quad (4)$$

将式(3),(4) 代入式(2),得

$$\Phi'(x' \quad y' \quad z') \equiv (x' \quad y' \quad z')\begin{pmatrix} \cos\alpha_1 & \cos\beta_1 & \cos\gamma_1 \\ \cos\alpha_2 & \cos\beta_2 & \cos\gamma_2 \\ \cos\alpha_3 & \cos\beta_3 & \cos\gamma_3 \end{pmatrix}\begin{pmatrix} a_{11} & a_{12} & a_{13} \\ a_{12} & a_{22} & a_{23} \\ a_{13} & a_{23} & a_{33} \end{pmatrix}\cdot$$

$$\begin{pmatrix} \cos\alpha_1 & \cos\alpha_2 & \cos\alpha_3 \\ \cos\beta_1 & \cos\beta_2 & \cos\beta_3 \\ \cos\gamma_1 & \cos\gamma_2 & \cos\gamma_3 \end{pmatrix}\begin{pmatrix} x' \\ y' \\ z' \end{pmatrix} = (x' \quad y' \quad z')\begin{pmatrix} a'_{11} & a'_{12} & a'_{13} \\ a'_{12} & a'_{22} & a'_{23} \\ a'_{13} & a'_{23} & a'_{33} \end{pmatrix}\begin{pmatrix} x' \\ y' \\ z' \end{pmatrix}$$

这是二次曲面(1) 经转轴(5.1.3) 后新方程的二项式部分,其中

$$\begin{pmatrix} a'_{11} & a'_{12} & a'_{13} \\ a'_{12} & a'_{22} & a'_{23} \\ a'_{13} & a'_{23} & a'_{33} \end{pmatrix} = \begin{pmatrix} \cos\alpha_1 & \cos\beta_1 & \cos\gamma_1 \\ \cos\alpha_2 & \cos\beta_2 & \cos\gamma_2 \\ \cos\alpha_3 & \cos\beta_3 & \cos\gamma_3 \end{pmatrix}\begin{pmatrix} a_{11} & a_{12} & a_{13} \\ a_{12} & a_{22} & a_{23} \\ a_{13} & a_{23} & a_{33} \end{pmatrix} \cdot \begin{pmatrix} \cos\alpha_1 & \cos\alpha_2 & \cos\alpha_3 \\ \cos\beta_1 & \cos\beta_2 & \cos\beta_3 \\ \cos\gamma_1 & \cos\gamma_2 & \cos\gamma_3 \end{pmatrix}$$

因为矩阵之积的行列式等于它们行列式之积，从而有

$$I'_3 = \begin{vmatrix} a'_{11} & a'_{12} & a'_{13} \\ a'_{12} & a'_{22} & a'_{23} \\ a'_{13} & a'_{23} & a'_{33} \end{vmatrix} = \begin{vmatrix} \cos\alpha_1 & \cos\beta_1 & \cos\gamma_1 \\ \cos\alpha_2 & \cos\beta_2 & \cos\gamma_2 \\ \cos\alpha_3 & \cos\beta_3 & \cos\gamma_3 \end{vmatrix}\begin{vmatrix} a_{11} & a_{12} & a_{13} \\ a_{12} & a_{22} & a_{23} \\ a_{13} & a_{23} & a_{33} \end{vmatrix} \cdot \begin{vmatrix} \cos\alpha_1 & \cos\alpha_2 & \cos\alpha_3 \\ \cos\beta_1 & \cos\beta_2 & \cos\beta_3 \\ \cos\gamma_1 & \cos\gamma_2 & \cos\gamma_3 \end{vmatrix}$$

由式(5.1.7) 得

$$I'_3 = \begin{vmatrix} a'_{11} & a'_{12} & a'_{13} \\ a'_{12} & a'_{22} & a'_{23} \\ a'_{13} & a'_{23} & a'_{33} \end{vmatrix} = \begin{vmatrix} a_{11} & a_{12} & a_{13} \\ a_{12} & a_{22} & a_{23} \\ a_{13} & a_{23} & a_{33} \end{vmatrix} = I_3$$

为了证明 I_1 与 I_2 在转轴下也不变，现在考虑一个新的二次曲面方程

$$\psi(x,y,z) \equiv F(x,y,z) - \lambda(x^2 + y^2 + z^2) = 0 \tag{5}$$

经过转轴变换(5.1.3) 后式(5) 变为

$$\psi(x',y',z') \equiv F'(x',y',z') - \lambda(x'^2 + y'^2 + z'^2) = 0 \tag{6}$$

因为二次曲面在转轴下 I_3 不变，所以有

$$\begin{vmatrix} a_{11}-\lambda & a_{12} & a_{13} \\ a_{12} & a_{22}-\lambda & a_{23} \\ a_{13} & a_{23} & a_{33}-\lambda \end{vmatrix} = \begin{vmatrix} a'_{11}-\lambda & a'_{12} & a'_{13} \\ a'_{12} & a'_{22}-\lambda & a'_{23} \\ a'_{13} & a'_{23} & a'_{33}-\lambda \end{vmatrix}$$

故得

$$\lambda^3 - I_1\lambda^2 + I_2\lambda - I_3 = \lambda^3 - I'_1\lambda^2 + I'_2\lambda - I'_3$$

由 λ 的任意性，上式对 λ 是一个恒等式，因而在转轴(5.1.3)下有 $I_1 = I'_1, I_2 = I'_2, I_3 = I'_3$。

【例 4】 试证 I_4 是二次曲面在直角坐标变换下的不变量。

证明 把方程(1)与直角坐标变换公式(5.1.8)分别写成4阶矩阵形式，即

$$F(x,y,z) \equiv (x \quad y \quad z \quad 1)\begin{pmatrix} a_{11} & a_{12} & a_{13} & a_{14} \\ a_{12} & a_{22} & a_{23} & a_{24} \\ a_{13} & a_{23} & a_{33} & a_{34} \\ a_{14} & a_{24} & a_{34} & a_{44} \end{pmatrix}\begin{pmatrix} x \\ y \\ z \\ 1 \end{pmatrix} =$$

$$(x \quad y \quad z \quad 1)A\begin{pmatrix} x \\ y \\ z \\ 1 \end{pmatrix} = 0 \tag{7}$$

与

$$\begin{pmatrix} x \\ y \\ z \\ 1 \end{pmatrix} = \begin{pmatrix} \cos\alpha_1 & \cos\alpha_2 & \cos\alpha_3 & x_0 \\ \cos\beta_1 & \cos\beta_2 & \cos\beta_3 & y_0 \\ \cos\gamma_1 & \cos\gamma_2 & \cos\gamma_3 & z_0 \\ 0 & 0 & 0 & 1 \end{pmatrix}\begin{pmatrix} x' \\ y' \\ z' \\ 1 \end{pmatrix} = C\begin{pmatrix} x' \\ y' \\ z' \\ 1 \end{pmatrix} \tag{8}$$

式(7)经过直角坐标变换(8)变为

$$F(x,y,z) = (x,y,z,1)A\begin{pmatrix} x \\ y \\ z \\ 1 \end{pmatrix} = (x' \quad y' \quad z' \quad 1)C'AC\begin{pmatrix} x' \\ y' \\ z' \\ 1 \end{pmatrix} = F'(x',y',z')$$

因此
$$I_4 = |A| = |C'AC| = I'_4$$
即 I_4 是二次曲面的不变量。

【例 5】 证明 K_1 与 K_2 是二次曲面的半不变量。其中

$$K_1 = \begin{vmatrix} a_{11} & a_{14} \\ a_{14} & a_{44} \end{vmatrix} + \begin{vmatrix} a_{22} & a_{24} \\ a_{24} & a_{44} \end{vmatrix} + \begin{vmatrix} a_{33} & a_{34} \\ a_{34} & a_{44} \end{vmatrix}$$

$$K_2 = \begin{vmatrix} a_{11} & a_{12} & a_{14} \\ a_{12} & a_{22} & a_{24} \\ a_{14} & a_{24} & a_{44} \end{vmatrix} + \begin{vmatrix} a_{11} & a_{13} & a_{14} \\ a_{13} & a_{33} & a_{34} \\ a_{14} & a_{34} & a_{44} \end{vmatrix} + \begin{vmatrix} a_{22} & a_{23} & a_{24} \\ a_{23} & a_{33} & a_{34} \\ a_{24} & a_{34} & a_{44} \end{vmatrix}$$

证明 考虑

$F(x,y,z) - \lambda(x^2 + y^2 + z^2) =$

$$(x\quad y\quad z\quad 1)\begin{pmatrix} a_{11}-\lambda & a_{12} & a_{13} & a_{14} \\ a_{12} & a_{22}-\lambda & a_{23} & a_{24} \\ a_{13} & a_{23} & a_{33}-\lambda & a_{34} \\ a_{14} & a_{24} & a_{34} & a_{44}-\lambda \end{pmatrix}\begin{pmatrix} x \\ y \\ z \\ 1 \end{pmatrix} =$$

$$(x\quad y\quad z\quad 1)\boldsymbol{A}_\lambda\begin{pmatrix} x \\ y \\ z \\ 1 \end{pmatrix}$$

其中

$$\boldsymbol{A}_\lambda = \begin{pmatrix} a_{11}-\lambda & a_{12} & a_{13} & a_{14} \\ a_{12} & a_{22}-\lambda & a_{23} & a_{24} \\ a_{13} & a_{23} & a_{33}-\lambda & a_{34} \\ a_{14} & a_{24} & a_{34} & a_{44}-\lambda \end{pmatrix} = \boldsymbol{A} - \begin{pmatrix} \lambda & 0 & 0 & 0 \\ 0 & \lambda & 0 & 0 \\ 0 & 0 & \lambda & 0 \\ 0 & 0 & 0 & \lambda \end{pmatrix}$$

把直角坐标变换(5.1.3)写成4阶矩阵形式

$$\begin{pmatrix} x \\ y \\ z \\ 1 \end{pmatrix} = \begin{pmatrix} \cos\alpha_1 & \cos\alpha_2 & \cos\alpha_3 & 0 \\ \cos\beta_1 & \cos\beta_2 & \cos\beta_3 & 0 \\ \cos\gamma_1 & \cos\gamma_2 & \cos\gamma_3 & 0 \\ 0 & 0 & 0 & 1 \end{pmatrix}\begin{pmatrix} x' \\ y' \\ z' \\ 1 \end{pmatrix} = \boldsymbol{C}_1\begin{pmatrix} x' \\ y' \\ z' \\ 1 \end{pmatrix} \tag{9}$$

显然是正交矩阵，设 $\boldsymbol{C}'_1$ 是 $\boldsymbol{C}_1$ 的转置矩阵。$(x\quad y\quad z\quad 1)\boldsymbol{A}_\lambda\begin{pmatrix} x \\ y \\ z \\ 1 \end{pmatrix}$ 经(9)后，得

$$(x\quad y\quad z\quad 1)\boldsymbol{A}_\lambda\begin{pmatrix} x \\ y \\ z \\ 1 \end{pmatrix} = (x'\quad y'\quad z'\quad 1)\boldsymbol{C}'_1\boldsymbol{A}_\lambda\boldsymbol{C}_1\begin{pmatrix} x' \\ y' \\ z' \\ 1 \end{pmatrix} =$$

$$(x'\quad y'\quad z'\quad 1)\boldsymbol{C}'_1\boldsymbol{A}\boldsymbol{C}_1\begin{pmatrix} x' \\ y' \\ z' \\ 1 \end{pmatrix} - (x'\quad y'\quad z'\quad 1)\boldsymbol{C}'_1\begin{pmatrix} \lambda & 0 & 0 & 0 \\ 0 & \lambda & 0 & 0 \\ 0 & 0 & \lambda & 0 \\ 0 & 0 & 0 & \lambda \end{pmatrix}\boldsymbol{C}_1\begin{pmatrix} x' \\ y' \\ z' \\ 1 \end{pmatrix} =$$

$$F'(x',y',z')-\lambda(x'^2+y'^2+z'^2)=(x'\quad y'\quad z'\quad 1)A'_\lambda\begin{pmatrix}x'\\y'\\z'\\1\end{pmatrix}$$

故

$$|A'_\lambda|=\begin{pmatrix}a'_{11}-\lambda & a'_{12} & a'_{13} & a'_{14}\\ a'_{12} & a'_{22}-\lambda & a'_{23} & a'_{24}\\ a'_{13} & a'_{23} & a'_{33}-\lambda & a'_{34}\\ a'_{14} & a'_{24} & a'_{34} & a'_{44}-\lambda\end{pmatrix}=|C'_1A_\lambda C_1|=|A_\lambda|=$$

$$\begin{vmatrix}a_{11}-\lambda & a_{12} & a_{13} & a_{14}\\ a_{12} & a_{22}-\lambda & a_{23} & a_{24}\\ a_{13} & a_{23} & a_{33}-\lambda & a_{34}\\ a_{14} & a_{24} & a_{34} & a_{44}-\lambda\end{vmatrix}$$

展开得

$$a'_{44}\lambda^3-k'_1\lambda^2+k'_2\lambda-k'_3=a_{44}\lambda^3-k_1\lambda^2+k_2\lambda-k_3$$

由于上式对任意 λ 均成立，所以对应系数相等，即得

$$K'_1=K_1,\ K'_2=K_2,\ K'_3=K_3,\ a'_{44}=a_{44}$$

其中，$K_3=|A|=I_4$，$K'_3=I'_4$，所以 K_1 与 K_2 是二次曲面的半不变量。

参考文献

[1] 吕林根,许子道.解析几何[M].3 版.北京:高等教育出版社,2001.
[2] 李养成,郭瑞芝.空间解析几何[M].北京:科学出版社,2004.
[3] 南开大学编写组.空间解析几何引论[M].2 版.北京:高等教育出版社,1989.
[4] 朱鼎勋,陈绍菱.空间解析几何学[M].北京:北京师范大学出版社,1984.
[5] 李厚源.空间解析几何[M].济南:山东科学技术出版社,1983.
[6] 蒋大为.空间解析几何及其应用[M].北京:科学出版社,2005.
[7] 廖华奎, 王宝富.解析几何教程[M].北京:科学出版社,2000.
[8] 黄宣国.空间解析几何与微分几何[M].上海:复旦大学出版社,2003.
[9] 郑崇文,王汇淳,侯忠义,等. 几何学引论[M]. 北京:高等教育出版社,2005.
[10] 朱鼎勋.空间解析几何[M].上海:上海科学技术出版社,1986.
[11] 黄宣国.空间解析几何[M].上海:复旦大学出版社, 2004.
[12] 杨文茂,李全英.空间解析几何学习题集[M].武汉:武汉大学出版社,2003.
[13] 王家铧,沈文选.几何课程研究[M].北京:科学出版社,2006.